Hohenasperg

*oder ein früher Traum
von Demokratie*

An die Freunde des „Hotel Adler"

Im Jahre 1846, als die Vorboten einer demokratischen Erhebung auch im Königreich Württemberg kaum mehr zu übersehen waren, erhielt der Küfermeister Johann David Schwarz
die behördliche Genehmigung, am Fuße des Aspergs eine
„Schildwirtschaft" zu errichten. Schwarz nannte sein Wirtshaus „Zum Adler" und schmückte es mit einem weithin sicht-
baren Wirtshausschild.

Festungshäftlinge auf dem Hohenasperg, von ihren Bewa-
chern zum täglichen Spaziergang auf den Wällen begleitet,
konnten das „Adler"-Schild erkennen, wenn es in der Sonne
glänzte. „Dort unten lag die Freiheit", erinnerte sich später
einmal ein württembergischer „Volksmann", der nach dem
Scheitern der Revolution von 1848/49 auf dem berühmt-

berüchtigten „Demokratenbuckel" seinen Prozeß vor dem Schwurgericht erwartete.

Gegen Ende des vergangenen Jahrhunderts, im Jahre 1897, erwarben meine Großeltern, Christian und Christiane Ottenbacher, den Asperger „Adler". Er befindet sich seitdem im Familienbesitz.

Mein Vater Richard Ottenbacher – auch bekannt für seine humorvollen und besinnlichen Gedichte – erweiterte zusammen mit meiner Mutter vor und nach dem Zweiten Weltkrieg mein Elternhaus. In den siebziger Jahren vergrößerten und modernisierten meine Frau und ich den „Adler" zum heutigen Hotel. Nun ist die vierte Generation in der Verantwortung.

Aus Anlaß des hundertfünfzigjährigen „Adler"-Jubiläums entschieden wir uns, durch die finanzielle Unterstützung von historischen Forschungsarbeiten zur Erhellung der Geschichte des Hohenaspergs und der württembergischen Demokratie beizutragen. Professor Dr. Franz Quarthal von der Universität Stuttgart nahm die Anregung auf und vergab wichtige Themen an einige Studierende. So entstand das vorliegende Buch. Es erinnert an die Entstehungszeit des „Adlers" in Asperg und damit auch an unsere Vorfahren.

Meine Frau und ich sowie unsere Familie möchten mit diesem Buch all den Freunden herzlich danken, die sich im „Adler" wohlfühlen und dem Haus die Treue gehalten haben.

Richard Ottenbacher

Hohenasperg
oder ein früher Traum von Demokratie

Gefangenenschicksale
aus dem 19. Jahrhundert

Herausgegeben
von Franz Quarthal und Karl Moersch

Mit Beiträgen von
Uwe Albrecht, Joachim Baur, Cornelia Früh,
Thomas Keil, Albrecht Krause, Axel Kuhn,
Karl Moersch, Annette Nürk, Franz Quarthal,
Alexander Reck und Volker Ziegler

DRW-Verlag

Die Entstehung dieses Buches
wurde gefördert durch eine Spende
der Firma Richard Ottenbacher GmbH,
Hotel Adler, Asperg.

ISBN 3-87181-417-2

Gesamtherstellung:
Karl Weinbrenner & Söhne GmbH & Co.,
Leinfelden-Echterdingen

Bestellnummer: 417

Inhalt

Franz Quarthal

Hohenasperg – Der schwäbische Demokratenbuckel

Die Begegnung mit Geschichte lebt von Symbolen. Abstrakte Vergangenheit muß anschaulich gemacht werden, will sie nicht vergessen werden. Der Bewahrung der Erinnerung und des Gedächtnisses ihres Ruhmes und ihrer Heldentaten haben Herrscher großen Wert beigemessen. Aufwendige Triumphbögen, Denkmäler, propagandistisch eingesetzte Münzen und die Werke von Hofhistoriographen sollten in der Antike Herrschertaten im Bewußtsein von Zeitgenossen und Nachfahren lebendig erhalten. Die Klage über die Kürze des menschlichen Gedächtnisses gehört zu den formelhaften Einleitungen zahlloser mittelalterlicher Urkunden, wobei die Memorialstiftungen aber eher das Gedenken zur Bewahrung des Seelenheiles als weltlichen Ruhm im Auge hatten. Eines der merkwürdigen Denkmäler mittelalterlichen Selbstbewußtseins ist die Königswart bei Klosterreichenbach, die der Tübinger Pfalzgraf Rudolf I. im Jahre 1216 errichten ließ, damit man sich seiner erinnere und für seine Seele bete. Die großartige Anlage des Grabes für Kaiser Maximilian in Innsbruck, bei dem hinter dem Sarkophag die gesamte von den ersten Künstlern der Zeit gezeichnete und in Bronze gegossene Sipp-, Mag- und Schwägerschaft des Kaisers einherschritt, sollte ebenfalls beides verbinden, geistliches Gedenken und die Verkündigung weltlichen Ruhmes.

Diesem aber diente der je länger je mehr sich ausbreitende Denkmalkult der Neuzeit. Im Völkerschlachtdenkmal bei Leipzig fand die deutsche Nationalbewegung des frühen 19. Jahrhunderts ein – wenn auch sehr einseitig ausgerichtetes – Denkmal. Denkmäler sollten Identitäten schaffen für die

oft aus unterschiedlichsten Territorien mit eigenständigen
Traditionen zusammengefügten neuen Königreiche und Län-
der, so wie etwa die Darstellung des Zuges der Wettiner am
Dresdener Schloß, die Herrscherinszenierungen an der Wiener Ringstraße oder der Arc de Triomphe in Paris. Im 19. Jahrhundert folgten die deutschen Mittelstaaten, wobei Württemberg mit seinen Eberhardsdenkmälern, der Siegessäule
zum Regierungsjubiläum von König Wilhelm I. auf dem
Schloßplatz und dem 1889 errichteten Denkmal für Herzog
Christoph relativ bescheiden blieb. Häufiger waren die Bis-
marck-Denkmäler und -Türme und die Kaiser-Wilhelm-
Denkmäler nach der Reichsgründung von 1871. Weniger martialisch waren die zahlreichen Schillerdenkmäler, in denen
das sich ausbildende Bürgertum des 19. Jahrhunderts seine
Identität fand, ähnlich wie bei den Monumenten für Silcher,
dem Idol der Schwäbischen Sängerbünde.

An die Masse des Volkes erinnert zumeist nur ein Denkmal-
typ: das Kriegerdenkmal. Im Raum um Rottenburg, im Bereich der ehemaligen Grafschaft Hohenberg, haben sich wohl
die ältesten Zeugnisse dieses Typs erhalten: schlichte, bemal-
te Holztafeln, auf denen die Gefallenen des Rußlandfeldzuges
von 1812, von dem fast keiner der Ausgerückten zurückkehrte, festgehalten sind. Ein stummer Protest gegen die württembergische Integrations- und Konskriptionspolitik unter König
Friedrich I. Häufiger sind die jetzt steinernen Gedenktafeln
für die Toten des Krieges von 1870/71, noch zahlreicher und
aufwendiger die für die Gefallenen des Ersten Weltkrieges,
von denen viele in den letzten Jahren wieder verschwunden
sind. An die Toten des Zweiten Weltkrieges erinnern zumeist
nur schlichte Tafeln, die die vielen Namen verzeichnen.

Herrschergedächtnis, Siegeszeugnisse, Nationaldenkmäler,
Totengedächtnis: es ist eine seltsame Auswahl aus den vielfältigen Aspekten der Geschichte, die uns im Denkmal begeg-

nen. In den letzten Jahren haben sich Historiker mit Elementen der deutschen Geschichte beschäftigt, die angesichts der nationalen Begeisterung des 19. Jahrhunderts, des deutschen Kaiserreiches und des Großmachtwahns in der ersten Hälfte des 20. Jahrhunderts zurückgetreten waren: die genossenschaftliche Gestaltung des gesellschaftlichen Lebens im Gegensatz zu der zumeist herrschaftlich bestimmten Historiographie – so Otto Gierke in seinem monumentalen Werk über das Genossenschaftsrecht in Deutschland –, die Geschichte der politischen Partizipation, bei der gerade der deutsche Südwesten mit seiner Vielzahl bäuerlicher „Landschaften" und seinen württembergischen, badischen und habsburgischen Landtagen eine bedeutende Tradition hat, und der Freiheitsbewegung, deren Linie sich von dem Bauernkrieg über die revolutionären Bewegungen im Gefolge der Französischen Revolution zum Ende des 18. Jahrhunderts, der Burschenschaftsbewegung im frühen 19. Jahrhundert bis zum großen Aufstand von 1848 ziehen läßt.

Hier aber wird man Denkmäler vergeblich suchen. Am Haus der Kramerzunft am Weinmarkt in Memmingen, wo 1525 die „Zwölf Artikel" der aufständischen Bauern beraten und verfaßt wurden und dem sicher der Rang einer „Oberschwäbischen Paulskirche" zukommt, erinnert nur eine unscheinbare moderne Gedenktafel an die historische Bedeutung des Ortes. Einige im 20. Jahrhundert zusammengestellte, grasverwachsene und kaum mehr wahrnehmbare Steinblöcke auf der Leutkircher Heide markieren die Stelle einer der entscheidenden Niederlagen der Bauern von 1525 in einem Kampf, der die feudalen Strukturen der Gesellschaft entscheidend hätte verändern sollen. Die ephemeren Freiheitsbäume der Revolutionsbegeisterten von 1789 sind ohne Spuren verschwunden. Die Zeugnisse der Freiheitsgesinnung nicht nur an den Universitäten von Heidelberg, Tübingen und Freiburg, nicht nur an dem Frankreich benachbarten Oberrhein, sondern auch im Inneren Schwabens und Frankens sind auch heute nur mühsam aus archivalischen Zeugnissen, Autobiographien und weniger bildlicher Überlieferung zu erschließen. Ähnlich verhielt es sich bis vor kurzem mit der Burschenschaftsbewegung des frühen 19. Jahrhunderts, dem Hambacher Fest oder der Revolution von 1848/49, die in diesem Jahr zum 150jährigen Jubiläum ein höchst eindrucksvolles Gedächtnis gefunden hat.

Sucht man nach Orten in unserem Land, an dem sich eine Erinnerung an Freiheitsbewegung festmachen kann, so nimmt die Festung auf dem Hohenasperg einen hohen Rang ein. Der seine Umgebung weit dominierende 90 Meter hohe Felsklotz war in der Keltenzeit als Fürstensitz einer der wichtigsten historischen Plätze, im Mittelalter war er von einer Burg bekrönt, die Herzog Ulrich im 16. Jahrhundert zu einer der sieben württembergischen Landesfestungen ausbauen ließ, mit der eine Katastrophe wie die Eroberung Württembergs durch den Schwäbischen Bund im Jahre 1519 auf Dauer verhindert werden sollte. Dieser Rolle wurde er nicht gerecht. Weder 1634 nach der Schlacht von Nördlingen noch 1693 beim Eroberungszug der Franzosen noch im Spanischen Erbfolgekrieg konnte er Unheil vom Herzogtum abhalten.

Im 18. Jahrhundert aber erhielt der Asperg eine neue Rolle. Wie der Hohentwiel oder der Hohenurach wurde auch der Hohenasperg zum Staatsgefängnis. Die Prominenz seiner Gefangenen machte ihn berühmt und berüchtigt zugleich. Schon im 16. Jahrhundert war er einmal Einkerkerungsort eines politischen Gefangenen gewesen. Einem der Wortführer der württembergischen Landschaft, dem Weinsberger Vogt Sebastian Breuning, wurde dort 1516 unter der Folter das Geständnis abgepreßt, er habe auf die Absetzung Herzog Ulrichs hingearbeitet. Das über ihn verhängte Todesurteil wurde am

11. Dezember 1516 vollzogen. Im 18. Jahrhundert war der erste Gefangene dagegen ein Opfer der Ehrbarkeit und der württembergischen Landschaft. Am 8. April 1737 wurde der als „Jud Süß" bekannte Hoffaktor Joseph Süß-Oppenheimer – das unglückliche Opfer der Auseinandersetzung zwischen Herzog Karl Alexander und der württembergischen Landschaft im Kampf um die Einführung absolutistischer Herrschaftsmethoden im württembergischen Ständestaat – unter der Beschuldigung von Amtserschleichung, Betrug, Majestätsverletzung und Hochverrat auf dem Hohenasperg eingekerkert und von dem Festungskommandanten Wolfgang Glaser, der ihn als „den Hebräer, die Bestie" zu bezeichnen pflegte, aufs schändlichste behandelt. In der Illusion, freigelassen zu werden, wurde er im Januar 1738 nach Stuttgart geschafft und dort am 4. Februar öffentlich gehenkt.

Keine politische Gefangene war Marianne Pyrker, eine Sängerin am Stuttgarter Hoftheater, mit bürgerlichem Namen Anna Maria Geyereck, 1717 geboren, aber ein Opfer fürstlicher Willkür. Weil sie eine Liebesaffäre Herzog Karl Eugens mit einer Tänzerin seiner Frau Friederike von Bayreuth verraten hatte, ließ er sie 1756 in Einzelhaft einkerkern und verbot jede Beschäftigung mit ihr. Bereits 1764 hatte sie durch die Isolationshaft ihren Verstand verloren; ihre Stimme hatte sie durch ihr Klagegeschrei ruiniert. In ihrem Fall läßt sich erstmals die Wirkung der öffentlichen Meinung erkennen. Ihr Schicksal rührte Deutschland, sogar Kaiserin Maria Theresia setzte sich bei Karl Eugen für ihre Freilassung ein. Nach achteinhalb Jahren durfte sie 1765 den Asperg als gebrochener Mensch verlassen, 1782 starb sie in Eschenau bei Weinsberg. Noch vor ihrer Entlassung beherbergte der Hohenasperg erneut ein Opfer der Kämpfe der württembergischen Landschaft gegen herzogliche Willkür. Am 21. Juni 1764 wurde der Tübinger Oberamtmann Johann Ludwig Huber, der sich gegen Steuerwillkür des Herzogs zur Wehr gesetzt hatte, zusammen mit einem Bürgermeister von Tübingen und zwei Ratsmitgliedern inhaftiert. Dank des Einsatzes des kaiserlichen Gesandten am Stuttgarter Hof kam er Weihnachten 1764 frei; der Kaiserhof und der Reichshofrat unterstützten die württembergische Landschaft gegen ihren Herzog. Im 19. Jahrhundert setzte die Stadt Tübingen Huber ein Denkmal, indem sie ihn unter den denkwürdigen Gestalten auf der Fassadenmalerei ihres Rathauses aufnahm.

Nicht minder schändlich war die Gefangennahme des nächsten Opfers auf dem Hohenasperg, dessen Schicksal das Gefängnis in ganz Europa bekannt machte. Christian Friedrich Daniel Schubart, 1739 in Obersontheim bei Gaildorf geboren, einer der Literaten, die Württemberg im letzten Drittel des 18. Jahrhunderts durch ihre Dichtung und durch ihre Herausgebertätigkeit von einem „Sibirien des Geschmacks" zu einem „Sitz der Musen" verwandeln halfen, hatte sich in spöttischen Versen über Herzog Karl Eugen und über seine Mätresse und spätere Frau Franziska von Hohenheim lustig gemacht. Mit einer List wurde Schubart am 21. Januar 1777 aus der Reichsstadt Ulm ins württembergische Blaubeuren gelockt, verhaftet und auf den Hohenasperg, zunächst für über ein Jahr, ebenfalls in Isolationshaft gebracht, wobei Karl Eugen selbst den Gefängnisraum für ihn bezeichnete. Danach wurden seine Haftbedingungen gelockert, Lavater und Philipp Matthäus Hahn besuchten ihn. Seine Vaterstadt Aalen verwandte sich für ihn, die Universität Heidelberg nahm Karl Eugens Besuch in Heidelberg anläßlich ihres 400jährigen Jubiläums zum Anlaß, sich für ihn einzusetzen, Goethe, Lavater und eine Reihe fürstlicher Personen machten sich zu seinen Fürsprechern. Der Herzog sorgte zwar mit einer Pension für Schubarts Frau, seinen Sohn nahm er in die Hohe Karlsschule, seine Tochter in die École des Desmoiselles auf, Schubart selbst aber blieb weiter gefangen. Mehr als jeder andere machte er den Hohenaspeg als Ort der Fürstenwillkür bekannt. Viele kamen, den beliebten Mann zu besuchen, für Schiller war sein Schicksal eine Warnung, die ihn vielleicht zur Flucht aus Stuttgart veranlaßte. Schubarts Haftbedingungen wurden zwar 1780 gelockert, er durfte schreiben und 1785 seine gesammelten Gedichte publizieren. Aber erst aufgrund der Intervention König Friedrich Wilhelms II. von Preußen, bewegt von einer Schubartbegeisterung, ausgelöst durch das Gedicht „Friedrich der Große. Ein Hymnus", kam Schubart endlich am 11. Mai 1787 frei. Bereits vier Jahre später, am 10. Oktober 1794, ist er als Hofdichter in Stuttgart verstorben. Der Asperg aber wurde in der Publizistik der Zeit zum Symbol von Unterdrückung und Willkür, als das er Zeitgenossen in Erinnerung blieb. Die Epitheton ornans – wenn man es so nennen soll – aus einem von Schubarts Gedichten, mit denen er die Aussicht vom Asperg pries:

> *Schön ist's, von des Thränenberges Höhen*
> *Gott auf seiner Erde wandeln sehen,*
> *Wo sein Odem die Geschöpfe küßt.*
> *Auen sehen, drauf Natur, die treue,*
> *Eingekleidet in des Himmels Bläue,*
> *Schreitet, und wo Milch und Honig fließt,*

ist dem Asperg geblieben: Der Tränenberg. Demokraten-buckel, Aschen- und Tränenberg, das große Freiheitsgrab des kleinen Württemberg, die württembergische Bastille. „Hölleberg" nannte ihn Friedrich List, der große geistige Erneuerer der Wirtschaft Württembergs im 19. Jahrhundert in einem Schreiben vom 7. November 1824. Eine große Anzahl bitterer Begriffe, die aus zahllosen schmerzlichen Schicksalen erwachsen sind, verbindet sich mit dem aufragenden Fels über dem Neckarland.

Zu Beginn des 19. Jahrhunderts war der Asperg zum letzten Mal Gefängnisort im Rahmen von Zerwürfnissen der württembergischen Landschaft mit ihrem Souverän. Im Jahre 1800 wurden der Beisitzer des landschaftlichen größeren Ausschusses, Stadtrat Gerst von Balingen, zusammen mit anderen – Karl Kerner, der Bruder Justinus Kerners, Sekretär Hauff, vielleicht ein Bruder Wilhelm Hauffs – unter dem Verdacht, eine schwäbische Republik gründen zu wollen, auf dem Asperg eingekerkert. Im Februar des gleichen Jahres wurde auch der Landschaftssekretär Friedrich Baz, der in Wien gegen das verfassungswidrige Vorgehen Herzog Friedrichs protestiert hatte, inhaftiert.

1804 wurde der Landschaftssekretär Friedrich Amandus Stockmayer eingekerkert, weil er sich geweigert hatte, die bisher von der württembergischen Landschaft verwalteten Landschaftsgelder an Kurfürst Friedrich herauszugeben. Schon vorher war der Landschaftskonsulent Dr. Karl Heinrich Gros auf den Asperg verbracht worden, weil er ein Schreiben des Erbprinzen Friedrich Wilhelm, des späteren Königs Friedrich I., verfaßt hatte, in dem dieser im Gegensatz zu seinem Vater seine Übereinstimmung mit ständischen Verfassungsvorstellungen erklärt hatte.

Im Jahre 1805 schenkte Kurfürst Friedrich nochmals Verdächtigungen Glauben, daß in einem revolutionären Akt er und seine Minister ermordet und eine Republik in Württemberg ausgerufen und mit französischer Hilfe in ganz Schwaben ausgebreitet werden solle. Nach den Angaben der Denunzianten sollten der Landschaftsassessor Baz, der Regierungsassessor Freiherr Leo von Seckendorff-Aberdar und der landgräflich hessische Regierungsrat Freiherr Isaak von Sinclair, der Freund Friedrich Hölderlins, in die Verschwörung verwickelt sein. Seckendorff und Baz wurden verhaftet und inhaftiert; wenig später kamen beide wieder frei, als sich die

*Der Hohenasperg wurde vom Sitz eines keltischen Fürsten zu einem Gefäng-
nisort, mit dem sich viele schmerzhafte Schicksale verbinden.*

Haltlosigkeit der Gerüchte herausstellte. Nachhaltige hessische Proteste und das Heranrücken der österreichischen Armee beschleunigten das Verfahren.

Von den deutschen Patrioten, die gegen die Herrschaft Napoleons agitierten, fiel der Karlsschüler Pfeiffer – Bettgenosse
Friedrich Schillers in der Pflanzschule Karl Eugens, der dort
Schillers Manuskript des Fiesko in seinem Strohsack ver-
steckte, und späterer Sekretär Franziskas von Hohenheim –
unter König Friedrich in Ungnade und kam auf den Asperg,
bis König Max Ludwig von Bayern ihn loskaufte.

Ebenfalls unter König Friedrich wurden eine ganze Anzahl
von friedlichen und militanten Gegnern des neuen Königreichs Württemberg auf den Asperg verbracht. Die Friedlichen waren die „Separatisten", Sektierer der württembergischen Landeskirche, zumeist aus Rottenacker, die sich aus
Gewissensgründen den Anordnungen der württembergischen Staatskirche nicht fügen wollten und sich weigerten,
ihre Kinder zum Schulbesuch anzuhalten oder zum Militär
zu schicken. Sie wurden auf lange Jahre auf dem Asperg ein-

gesperrt, bis König Wilhelm I. sie 1816 bei seinem Regie-
rungsantritt begnadigte. Die Militanten waren die Kämpfer
gegen die Zwangsintegration im Königreich Württemberg,
die Hohenloher und Einwohner des ehemaligen Deutschor-
densstaates Mergentheim sowie die drei ehemaligen Reichs-
ritter im Oberschwäbischen, Joseph Anton Fidel von Hornstein, Joseph Thaddäus von Reischach und Joseph Wilhelm
von Stotzingen. Von den drei letzteren mußte nur Hornstein
eine längere Haftstrafe auf dem Asperg absitzen. Noch
1813 mußten die Brüder Goll auf den Asperg, weil am 13. Februar am Stadttor von Biberach ein Anschlag entdeckt worden war: „Freut Euch, ihr schmachvollen Seelen! Oestreichs
Macht rückt heran, eure Erlösung ist nahe!" und man dem
zunächst verdächtigten Maler Sebastian Pflug nichts nachweisen konnte.

Fast makaber mutet heute die Inhaftierung der Gründer des
Otaheiti-Bundes an, gestiftet von Friedrich Hölder und Karl
Reichenbach, die in einer schwärmerischen Vision eine Auswanderung in die Südsee und dort die Gründung einer Republik nach der Art Sparthas planten.

Die Reihe prominenter Gefangener der Vormärzzeit wurde
eingeleitet mit dem bedeutenden Nationalökonomen und Politiker Friedrich List, der sich wie wenige andere die wirtschaftliche Erneuerung Württembergs zum Ziel gesetzt hatte, wegen seiner sozialen Herkunft und seines bisweilen
schroffen und unverbindlichen Wesens aber gegen etablierte
Meinungen sich nicht durchsetzen konnte. Wegen Ehrbe-
leidigung, Verleumdung der Regierungs-, Gerichts- und Ver-
waltungsbehörden sowie der Staatsdiener Württembergs
wurde List, nachdem er zuvor aus der Ständekammer des
Landtags ausgeschlossen worden war, 1822 zu einer Zucht-
hausstrafe verurteilt, die er nach einer kurzzeitigen Flucht
über Straßburg und Paris nach London 1824 auf dem Hohen-

asperg antrat. Den Studenten der Tübinger Landesuniversität, insbesondere den Mitgliedern des Jünglingsbundes sowie der Burschenschaften, ist bereits Reinhard Müth nachgegangen. Die Liste der Verhafteten – Karl August Merbold, Friedrich Wilhelm Hauff, Johann Heinrich Gräter, Johann Friedrich Witt, August Friedrich Scheurer, Friedrich Rödinger, Friedrich Eugen Bardili, Wilhelm Friedrich Scheuffelen, Wilhelm Wagner, Karl Christian Knauß, Gottlob Tafel, Karl Geßler, Heinrich Wilhelm Kübel, Wilhelm Pezold und Samuel Gottlob Liesching – liest sich zum Teil wie ein Verzeichnis der geistigen Führungsschicht Württembergs in der zweiten Hälfte des 19. Jahrhunderts. Der Tübinger Privatdozent der Theologie und spätere Professor in Jena Karl August Hase (1800–1890) zeichnet in der autobiographischen Schrift „Ideale und Irrthümer" ein anschauliches Bild seines Aufenthalts auf dem Asperg.

Der Asperg wurde in dieser Zeit zu einem Wallfahrtsort für Sympathisanten der Burschenschaftler, die zudem auch noch häufig Besuch von Verwandten und Freunden empfingen. Bis 1827 konnten alle Verurteilten den Asperg wieder verlassen. Wenn man von „Demokraten" auf dem Hohenasperg sprechen will, verdient die Gruppe der verurteilten Tübinger Studenten von 1825 diesen Namen zu Recht. Die Rücksicht auf Preußen und Österreich, die auf eine gnadenlose Verfolgung der „Demagogen" drängten, hätte ihn damals gezwungen, die volle Schärfe des Gesetzes walten zu lassen, bemerkte der im Grunde liberal eingestellte König Wilhelm später mit Bedauern.

Mit Sicherheit weitaus gravierender und staatsgefährdender als die Tübinger Burschenschaftsbewegung war die Verschwörung des Oberleutnants des 6. Reiterregiments in Ludwigsburg, Ernst Ludwig von Koseritz, der – nachdem er 1825 mit den Vorstellungen der Tübinger Burschenschaftler in

Berührung gekommen war – 1831 einen Geheimbund gegründet hatte, dessen Ziel es war, durch einen Militärputsch, der von einem Bauernaufstand begleitet werden sollte, sich der Person des Königs zu bemächtigen und in Württemberg eine Republik auszurufen. Bis 1832 gewann er eine Reihe von Mitstreitern. Die Weinwirtschaft des Metzgers Häußler in Ludwigsburg bildete den Mittelpunkt der Verschwörung. 1832 beschloß man auf einem allgemeinen Burschentag in Stuttgart, die deutsche Einheit durch eine Revolution zu erstreben. Koseritz schlug jedoch nicht zum vereinbarten Termin 1833 los. Wenig später, als die Verschwörung verraten worden war, wurden die meisten Teilnehmer verhaftet. Von 1835 bis 1837 wurden die meisten an der Verschwörung Beteiligten verurteilt und zur Haft auf den Hohenasperg gebracht.

Fast fünfzig von ihnen wurden mehr oder minder schwer bestraft, die meisten auf dem Asperg inhaftiert. Auch unter ihnen befand sich wieder eine Anzahl Intellektueller, die danach das geistige Leben Württembergs bestimmt haben, darunter etwa der populäre Volksdichter Berthold Auerbach. 1841 leerte sich der Asperg, nachdem König Wilhelm zu seinem fünfundzwanzigjährigen Regierungsjubiläum am 26. September eine allgemeine Amnestie für politische Gefangene verkündete.

In den Jahren zwischen 1848 und 1850, während und nach der Revolution von 1848, füllten sich die Festungsräume des Hohenaspergs wieder mit Untersuchungs- und Strafgefangenen, zunächst aus Repressionsgründen, dann nach der juristischen Abrechnung mit den gescheiterten Revolutionären zur Bestrafung. Gerade während dieser Zeit kam dem Asperg das Epitheton eines württembergischen Demokratenbuckels mit vollem Recht zu. Der aus Stettenfels gebürtige Redakteur des in Heilbronn erscheinenden radikalen „Neckar-Dampfschiffes" war der erste, den die Ergebnisse der Revolution auf den

Asperg brachten. Da er sich seiner Festnahme vor Gericht mit geladener Pistole widersetzen wollte, wurde er zu drei Jahren und sieben Monaten Festungsstrafe verurteilt, die König Wilhelm später auf zwei Jahre ermäßigte. 1849 gelang ihm die Flucht, er ging nach Baden, wo der zusammen mit dem Ulmer Redakteur Bernhard Schifterling die württembergisch-badische Legion bildete, mit der er von Villingen aus in Württemberg einfiel. Er wurde jedoch vertrieben, entkam in die Schweiz und wurde 1852 in Abwesenheit zu lebenslänglichem Zuchthaus verurteilt. Der Tübinger Stiftler Adolf Bacmeister aus Esslingen, der sich aus republikanischem Patriotismus und Vaterlandsbegeisterung dem ersten deutschen Freischarenzug ins badische Oberland angeschlossen hatte und am 27. April 1848 im Gefecht bei Dossenbach in Gefangenschaft geraten war, hatte sich auf dem Asperg sehr schnell wieder mit bürgerlichen Normen versöhnt und kehrte gerne nach Esslingen in sein Vaterhaus zurück: ein Indiz, daß der Radikalismus vieler politischer Akteure von 1848 nicht sehr tief verwurzelt war.

1848 war kurzzeitig der auch in diesem Band behandelte Stuttgarter Tiergartenbesitzer Gustav Werner auf dem Asperg eingekerkert. Im Gefolge der Reutlinger Volksversammlung der „Abgeordneten der Vereine, Gemeindekollegien und der Bürgerwehren des Landes" am 27. und 28. Mai 1849 ist die Zahl der auf dem Asperg Inhaftierten kaum zu übersehen. Die Untersuchungsgefangenen wurden in nur leichter Haft mit vielen Vergünstigungen gehalten. Die meisten von ihnen wurden später wieder in ihre Ämter eingesetzt. Schwerer war das Los der nach dem Oktober 1848 als Staatsverbrecher abgeurteilten Aufständischen, unter ihnen der Redakteur des Württembergischen Seeblattes in Friedrichshafen Franz Ignaz Schabet, der Redakteur der Ulmer Donauzeitung Konrad Beyschlag und nicht zuletzt Fürst Konstantin von Waldburg-

Zeil wegen Beleidigung der königlichen Staatsregierung. In dieser Zeit fanden sich Lehrer, Lehramtskandidaten, Buchhalter, Seckler, Bauern, Soldaten, Ärzte und Handwerker, Gastwirte und Arbeiter, aber auch viele Pfarrer, Schriftsteller und Redakteure sowie Fabrikanten und vermögende Kaufleute, eben ein Querschnitt der Aufständischen von 1848/49, auf dem Asperg. Nacheinander wurden 1851 die Teilnehmer des Riedlinger und des Heilbronner Aufstands von 1849 abgeurteilt und auf den Asperg gebracht, darunter Julius Haußmann aus Blaubeuren, Heinrich Schweickhardt von Tübingen und Karl Alexander Klumpp von Freudenstadt.

In der Mitte der sechziger Jahre des 19. Jahrhunderts war der Asperg so etwas wie ein selbstverständlicher Aufenthalt in der Biographie der Angehörigen der neu entstandenen Württembergischen Volkspartei. Adolf Roth und Karl Mayer kannten den Asperg von mehreren Aufenthalten wie schon früher Karl Freisleben und Julius Haußmann.

Manche, die über den Hohenasperg publiziert haben, hatten persönlich auf ihm ein Häftlingsschicksal erlebt. Die erste Monographie stammt von Immanuel H. Hoch aus dem Jahre 1838, der selbst Gefangener auf dem Hohenasperg war. Albrecht Friedrich hat ein Tagebuch über seinen Aufenthalt auf dem Asperg veröffentlicht, das 1863 eine zweite Auflage erlebte. Fünf Jahre später folgten die autobiographischen Notizen von Wilhelm Binder. 1899 nahm sich der Stuttgarter Privatgelehrte und emsige Landeshistoriker Theodor Schön (1855–1911) der Geschichte des Aspergs an. Von ihm stammt die erste Zusammenstellung der Gefangenen auf den Hohenasperg. Anders als Hoch war er nicht persönlich betroffen, doch war er bemüht, die Rolle des Hohenaspergs als eines Schicksalsberges württembergischer Freiheitsbewegung sichtbar werden zu lassen. Sein Privatexemplar mit handschriftlichen Nachträgen – heute in der Württembergischen

Landesbibliothek in Stuttgart verwahrt – zeigt, daß mit der Publikation Vollständigkeit bei weitem noch nicht erreicht war. Forschungen über die Zeit des Vormärz, die Burschenschaftsbewegung und die Revolution von 1848 an der Universität Tübingen in den siebziger Jahren unseres Jahrhunderts brachten den Hohenasperg und seine Rolle als Gefängnis für Demokraten in den Blick.

Das Erlebnis der Studentenrevolte und der Unruhen der Jahre von 1968 war auch der Impuls für Horst Brandstätter, dem Asperg eine Monographie zu widmen, die nochmals seinen Platz in der Geschichte der Unterdrückung von Freiheitsbewegungen in der deutschen und der württembergischen Geschichte in exemplarischen Biographien herausragender Insassen des Aspergs herausarbeitete. In dem Untertitel seines Buches benannte er die Schicksale, von denen er – sicher zum Teil polemisch überspitzt – schreiben wollte: „Der schwäbische Demokratenbuckel und seine Insassen: Pfarrer, Schreiber, Kaufleute, Lehrer, gemeines Volk und andere republikanische Brut. Mit Abschweifungen über Denunzianten und Sympathisanten in alter und neuer Zeit". Ein Zitat aus einem Gedicht Theodor Körners über den Hohenasperg von 1848 machte dessen Rolle noch deutlicher: „So war es und wird es ewig sein / wer Freiheit liebt, den sperrt man ein."

Die Reaktion eines Stuttgarter Ministerialbeamten auf eine Rede zum Tübinger Universitätsjubiläum von 1977, bei der der Festredner äußerte, die Metterniche von heute würden bei der Unterdrückung studentischer Freiheitsregungen auch nicht erfolgreicher sein als ihr Vorbild im Jahre 1848, ließ spüren, daß der Asperg als Domestizierungsmittel auch im 20. Jahrhundert nicht ganz aus den Köpfen der Staatsbürokratie verschwunden war. Sicher klang dabei bei allen Umstehenden das Gedicht nach:

Kennst du den Berg mit seinem Wolkensteg –
Asperg? Gut Württemberg hie alleweg.
Da oben sitzt die Demokratenbrut
In Kerkern büßend ihren Übermut.
Kennst du ihn wohl? Dahin, dahin
Mußt endlich Freund du auch nun einmal ziehn.

Innerhalb der Gedenkfeiern zum 150jährigen Jubiläum der Revolution von 1848/49 nahm der Hohenasperg zu Recht eine besondere Rolle ein, die mit einer eigenen Ausstellung gewürdigt wurde.

Mit zwiespältigen Gefühlen wird man heute Versuche aus der jüngeren Vergangenheit sehen, die Rolle der hungerstreikenden und zwangsernährten RAF-Mitglieder im Gefängniskrankenhaus auf dem Hohenasperg in den achtziger Jahren in die Tradition der mit dem Asperg verbundenen Freiheitsbewegung einzubinden. Ein Anstaltsgeistlicher hat von dem Gewissenskonflikt der eigenen Position in dieser Situation berichtet, doch hatte der Freiheitsbegriff dieser Gefangenen nur wenig mit dem der Demokraten der ersten Hälfte des 18. Jahrhunderts zu tun.

Immer wieder haben die herausragende Lage des Aspergs über dem mittleren Neckarland, seine gewiß viele Stätten unseres Landes übersteigende historische Bedeutung als Fürstensitz der Keltenzeit, als württembergische Landesfestung und als Realsymbol südwestdeutscher Freiheitsbewegung zu der Forderung geführt, ihn von seiner Rolle als Gefängnis zu befreien und ihn zu einer Gedenkstätte für Freiheit und Demokratie zu machen, was ihm zweifellos gut anstünde. Diese Würde und der hohe Rang des Hohenaspergs wurde durch die Ausstellung des Hauses der Geschichte und des Fördervereins Hohenasperg „Auf den Bergen ist Freiheit. Der Hohenasperg und das Gericht über die Revolution" von 1998 aus

Anlaß der Jubiläumsveranstaltungen zur 150jährigen Wiederkehr der Revolution von 1848 unterstrichen. Sie zeigte ihn nochmals in seinem hohen Rang als den Ort, an dem viele, die sich für Freiheit und Demokratie im Vormärz und in der Revolution von 1848 einsetzten, für ihre Ideale büßen mußten. Als Ganzes wird sich die Nutzung des Aspergs auf absehbare Zeit wohl nicht verändern lassen, zumindest aber wird seine Rolle als zentraler Ort südwestdeutscher Freiheits- und Demokratiebewegung sichtbar bleiben.

Der vorliegende Band verdankt seine Entstehung einem anderen Jubiläum. Seit 100 Jahren befinden sich Gaststätte und Hotel „Schwarzer Adler" in Asperg, ständig dominiert von der nahen Festung des Hohenaspergs, unter der Leitung der Familie Ottenbacher. Richard Ottenbacher gab die Anregung, zum Jubiläum seines Hauses sich erneut mit dem Platz und der Rolle des Hohenaspergs in der Geschichte freiheitlicher und demokratischer Ideen in Württemberg und in Deutschland zu beschäftigen und setzte dafür ein großzügiges Stipendium für studentische Arbeiten aus. Karl Moersch, dem Liberalismus in Südwestdeutschland durch innere Einstellung und wissenschaftlich mit zahlreichen Publikationen verbunden, übernahm die Vermittlung, daß Studenten des Historischen Instituts der Stuttgarter Universität sich ein Jahr hindurch im Rahmen eines Seminars in Archiven und Bibliotheken mit der Geschichte von Insassen des Gefängnisses auf dem Asperg beschäftigen konnten. Ihre Aufsätze, vermehrt um einige Beiträge von wissenschaftlich mit dem Asperg und der Geschichte von Liberalismus und demokratischer Freiheitsbewegung verbundener Historiker, zeigen ihre persönliche Sicht auf ausgewählte Gestalten der südwestdeutschen Geschichte, deren Lebensweg in einer kürzeren oder längeren Periode durch einen Gefängnisaufenthalt auf dem Hohenasperg bestimmt wurde. Enzyklopädische Vollständigkeit bei

25

der Liste der Gefangenen konnte nicht angestrebt werden, dafür wurde den individuellen Lebensschicksalen exemplarisch um so intensiver nachgespürt.

Die Paulskirche in Frankfurt und das Hambacher Schloß als Zeugnisse und Denkmäler der Geschichte der Demokratie in Deutschland haben in der Zwischenzeit eine würdige und ihrem Rang entsprechende Gestaltung gefunden. In Rastatt ist ein Freiheitsmuseum entstanden. Für den Hohenasperg wurde eine adäquate Lösung erst in Ansätzen gefunden. Um so wichtiger ist es, das Gedächtnis an seine Geschichte literarisch lebendig zu halten. Herausgeber und Autoren hoffen zusammen mit dem Initiator der Publikation Richard Ottenbacher, daß dies mit dem vorliegenden Band gelungen ist und zugleich mit dem Blick vom „Schwarzen Adler" zum Hohenasperg, dem Tränenberg und Demokratenbuckel Württembergs, auch die Geschichte der Festung zu sprechen beginnt.

Literatur

Albrecht, Friedrich: Mein Tagebuch vom Hohenasperg. Ulm [2]1863.

Biffart, Moritz: Geschichte der württembergischen Veste Hohenasperg und ihrer merkwürdigen Gefangenen. Stuttgart 1858.

Binder, Wilhelm: Zwei Jahre auf dem Hohen-Asperg in den Jahren 1850 und 1851. Reutlingen 1868.

Boley, Theodor: Der Hohenasperg. Vergangenheit und Gegenwart. Bietigheim 1972.

Brandstätter, Horst: Asperg. Ein deutsches Gefängnis 1978.

Hoch, Immanuel H.: Geschichte der württembergischen Veste Hohenasperg und ihrer merkwürdigen politischen und anderer Gefangenen. Stuttgart 1838.

Krause, Albrecht und Erich Viehöfer: Auf den Bergen ist Freiheit. Der Hohenasperg und das Gericht über die Revolution. Hrsg. v. Haus der Geschichte Baden-Württemberg in Zusammenarbeit mit dem Förderverein Hohenasperg e. V. Stuttgart 1998.

Maier, Ulrich: Demokraten auf dem Hohenasperg. Ein Belegungsplan aus dem Jahre 1848. In: Archiv-Nachrichten 7, Oktober 1993, Quellenbeil. 7.

Schön, Theodor: Die Staatsgefangenen auf dem Hohenasperg. Stuttgart 1899.

Sieber, Eberhard: Die Gogs auf dem Aschperg. In: Attempto 37/38, 1970.

Ders., Ein Gefangenentagebuch vom Hohenasperg. In: Ludwigsburger Geschichtsblätter 23, 1971, S. 84–112.

Axel Kuhn

Karl Kower und die demokratische Bewegung im Vormärz

In diesem Beitrag geht es um die demokratische Bewegung im deutschen Vormärz, hauptsächlich der Jahre 1832 bis 1840. Dabei werden die Ereignisse aus der Sicht eines unbekannten kleinen Anhängers der Bewegung geschildert. Gleichsam als Rahmenhandlung dient die Geschichte Karl Kowers; in sie hinein werden an bestimmten Stellen die Höhepunkte der bundesweiten Entwicklung komponiert. Es stellt sich auch die Frage, inwieweit diese bundesweite Entwicklung das Leben eines einfachen Mitglieds der Vormärz-Opposition beeinflußte. Kenntnis über diese Person wurde hauptsächlich aus Akten des württembergischen Justizministeriums, die heute im Hauptstaatsarchiv liegen, geschöpft.

Kowers Verhaftung

Am 1. August 1832 wurde in Stuttgart ein Mann namens Karl Kower verhaftet. Er soll revolutionäre Flugblätter verbreitet haben. Aus dem ersten Vernehmungsprotokoll ist folgendes zu erfahren: Kower war am 21. Juli 1832 von Stuttgart ins badische Pforzheim gereist. Dort nahm er sich ein Fuhrwerk, einen Fuhrknecht und lud Spazierstöcke auf. Außerdem transportierte er fünf Pakete Druckschriften nach Stuttgart. Die hatte ihm ein unbekannter Herr gegeben mit dem Hinweis, die Pakete würden in Stuttgart abgeholt werden. Den Inhalt der Pakete kannte Kower angeblich nicht. Der Untersuchungsrichter glaubte jedoch die Geschichte von dem großen Unbekannten nicht, zumal erwiesen war, daß Kower auf der Rückreise einige Exemplare der Druckschriften verteilt hatte:

an der Zollstätte in Merklingen und in einem Ort unmittelbar vor Merklingen. Ferner hatte er sich nach Orten mit starkem Botenverkehr erkundigt und einen Umweg über Weil der Stadt gemacht, um dort im Auftrag des Unbekannten ein adressiertes Paket einem ihm gleichermaßen unbekannten Mädchen zu überbringen. Alles deutete also darauf hin, daß Kower sehr wohl wußte, was er da von Pforzheim nach Stuttgart transportiert hatte. Es handelte sich um zwei anonyme Flugblätter mit dem Titel „An die Teutschen in Württemberg" beziehungsweise „Protestation und dringende Bitte".

Folgen des Hambacher Festes

Zum besseren Verständnis der Geschichte Karl Kowers sollen einige Zeitumstände geschildert werden, in die die Tat Kowers eingebettet war.

Seine Verhaftung erfolgte zwei Monate nach dem Hambacher Fest, jener großen politischen Kundgebung, die den Willen zu einer revolutionären demokratischen Umgestaltung Deutschlands gezeigt hatte.

Am 27. Mai 1832 kamen auf dem Hambacher Schloß (bei Neustadt / Pfalz) vier Tage lang etwa 30 000 Personen zusammen: Handelsleute, Handwerker, Akademiker, Studenten und Bauern. Das Hambacher Fest war die größte Volkskundgebung des deutschen Vormärz. Organisiert wurde sie von zwei bekannten Vertretern der deutschen Freiheitsbewegung: dem aus Lahr / Baden stammenden Philipp Jakob Siebenpfeiffer und dem in Hof / Bayern geborenen Johann Georg August Wirth. Beide waren Herausgeber von bedeutenden Oppositionsblättern; Wirth war durch die Gründung eines „Preß- und Vaterlandsvereins" bekannt geworden. Sie hatten zu der Massenversammlung aufgerufen, weil sie durch die allgemeine Polenhilfsbereitschaft und durch den Erfolg einer Kundgebung in Weinheim dazu ermutigt worden waren. Eine klare Konzeption hatten sie jedoch nicht. Ihr Aufruf formulierte, die Veranstaltung solle „dem Kampfe der Abschüttelung innerer und äußerer Gewalt, für Erstrebung gesetzlicher Freiheit und deutscher Nationalwürde" dienen.

Die Veranstaltung nahm einen friedlichen Verlauf: Man ging in langem Zug von Neustadt / Weinstraße auf die Ruine hinauf, trug schwarz-rot-goldene Fahnen und Kokarden, hörte sich Grußadressen und etwa 20 Reden an, sofern man nahe genug an die Redner herangekommen war, man aß und trank, man sang und ging wieder nach Hause. Weder die beiden Organisatoren, noch die anderen Wortführer waren sich über ihre politischen Absichten einig, auch nicht über die Kampfmethoden. Da gab es gemäßigte Liberale, die auf allmähliche Reformen von oben setzten. Da gab es revolutionäre Demokraten, die ein Bündnis mit Bauern und Handwerkern anstrebten. Einige wollten den sofortigen Aufstand gegen die Fürsten und hatten vorsorglich Knüppel und Pistolen mitgebracht. Andere glaubten sich auf einem altgermanischen Thingplatz und wollten jedes Jahr im Mai zur Beratung öffentlicher Angelegenheiten wiederkommen. Alle sehnten ein gemeinsames Deutschland herbei; aber es war nicht klar, ob die Franzosen als Brüder oder Feinde galten. Alle übten Solidarität mit den Polen, doch selbst unter denen, die ein republikanisches Europa wollten, gab es Anhänger einer deutschen Hegemonie. Kurz, es zeigte sich die ganze Vielfalt der damaligen Opposition.

Trotzdem machte dieses erste Massenbekenntnis zu „Deutschlands Wiedergeburt" großen Eindruck. Nicht nur unter den Teilnehmern, auch unter den beobachtenden Fürsten weckte dieser brodelnde Haufen auf dem Schloß, in Neustadt und auf den Zugangsstraßen Gedanken an eine revolutionäre Situation. Dagegen machte Metternich noch einmal den Deutschen

Bund mobil. Am 28. Juni 1832 verabschiedeten die Bundestagsgesandten die sogenannten „Sechs Artikel". Diese bestimmten die Einsetzung einer Kommission zur Kontrolle der einzelnen Landesparlamente. Ein weiterer Bundestagsbeschluß vom 5. Juli 1832 legte in „Zehn Artikeln" unter anderem fest: Verschärfung der Pressezensur, Verbot von politischen Vereinen und Volksfesten. Aufgrund dieser Beschlüsse ging eine Welle von Verboten über die deutschen Staaten hin. In der württembergischen Zweiten Kammer protestierte Paul Pfizer im Namen der Opposition gegen die „Sechs Artikel". Pfizer (1801–1867) war 1831 wegen einer politischen Schrift aus dem Staatsdienst entlassen, aber prompt von der Stadt Tübingen in den Landtag gewählt worden. Nach Pfizers oppositioneller Rede wurde die Zweite Kammer aufgelöst.

In Baden machte sich Karl von Rotteck (1775–1840) zum Sprecher der Empörung. Er war Geschichtsprofessor in Freiburg und seit 1831 auch Abgeordneter in der Zweiten Kammer. Sein Auftreten veranlaßte die badische Regierung, die Freiburger Universität zu schließen. Rotteck und sein Kollege Karl Theodor Welcker (1790–1869), der ebenfalls seit 1831 badischer Abgeordneter war, wurden entlassen. Ab 1834 gaben die beiden das „Staatslexikon" heraus und schufen damit ein Standardwerk des politischen Liberalismus, das im Bürgertum weite Verbreitung fand. Dies zeigt, daß die südwestdeutschen Regierungen die Wortführer der Opposition zwar aus dem Staatsdienst entlassen, aber in ihrer bürgerlichen und politischen Existenz nicht vernichten konnten.

Kowers Verurteilung

Das ist also die allgemeine Situation, in der auch Karl Kower in die Mühlen der Justiz gerät. Was läßt sich über das Vorleben des Verdächtigen ermitteln?

Franz Karl Kower, so der volle Taufname, wurde am 25. Mai 1811 in Ravensburg als Sohn des Revierförsters Kaspar Kower und seiner Frau Maria Sabina, geb. Felber, geboren. Der Vater war aus Pfalz-Zweibrücken eingewandert und hatte achteinhalb Monate vorher, am 11. September 1810 in Ravensburg geheiratet. Die Familie zog dann in den Schwarzwald nach (Kloster-) Reichenbach, wo der Vater wieder das Amt eines Revierförsters versah. Dort lebten die Eltern noch 1837. Der Sohn scheint aber keine lange Zeit in Reichenbach gewohnt zu haben. Er wurde nach seinen eigenen Angaben „im Ausland" (d. h. wohl außerhalb Württembergs) von Verwandten erzogen. Zum Zeitpunkt seiner Verhaftung war er „Kandidat des Bergwesens", arbeitete aber als Gehilfe bei der Redaktion des in Stuttgart erscheinenden „Hochwächter".

Im „Verzeichnis der Studierenden auf der Königlichen Universität Tübingen" ist Carl Kower, Reichenbach, für das Wintersemester 1829/1830 als Student der Cameralwissenschaften genannt, im Sommersemester 1830 ist sein Name noch einmal verzeichnet. Er wird Mitglied der Burschenschaft „Germania" und erhält am 28. August 1830 einen Taler Strafe aufgebrummt, weil er einen irdenen Topf auf die Straße geworfen hat. Viel scheint er in dem einen nachgewiesenen Tübinger Jahr nicht studiert zu haben. In der Hörerliste des Professors für Forstwissenschaft, W. Widenmann, ist kein Kower verzeichnet, obwohl im Sommersemester 1830 das grundlegende Thema „Enzyklopädie der Forstwissenschaft" gelesen wird. Andererseits taucht Kowers Name bisher auch nicht in der politischen Bewegung Tübinger Studenten im Vormärz auf.

Vielleicht ist Kower also durch die Julirevolution und ihre Auswirkungen auf Deutschland politisiert worden. Immerhin ist der 29jährige im Juli 1832 politisch aktiv. In den Flugblättern, die er von Pforzheim mitbringt, wird gegen die genannten Beschlüsse der Frankfurter Bundesversammlung protestiert. Die Flugblätter sind vergleichsweise harmlos. Ihr Verfasser wehrt sich gegen einen drohenden Abbau liberaler Errungenschaften. Er schreibt ausdrücklich, daß man noch nicht zu den Waffen greifen, sondern sich mit Tausenden von Unterschriften gegen den Umsturz der Verfassung wehren solle. Immerhin klingt aber die Drohung mit, daß man auch zu den Waffen greifen könne. Und die merkwürdige Anrede „An die Teutschen in Württemberg" mag auch den Regierenden viel zu national geklungen haben.

Nach dem Verhör des Buchdruckers Katz von Pforzheim mußte Kower Anfang September mehr zugeben: Er hatte das Manuskript einer Flugschrift abgeschrieben und zum Druck nach Pforzheim geschickt. Die Urschrift (so sagte er jetzt) sei ihm nebst einer Summe Geld von einem Unbekannten zum Fenster hereingeworfen worden; er habe sie nach der Abschrift vernichtet. Auch diese Version war nicht besonders glaubwürdig. Einige Tage später räumte Kower ein, beide Flugblätter abgeschrieben und dem Katz mit dem schriftlichen Ersuchen, sie tausendmal heimlich zu drucken, zugestellt zu haben. Er blieb aber dabei, den Verfasser nicht zu kennen. Erst als sich der Herausgeber des „Hochwächter", Rudolf Lohbauer, nach Straßburg abgesetzt hatte, gestand Kower, daß dieser Lohbauer der Verfasser der Flugblätter gewesen sei und ihm die Manuskripte und das Geld gegeben habe. Kower behielt also den Namen des Verfassers so lange für sich, bis dieser in Sicherheit war. Dafür nahm er in Kauf, wegen Lügens vor Gericht eine strengere Strafe zu erhalten. Das Urteil stammt vom 8./10. Januar 1833: Kower wurde nach fünf Monaten Untersuchungshaft wegen Miturheberschaft an Druck und Verbreitung der Flugschriften zu weiteren sieben Monaten Festungsstrafe verurteilt. Da er schließlich auf Revision verzichtete, wurde er am 30. Januar 1833 auf den Hohenasperg gebracht.

Das war aber nur der erste Akt des Dramas. Denn im Mai 1833 kam es in Stuttgart zu einem weiteren Prozeß, und zwar gegen den Lithographen Franz Theodor Malté wegen Verbreitung der aufrührerischen Flugschriften „Eins ist Noth" und „Gespräch eines Oberamtmanns und eines Wahlmannes". Im Rahmen dieser Untersuchung gestand die Frau des Stuttgarter Gefangenenwärters, in diesem und in Kowers Fall Kontakte zwischen den Untersuchungshäftlingen und der Außenwelt hergestellt zu haben. So war Kower während der Untersuchungshaft mit dem flüchtigen Lohbauer und anderen Stuttgarter Oppositionellen in Verbindung geblieben. Schon dies war eine strafbare Handlung. Außerdem ließen die Verbindungen Kowers den Verdacht aufkommen, daß er doch tiefer in der Sache stecke, als der Richter ursprünglich angenommen hatte. Am 30. Mai 1833 wurde die Wiederaufnahme des Verfahrens und Kowers Überführung nach Stuttgart verfügt. Zu Kowers Unglück war inzwischen der Frankfurter Wachensturm erfolgt. Es stellte sich heraus, daß der Stuttgarter Buchhändler Gottlob Franckh mit den Hessen zusammengearbeitet hatte; Franckh wurde verhaftet. Auch Lohbauer, den Kower gedeckt hatte, war an der Verschwörung beteiligt. Die Stuttgarter Untersuchungsbehörden hielten es für angebracht, die Verfahren gegen Kower, Malté und Franckh zusammenzuziehen. Alle Gefangenen wurden daraufhin im Juni 1833 auf die Festung Hohenasperg gebracht. Kower und Franckh kamen zusammen in eine Zelle. So sah sich Kower plötzlich als Angeklagter in einem Hochverratsprozeß.

Der Frankfurter Wachensturm

Am 3. April 1833 besetzten rund 50 Studenten die Haupt- und die Konstablerwache in Frankfurt am Main. Die Aufständischen wollten anschließend den Versammlungsort des Bun-

destages (das Palais Thurn und Taxis in der Großen Eschen-
heimer Gasse) stürmen, die Gesandten gefangennehmen und
eine deutsche Einheitsrepublik ausrufen. Ihre Aktion sollte
das Startzeichen zu einer allgemeinen Volkserhebung werden.
Dieser Frankfurter Wachensturm gilt heute noch allgemein
als ein dilettantischer und schlecht vorbereiteter Putsch, den
einige politische Schwärmer übereilt ausführten. Gelegent-
liche Hinweise auf die ähnliche Revolutionstaktik Mazzinis
haben dieses harte Verdikt nicht mildern können. Die Bewegung war jedoch weiter verbreitet, als man bislang angenommen hatte.

Zunächst einmal war der Handstreich für Mitte April 1833 geplant; er wurde vorverlegt, weil ein Verräter den Tag ange-
zeigt hatte. Doch auch der frühere Termin wurde verraten, so
daß die Behörden Truppen heranziehen konnten, um den
Aufstand niederzuschlagen.

Vor allem aber bestanden Kontakte zu einer Militär- und
Zivilverschwörung in Württemberg. Ihre Mitglieder wollten
zur gleichen Zeit losschlagen wie die Frankfurter. Die Anführer waren Oberleutnant Ernst Ludwig Koseritz, der Tübinger Student Georg David Hardegg und der Stuttgarter
Buchhändler Gottlob Franckh. Sie beabsichtigten in Süd-
deutschland eine Republik zu errichten als Kern einer späteren deutschen Republik. Dabei kam Koseritz eine Schlüssel-
stellung zu. Er wollte mit zwei Kompanien Infanterie das
Stuttgarter Schloß erobern und den König gefangennehmen.
Sie warben auch unter den Armen, den Handwerkern und
Bauern. Ideologisch schwankten sie zwischen dem Neoba-
bouvismus und den Lehren Saint-Simons. Inzwischen aber
hatten die Behörden Verdacht geschöpft. Am 30. Januar 1833
wurde Hardegg, kurz darauf Franckh verhaftet. Unter diesen
Umständen setzte Koseritz den württembergischen Aufstand
von der Tagesordnung ab.

So kam es, daß die Frankfurter allein losschlugen. Koseritz wurde Anfang Juni 1833 ebenfalls verhaftet. Insgesamt wurden nach mehrjähriger Untersuchungshaft 17 Offiziere und 30 Zivilisten verurteilt. Das Todesurteil gegen Koseritz wurde im letzten Moment in Deportation nach den USA umgewandelt. Nimmt man diese Verbindungen zu Württemberg gewahr, so wird das Urteil über den Frankfurter Wachensturm nicht so vernichtend ausfallen. Er war das spektakulärste politische Ereignis des deutschen Vormärz nach dem Hambacher Fest und kann durchaus den fehlgeschlagenen Aufstandsversuchen in anderen Ländern an die Seite gestellt werden.

Kowers zweite Verurteilung

Die Untersuchungen über die württembergische Verschwörung, in die Kower nun verwickelt wurde, zogen sich in die Länge. Sei es aus diesem Grunde (Kowers ursprüngliche Strafe wäre im August 1833 abgelaufen), sei es – wie der Festungskommandant vermutete – unter dem Einfluß Franckhs, Kower muckte auf. Als er dem Kommandanten bei einem Spaziergang auf dem Festungswall begegnete, spuckte er vor ihm aus. Auch nahm er häufig seine Mütze nicht ab, und überschritt den ihm zum Ausgang angewiesenen Bezirk. Daraufhin wurde er in eine Einzelzelle gesperrt.

Im August 1834 – Kower war nun schon zwei Jahre in Haft – hatte der Richter die Hauptergebnisse der Untersuchung gegen Kower zusammen. Es war klargeworden, daß Kower nichts mit der württembergischen Verschwörung zu tun hatte. Trotzdem war neues Material gegen Kower zutage getreten. Er hatte im Juli 1832 mit 15 anderen Personen an einer von Lohbauer veranstalteten Versammlung in Echterdingen teilgenommen. Auf ihr war beschlossen worden, die Flugblätter zu drucken und Kower mit ihrer Verteilung zu beauftragen.

Ferner hatte sich Kower zu der Ansicht bekannt, daß die Republik die beste Regierungsform sei und daß dem Volk auf dem Wege des Gesetzes nicht zu helfen sei. Er habe die Flugblätter verbreitet, um das Volk auf eine Revolution einzustimmen.

Als strafverschärfend galt nun, daß Kower die Flugblätter in hochverräterischer Absicht verbreitet, daß er aufwieglerische Reden gehalten und Injurien gegen den Festungskommandanten begangen hatte. Er wurde zu zwei weiteren Jahren Festungshaft verurteilt. Nach verbüßter Strafe solle ihm auf keinen Fall mehr der Aufenthalt in Stuttgart gestattet werden. Vielmehr solle er in seinen Heimatort verwiesen und dort unter Aufsicht gestellt werden.

Georg Büchner und „Der Hessische Landbote"

Während dieses Jahres 1834 hatte sich in Hessen eine neue revolutionäre Gruppe gebildet. In ihrem Mittelpunkt stand der Medizinstudent und Schriftsteller Georg Büchner (1813–1837). Büchner war 1833 nach dem Wachensturm von Straßburg zurückgekehrt und hatte sich im Wintersemester an der Universität Gießen eingeschrieben. In seiner Straßburger Studienzeit war er mit frühsozialistischen Ideen und Personen zusammengekommen. Im März 1834 gründete er in Gießen und Darmstadt Sektionen der geheimen „Gesellschaft der Menschenrechte". Er lernte den Butzbacher Pfarrer Friedrich Ludwig Weidig kennen. Büchner und Weidig verfaßten gemeinsam eine revolutionäre Flugschrift, die Weidig später „Der Hessische Landbote" betitelte.

„Der Hessische Landbote" ist nicht nur eine literarische Arbeit ersten Ranges, sondern auch ein herausragendes politisches Werk. Er wendet sich an die unteren Volksschichten – Bauern, Handwerker, Tagelöhner – und ruft diese zu einer

Massenerhebung auf. Das war die Lehre, die Büchner aus
dem Wachensturm gezogen hatte: Aussichten auf eine dauerhafte Umwälzung der Machtverhältnisse bestanden nur bei
einem bewaffneten Kampf und Beteiligung des ganzen
Volkes. Ähnlich wie Karl Kower übernahm Büchner auch Bo-
tendienste. Zusammen mit einem Gleichgesinnten transportierte er das Manuskript von Butzbach zu einem Offenbacher
Drucker. Es wurde in einer Auflage von 700 bis 1 000 Exemplaren im Juli 1834 gedruckt. Am 1. August verhaftete man
einen anderen Verbreiter des druckfrischen Landboten in
Gießen; er hatte sich 139 Exemplare in Rock und Stiefel ein-
genäht. Trotzdem gelangte die hochverräterische Schrift noch
in den hessischen Dörfern zur Verbreitung; nachgewiesen
sind 22 Orte. Im November 1834 wurde in Marburg sogar eine zweite Auflage gedruckt. Den Polizeibehörden ging erst
nach und nach, begünstigt durch Verräter, der ganze Umfang
der Verschwörung auf.
Georg Büchner konnte rechtzeitig fliehen; zweimal war er
schon als Zeuge vorgeladen worden. Am 9. März 1835 gelangte er glücklich über die französische Grenze nach Straßburg. Er hatte gerade noch für sein erstes Drama, „Dantons
Tod", einen Verleger gefunden. Anfang 1835 setzte eine Verhaftungswelle ein, der über 80 Verdächtige, unter anderem
auch Weidig, zum Opfer fielen. Weidig starb im Februar 1837
in seiner Darmstädter Gefängniszelle unter bis heute nicht ge-
klärten Umständen. Die hessischen Behörden behaupteten, er
habe Selbstmord begangen.

Kowers dritte Verurteilung

Hat Karl Kower in seinem Gefängnis auf dem Hohenasperg
überhaupt von diesen Dingen erfahren? Wenn nicht, dann
war es nur ein purer Zufall, daß er knapp einen Monat nach

Büchners Flucht ebenfalls nach Straßburg zu fliehen versuchte. In seiner Zelle war außer der Zellentür noch eine mit einer Holztüre verschlossene weitere Öffnung, die zum Abholen des Nachttopfes benutzt wurde. Durch diese Öffnung konnte ein Mann bequem kriechen; sie führte zudem auf den Hausflur. Es mußte allerdings jemand von außen die Holztür, die nur mit einem eisernen Riegel verschlossen war, öffnen. Endlich hatte Kower eine der Schildwachen überredet, ihm zu helfen und mit ihm zu fliehen.

In der Nacht vom 5./6. April 1835, zwischen ein und zwei Uhr, gelang ihm der Ausbruch, indem er sich mit einem Seil in den Wallgraben hinunterließ und von dort über die Mauer kletterte. Die Schilderung der näheren Fluchtumstände in der Anzeige des Kriminalrichters erweckt den Eindruck, daß es nicht besonder schwer war, aus der Festung zu entkommen. Allerdings konnte sich Kower seiner Freiheit nicht lange erfreuen. Er wollte nach Straßburg, wurde aber nach wenigen Tagen in Ettlingen gestellt. Am 10. April wurde er wieder in die Festung eingeliefert und in seiner Zelle nunmehr zweifach an die Wand gekettet. Wegen gewaltsamer Entweichung aus der Festung erhielt er am 8. Dezember 1835 noch zusätzlich 20 Monate Haft. Kower beauftragte einen Stuttgarter Rechtsanwalt, gegen die Gerichtsurteile Berufung einzulegen. Dafür wurde er mit noch längerer Haft bestraft. Am 10./11. Oktober 1836 verhängte das Obertribunal gegen Kower eine Festungshaft von vier Jahren und zwei Monaten, gerechnet vom Zeitpunkt des Antritts der zweiten Strafe. Das waren vier Monate mehr als bisher. Nun gab Kower auf. Durch die lange Haft war seine Gesundheit angegriffen. Schon im April 1836 hatte er deswegen auf Antrag eines Arztes die Erlaubnis erhalten, täglich zwei Stunden an der frischen Luft sein zu dürfen. 1837 stellte er sein erstes Gnadengesuch. Es wurde am 21. Dezember 1837 vom König abgewiesen.

Inzwischen befand er sich in der Strafanstalt Ludwigsburg. Im Gnadengesuch hatte er folgendes ausgeführt: Von Verwandten im Auslande, bei denen er einen Teil seiner Jugendjahre verlebt, in der Erziehung vernachlässigt, habe er als Knabe in den Helden des Altertums und den Revolutionskämpfen in Griechenland und Spanien nachahmenswerte Muster erblickt. Späterhin hätten, während er sich auf der Universität befunden, die verführerisch gepriesenen Revolutionen in Frankreich, Polen und Belgien seine lebhafte Teilnahme erregt. Erst seitdem er sich in der Strafanstalt zu Ludwigsburg befinde, sei er durch die Besuche eines christlichen Beraters zur Erkenntnis seiner selbst und seines früheren verkehrten und gottlosen Lebens gebracht worden. In Zukunft wolle er nur noch einen stillen Lebenswandel führen.

Obwohl Kower jetzt – der Zweck heiligt die Mittel – seine politische Sozialisation negativ darstellt, erwähnt er doch alle Freiheitsbewegungen seit dem Wiener Kongreß: ein Beispiel dafür, wie sehr sie die damalige Jugend in Deutschland beeinflußten.

Mit einem zweiten Gnadengesuch hatte Kower Erfolg. Mit königlichem Dekret vom 6. März 1838 wurde ihm der Rest der Strafe erlassen. Sie wäre noch bis zum 1. Juni 1839 gegangen.

Staatsstreich in Hannover

Kowers Resignation fällt in eine Zeit, in der die Welle revolutionärer Bewegungen, die Deutschland nach der Julirevolution überschwemmt hatte, ganz allgemein vorüber war und die restaurativen Kräfte wieder Oberwasser bekamen. Das zeigt sich besonders am königlichen Staatsstreich in Hannover.

1837 ging die Personalunion Hannover / England zu Ende, als die junge Victoria in England Königin wurde. In Hannover bestieg ihr 66jähriger Onkel Ernst August, bisher Herzog von

Cumberland, den Thron. Der neue hannoversche König fühlte sich an die Verfassung von 1833 nicht gebunden; er hob sie auf. Sieben Professoren der Universität Göttingen protestierten gegen diesen Gewaltakt; sie wurden sofort entlassen. Jeder Deutsche kannte daraufhin die Namen dieser Märtyrer: Dahlmann, die beiden Brüder Grimm, Gervinus, Albrecht, Ewald und Weber. Aber es waren eben doch nur sieben und nicht die Mehrheit der Göttinger Professoren; und zu einer Volksbewegung kam es schon gar nicht.

Die „Göttinger Sieben" wurden zwar entlassen, aber nicht wie Kower existentiell vernichtet. Alle sieben konnten nach einiger Zeit an anderen Universitäten weiterarbeiten. Der Historiker Friedrich Christoph Dahlmann (1785–1860), der die Protestnote verfaßt hatte, wurde 1842 an die Universität Bonn berufen und widmete sich später auch wieder der Politik. Den „Dahlmann/Waitz" lernen heute noch alle Studierenden der Geschichte im Proseminar kennen. Der Historiker und Literaturwissenschaftler Georg Gottfried Gervinus (1805–1871) wurde 1844 Professor in Heidelberg; er schrieb in den fünfziger Jahren seine berühmt gewordene mehrbändige Geschichte des 19. Jahrhunderts, in der er die Volksbewegungen als entscheidende Triebkräfte der Geschichte darstellte. Die Literatur- und Altertumswissenschaftler Jakob und Wilhelm Grimm wurden 1840 Mitglieder der Akademie der Wissenschaften in Berlin.

„Gestorben in Nordamerika"

Der kleine Mann und unbekannte Revolutionär Kower hatte es dagegen viel schwerer, wieder Fuß zu fassen. Eigentlich hatte er ja nur Flugblätter drucken lassen und verbreitet. Dafür mußte er insgesamt fünf Jahre und sieben Monate im Gefängnis sitzen. Die Strafe wurde immer wieder verlängert, wohl auch deshalb, weil immer wieder neue revolutionäre Bewegungen entstanden. Wahrscheinlich saß er stellvertretend für diejenigen, die man nicht erwischen konnte. Als er wieder freikam, war er 26 Jahre alt und aus der Bildungslaufbahn geworfen worden. Er mußte sich nach einem neuen Beruf umsehen. Zunächst beabsichtigte er, einem Armenschullehrerseminar in Baden beizutreten. Der König genehmigte Kowers Gesuch, ins Ausland zu gehen. Aber von badischer Seite wurde es am 14. September 1838 verweigert. Man wisse, hieß es, was von der Reue politischer Gefangener zu halten sei. Schließlich bot ihm der Gerichtsnotar Hölder in Stuttgart an, Erzieher seines Sohnes zu werden. Kowers Gesuch vom 22. Oktober 1838, diese Stelle annehmen zu dürfen, wurde vom König am 7. Dezember 1838 genehmigt.

Mit dieser Genehmigung verschwindet Kower aus den Akten des württembergischen Justizministeriums. Was bleibt, sind Fragen und das Unbehagen, über Menschen wie Kower nur so lange etwas erfahren zu können, wie sich die Justiz mit ihnen beschäftigt. Ob er fortan wirklich einen stillen Lebenswandel führte? Warum nahm Hölder (bei der Häufigkeit des Namens ist es nicht genau auszumachen, um wen es sich handelt) gerade einen ehemaligen politischen Gefangenen zum Lehrer seines Sohnes? Was hat Kower wohl dem jungen Hölder beigebracht?

Ein letztes Lebenszeichen konnte noch gefunden werden. Das Mitgliederverzeichnis burschenschaftlicher Verbindungen in Tübingen 1816–1936 führt Karl Kower als Nr. 843 auf, mit falschem Geburtsdatum zwar, aber auch mit dem Hinweis, daß er in Nordamerika gestorben ist.

Literatur

Arnold, Heinz Ludwig (Hg.): Georg Büchner I/II, Text und Kritik, Sonderband. München 1979.

Grab, Walter: Revolutionäre Strömungen im Vormärz und das Hambacher Fest. In: Jahrbuch der Hambach-Gesellschaft. Neustadt/Weinstraße 1988.

Joachim Baur

Vom Asperg nach Palästina

Georg David Hardegg: Revolutionär und Mitbegründer der Deutschen Tempelgesellschaft

Im Schwäbischen Merkur vom 30. Juli 1879 findet sich, versteckt zwischen Nachrichten über den deutschen Turntag und die Enthüllung eines Kriegerdenkmals, folgende Todesanzeige aus dem fernen Palästina:

„Haifa am Karmel den 11. Juli. Gestern in der Morgenfrühe starb hier der Gründer unserer deutschen Kolonie, Georg David Hardegg, geb. zu Eglosheim bei Ludwigsburg. Wie sehr sich der Verblichene in den 10 Jahren seines hiesigen Aufenthaltes die allgemeine Achtung erworben hatte, bewies nicht nur die ungemein zahlreiche Beteiligung an der am gleichen Tage Abds. stattgehabten Beerdigung, sondern auch die dem Verstorbenen ausnahmsweise erwiesene Ehre, daß auf die erste Todeskunde hin alle Konsulate der Stadt, sowie die türkische Lokalbehörde die Trauerflagge aufhißten. Dem Leichenbegängnisse schlossen sich sämmtliche Kolonisten, mehrere fremde Konsuln, sowie ein ansehnlicher Theil der eingeborenen Bevölkerung Haifas an."

Wer war dieser Georg David Hardegg aus Eglosheim? Warum starb er so weit von seiner Heimat entfernt? Und was hat er mit der Festung Hohenasperg zu tun?

Am 2. April 1812 kam Georg David Hardegg in Eglosheim bei Ludwigsburg als zweitältester Sohn des „Hirsch"-Wirts Johann Friedrich Hardegg und seiner Frau Sabine, geb. Eiselen, zur Welt. Außer David, wie er genannt wurde, hatte die Familie noch sieben Kinder, drei davon starben jedoch im Säuglingsalter. Die Familie Hardegg war in Ludwigsburg und

Umgebung alteingesessen und angesehen, ihr entstammten Kaufleute und Gastronomen. Ein Onkel Davids war Medizinalrat und königlich württembergischer Leibarzt. Ein Sohn dieses Onkels wurde später Militärschriftsteller und Erzieher des Kronprinzen Karl, ein anderer gar württembergischer Kriegsminister.

So hatte David die Möglichkeit, das Ludwigsburger Gymnasium zu besuchen, wo er die klassische humanistische Bildung erhielt. 1829 – David hatte gerade nach dem Willen seiner Eltern eine Lehre als Kaufmann bei seinem Onkel in Ludwigsburg begonnen – starb sein Vater. Die Mutter heiratete zwei Jahre später den Gutsbesitzer Jacob Friedrich Schiedt, mit dem sie das Eglosheimer Wirtshaus weiterführte.

Hardegg selbst, inzwischen 18 Jahre alt, ging in dieser Zeit ins Ausland. Im Frühjahr 1830 arbeitete er in einem Amsterdamer Handelshaus, verlor die Stelle aufgrund der ungünstigen Wirtschaftslage jedoch schnell wieder. Auf der Suche nach einem Auskommen verschlug es ihn nach Antwerpen, wo er wieder, wenn auch für wenig Geld, in einem Handelshaus Arbeit fand.

„Nun kam aber die Revolution dazwischen", erklärte er später. In Belgien, das zu dieser Zeit Teil der Vereinigten Niederlande war, war es kurz nach der französischen Julirevolution von 1830 zum Aufstand gekommen. Die nationale Unabhängigkeit wurde erreicht und eine liberale Verfassung erarbeitet. Für Hardegg bedeutete dies zunächst wieder Arbeitslosigkeit, denn sein Arbeitgeber geriet in wirtschaftliche Schwierigkeiten und mußte ihn entlassen. Im November 1830 kehrte er mit zwiespältigem Empfinden nach Eglosheim zurück und zog wieder bei seiner Mutter ein.

In seinem Beruf war Hardegg zwar nicht weitergekommen, aber die revolutionären Ereignisse des Sommers und die liberale Aufbruchstimmung hatten ihn fasziniert und politisiert.

Georg David Hardegg plante mit Gesinnungsfreunden für das Frühjahr 1833 einen Umsturz in Württemberg.

Später sagte er selbst dazu: „Ich bekenne, daß ich mit republikanischen Gesinnungen nach Hauß kam. Die Verjagung eines Königs, ich meyne den französischen, hatte großen Eindruck auf mich gemacht." Und auch ein Freund äußerte sich in diesem Sinne: „Hardegg wurde in Belgien und Holland, wo er zur Zeit der französischen Julirevolution sich befand, von dem Intereße der Zeit ergriffen. Da er aber ein sehr ernster Charakter ist, so war es bei ihm nicht bloß ein vorübergehender Schwindel, sondern der Entschluß setzte sich in seinem Willen fest, seine Ideen, die von da an rein republikanisch waren, gründlich durchzuführen."

In den Wirtshäusern von Eglosheim und Umgebung erzählte er nun von den Revolutionen in Frankreich und Belgien und redete, wo er konnte, über seine Ideen. „Auf eine Weise, die überall auffiel", warb er für die Sache der Republik. So zog er beispielsweise in der Neujahrsnacht 1830/31 durch die Straßen von Ludwigsburg und rief „La Fayette" und „Republik oder Tod". Besonders häufig diskutierte er mit seinem Schulfreund Friedrich Ludwig Groß, und auch seine Schulkameraden Gottlieb Heinrich Mayer und Gustav Widenmann konnte er für seine Ideen begeistern. Zu anderen Republikanern oder gar zu republikanischen Klubs hatte er jedoch keinen Kontakt.

In seinem Heimatort hielt es ihn allerdings nicht lange. Mit der Mutter gab es Reibereien, und so stand im Sommer 1831 sein Entschluß fest: „Ich wollte nun unter keinen Verhältnissen mehr zu Hauß bleiben." Im Juli 1831 fuhr er nach Paris. Dort lebte ein Freund aus seiner Zeit in Belgien, aber die Stadt reizte ihn auch aus politischen Gründen. Die Julirevolution war ja gerade ein Jahr früher gewesen. Seiner Mutter erzählte er, daß dort wieder eine Stelle in einem Handelshaus für ihn frei sei, tatsächlich reiste er jedoch ins Ungewisse. Eine bedeutende Zeit erwartete ihn.

Im September 1831 lernte er in Paris einen Menschen kennen,
der seinen weiteren Weg entscheidend prägte: den etwa zehn
Jahre älteren Stuttgarter Buchhändler Gottlob Franckh. Zusammen mit dem französischen republikanischen Abgeordneten Mauguin hatte dieser die Zeitschrift „Le Siècle" gegründet und stand in Kontakt mit französischen Radikalen, die in
Paris den Klub „Les amis du peuple" unterhielten. Dort führte er – Lehrer und Freund zugleich – Georg David Hardegg
ein, und gemeinsam mit anderen deutschen Republikanern
gründeten sie in Franckhs Zimmer eine „Deutsche Sektion"
dieses Klubs. Hier diskutierten sie beflügelt durch die europäischen Entwicklungen die Möglichkeit, auf dem Wege einer
Revolution die republikanische Einheit Deutschlands zu erreichen. Hardegg urteilte rückblickend: „Die neueren Ereignisse in Frankreich und Belgien brachten mich zum Nach-
denken und erregten die Hoffnung in mir, daß sich eine solche
Umwälzung durchführen lasse. Ich dachte, was anderswo
möglich ist, muß auch uns möglich seyn."
Die neue Beschäftigung – er übersetzte einen politischen Ro-
man – und die Kontakte in Paris brachten Hardegg dazu, sein
Leben auch in anderer Hinsicht zu verändern: Er beschloß,
den ungeliebten Kaufmannsberuf aufzugeben und statt dessen in der französischen Hauptstadt Medizin zu studieren.
Sein Plan stieß zu Hause auf Ablehnung. Wenn überhaupt,
sollte Tübingen der Studienort sein, und als die finanzielle
Unterstützung ausblieb, mußte Hardegg seinen Paris-Auf-
enthalt abbrechen. Im Dezember 1831 kehrte er wieder nach
Württemberg zurück.
Die Zeit in der französischen Hauptstadt hatte Hardegg aus
der Phase rein privater Überlegungen und spontaner Aktio-
nen, wie in der Zeit nach seiner Rückkehr aus Belgien, zu einer intensiveren Beschäftigung mit den republikanischen
Ideen gebracht. Vor allem hatte sie ihn durch den Kontakt mit

entschlossenen Gleichgesinnten Teil einer Bewegung werden lassen, die sich ernsthaft mit dem Ziel einer Revolution trug. Es begann ernst zu werden!

Georg David Hardeggs Leben teilte sich nach seiner Rückkehr aus Paris in zwei Bereiche auf, einen privaten und einen politischen. Nach der Zulassungsprüfung zum Medizinstudium, die er mit Auszeichnung bestand, zog er im Herbst 1832 nach Tübingen, wo er sein Studium mit gebremstem Eifer aufnahm. Weit stärker engagierte er sich zusammen mit Gottlob Franckh, der im März 1832 nach Stuttgart zurückgekehrt war, in der Politik: „Wir lebten nun dem Plane für die Realisierung der Einheit Deutschlands. Wir dachten, daß hiezu vor Allem die Aufklärung des Volks nothwendig sey, und daß, wenn das Volk einmal aufgeklärt sey, man schon weiter sehen werde."

Daneben versuchten sie, Kontakte zu weiteren entschlossenen Republikanern in Württemberg und in anderen deutschen Staaten zu knüpfen. Auf dem Hambacher Fest im Mai 1832 lernte Franckh den Anwalt Dr. Gärth aus Frankfurt kennen, der plante, mit einem Sturm auf die dortige Hauptwache das Fanal für einen allgemeinen Volksaufstand zu setzen. Auf diesem Wege sollte die deutsche Republik erkämpft werden. Franckh und Hardegg sagten zu, das Vorhaben zu unterstützen. In der zweiten Hälfte des Jahres 1832 reisten sie verschiedentlich zu Planungsgesprächen nach Frankfurt oder empfingen Delegationen von dort.

Während Franckh weitere Kontakte zu Republikanern im Ausland zu knüpfen versuchte, konzentrierte sich Hardegg auf Württemberg. In Ludwigsburg stieß er auf die „Häußlersche Runde", eine Gruppe republikanischer Bürger, die sich in der als „Räuberhöhle" bekannten Weinwirtschaft des Metzgermeisters Häußler traf. Im August 1832 machte er dort die Bekanntschaft des knapp dreißigjährigen Oberleutnants Ernst Ludwig Koseritz.

Koseritz war bereits 1825 von liberalen Ideen angesteckt worden, als er auf dem Hohenasperg republikanische Studenten zu bewachen gehabt hatte. Im Zusammenhang mit den Aufständen in Frankreich und Polen im Jahre 1830 war Koseritz neuerlich von der republikanischen Sache begeistert worden. Nun war er dazu übergegangen, ihm vertraute Unteroffiziere der Ludwigsburger Garnison, in der er inzwischen diente, in seine Gedanken einzuweihen und für einen möglichen Aufstand um sich zu scharen. Erst durch die Verbindung zu Hardegg und Franckh löste er sich allerdings von den eher zurückhaltenden früheren Genossen und trat nun entschieden für die Einführung einer republikanischen Einheit Deutschlands auf dem Weg der Revolution ein. Nun bestand die Möglichkeit, einen Umsturz in Württemberg konkret zu planen. Koseritz sollte der militärische Anführer sein, Gottlob Franckh und seinem engsten Vertrauten Georg David Hardegg kam die politische Leitung zu.

Der gemeinsame Plan sah so aus: Die Frankfurter stürmen mit einigen hundert, möglichst bewaffneten Verschwörern die Hauptwache, entwaffnen die Soldaten beziehungsweise fordern sie zur Unterstützung auf und ziehen mit vereinten Kräften zum Bundestag, um ihn in voller Sitzung aufzuheben. Ein durch den Wachensturm entfesselter Volksaufstand würde die Aktion absichern und eine Rückeroberung durch loyale Truppen verhindern. Zeitgleich bemächtigen sich die Verschwörer in Württemberg unter dem Kommando Koseritz' des auf dem Hohenasperg befindlichen Waffenarsenals, womit rund 40 000 Mann ausgerüstet werden könnten, wie man bei einem nächtlichen Einbruch herausgefunden hatte. Danach marschieren die Aufständischen, ebenfalls von einer Erhebung des Volkes unterstützt, von Ludwigsburg nach Stuttgart, wo sie den König absetzen und die Republik ausrufen. Falls sich die Ludwigsburger Bürger gegen die Aufständischen richten sollten, würde man plündern lassen und die im städtischen Zuchthaus befindlichen sechshundert Sträflinge auf sie ansetzen. In Hessen und Rheinbayern finden ähnliche Aufstände statt und garantieren so den Erfolg.

So phantastisch dieser Plan auch klingen mag, er hatte eine reale Basis. Die Julirevolution in Frankreich, die Revolution in Belgien, der Aufstand der Polen und die Stimmung in den deutschen und anderen europäischen Staaten gaben den revolutionären Republikanern die Hoffnung, ihren Traum von der geeinten deutschen Republik in einem liberalen und von der Fürstenmacht befreiten Europa verwirklichen zu können. Bestimmend waren in der Folge Hoffnung, Spannung und konkrete Vorbereitung des für das Frühjahr 1833 geplanten Aufstands.

Zu dieser Zeit kam es zwischen den engen Vertrauten Hardegg und Franckh jedoch zu Differenzen über den geeigneten Zeitpunkt zum Losschlagen und über den Führungsanspruch Franckhs. Dieser hatte von seiner letzten Reise nach Frankfurt Anfang Dezember 1832 begeistert berichtet, „die Frankfurter seyen thätig gewesen, die Verbindungen mit Hessen seyen eingeleitet, der Geist daselbst sey gut, es bestehen viele Volksgesellschaften, Alles sey vorbereitet, die Revolution könne jeden Tag losgehen".

Hardegg war in dieser Hinsicht vorsichtiger und kritisierte Franckh deshalb. Sein Schulkamerad Heinrich Mayer wußte später zu berichten: „Franckh wollte eine Revolution. Hardegg sagte, dem Franckh sey jedes Mittel recht, wenn er nur durchdringe; derselbe halte sich für die Hauptperson bei der Sache. Franckh habe deßhalb auch vor lauter Begierde, seine Rolle zu spielen, sich die Revolution immer ganz nahe gedacht und immerfort nur von 14.tägigen oder 4.wöchigen Terminen gesprochen.(...) Hardegg glaubte, die Ausführung könne noch längere Zeit anstehen."

Hardegg hielt es für notwendig, die Idee der Republik in noch weiteren Kreisen Württembergs zu verwurzeln und so die Chancen für einen erfolgreichen Umsturz zu verbessern. Aufklärung war ihm hierbei am dringlichsten erschienen, und so hatte er diese im Winter 1832/33 in Angriff genommen. Tübingen und insbesondere die Tübinger Studenten schienen ihm dafür jedoch nicht geeignet, ganz im Gegenteil: „Er schimpfte oft über die ehrlose Stimmung der hiesigen Bürger und Studierenden. Er wollte nicht begreifen, daß es junge Leute so ohne alles Feuer geben könne." Als Ziel für seine Propaganda wählte er die Bauernschaft in den umliegenden Dörfern, „weil er sich von (deren) Denk- und Willens-Kraft, sowie von (deren) Beharrlichkeit im Durchführen gefaßter Beschlüsse überzeugt hielt".

Von Franckh aus Stuttgart erhielt er verbotene republikanische Flugschriften mit Titeln wie „Deutschlands Wiedergeburt" und „Widerhall deutscher Volksstimme", und mit seinen Schulfreunden Mayer und Widenmann verteilte er diese in der Umgebung von Tübingen: in Wankheim, Kusterdingen und Kirchentellinsfurt. Heinrich Mayer, inzwischen Apothekergehilfe in Tübingen, sollte im übrigen Bauern beim Kauf von Medikamenten ansprechen und ihnen Flugschriften übergeben. Ihr Anliegen, die Bauern für die Sache der Republik zu begeistern und auf eine bevorstehende Revolution vorzubereiten, war allerdings keinerlei Erfolg beschieden. Treu zu Thron und Altar stand die konservativ eingestellte Landbevölkerung den jungen Studenten aus Tübingen und ihren Ideen feindlich gegenüber. Den Behörden berichteten die Bauern später von deren Besuchen:
„Sie kamen herein und setzten sich gleich so frech hinter den Tisch, wie wenn sie schon Jahre lang mit uns bekannt wären. Wir kannten sie gleich von dem Büchlein her und erschracken. Der Hardegg führte das Wort. Er sprach von der

Bedrückung des Volks und von der Rettung des Volks und von der Ungerechtigkeit der Regierung und der Obrigkeit. Er schimpfte nicht nur über alle Obrigkeit, sondern auch über die Geistlichkeit" – „Sein ganzes Gespräch gieng eben darauf, daß man mit der Faust, mit Gewalt eine andere Obrigkeit einsetzen solle." – „Er sagte, die Reichen müssen mit den Armen theilen, damit Niemand Noth leide. Er wollte eben Gleichheit und Freiheit."

Hardegg war hierbei die treibende Kraft, er redete „ganz feurig und kräftig", „männlich und herzhaft". Die Bauern blieben jedoch unbeeindruckt: „Wir sagten ihnen, daß wir von einer solchen Bedrückung nichts wissen." – „Wir sagten, daß die Gewalt verboten sey." – „Wir sagten, die Obrigkeit sey von Gott eingesetzt." – „Wir wiesen ihnen nach, daß es vielmehr unsre Pflicht und Schuldigkeit sey, für den König und die Obrigkeit zu beten." Und weiter: „Sie redeten in so verschraubten Worten, daß ich nicht mehr alles so sagen kann." – „In unserem Oberamt gibt es keine Lumpen, bey denen man mit einem solchen Geschwätz Gehör findet."

„Jedesmal sehr böse" wurde Hardegg, wenn er feststellen mußte, daß er an Pietisten geraten war, die von Albrecht Bengels Weissagung über das zu erwartende Weltende beeinflußt waren. Heinrich Mayer gab an, diese „wollten (...) von Revolution und Republiken nichts wissen. Sie sagten, im Jahre 1836 kommen die himmlischen Heerschaaren, da brauche der Mensch nichts zu thun." Als es bei einem Besuch sogar zu Handgreiflichkeiten kam, brachen sie das Unternehmen ab und verteilten ihre Schriften nur noch heimlich – bisweilen auch auf ungewöhnliche Weise, wie Heinrich Mayer verriet: „Bei Bühl, wo in einem ausgehöhlten Stein ein Muttergottesbild steht, legten wir diesem ein Exemplar in den Arm. Hardegg sagte, die Bauern glauben dann, es seye vom Himmel herabgekommen."

Die Bauern hatten also keinerlei Interesse an dem Aufklärungsvorhaben gezeigt – die Behörden dafür um so mehr. Über die Pfarrer wurde der Obrigkeit von den Vorgängen berichtet, und am 30. Januar 1833 wurden Mayer und Widenmann in Tübingen verhaftet. Hardegg gelang es noch, nach Stuttgart zu eilen, um Franckh zu warnen. Als er bei seiner Rückkehr sein Zimmer polizeilich versiegelt vorfand, stellte er sich am 1. Februar 1833 im Oberamtsgericht Tübingen. Nach kurzer Vernehmung wurde er festgenommen.

Die Untersuchung begann zunächst ganz harmlos. Hardegg war bemüht, ihre Flugschriftenverteilung als einfache „Spaziergänge auf die benachbarten Dörfer" darzustellen, bei denen sie einzig das Ziel gehabt hätten, „das Wesen der Bauern kennen (zu) lernen". Seine republikanische Gesinnung, die Kontakte zu Franckh und erst recht die Verbindungen zu Koseritz und ins Ausland verschwieg er und versuchte, keinen Anlaß für den Verdacht auf einen größeren Zusammenhang seiner Unternehmungen zu geben.

Am 9. Februar wurde ihm jedoch vorgehalten, daß sein Verhältnis zu Franckh bekannt und dieser bereits verhaftet sei. Ihr Verkehr mit deutschen und französischen Republikanern im Klub „amis du peuple" in Paris und ihre Reisen nach Frankfurt seien ebenfalls aufgedeckt. Die Information war dem Gericht unter Zusicherung der Anonymität des Informanten zugespielt worden – wer der Informant war, bleibt bis heute verborgen. Hardegg war aufgebracht, schimpfte von Verrat – und legte ein Geständnis ab. Er bekannte sich zu seiner republikanischen Gesinnung. Seine Pariser Bekanntschaften räumte er ebenfalls ein, vermied jedoch Auskünfte über Mitverschworene und die Tragweite seiner Aktivitäten. Stets betonte er, daß er nur nach seinem Gewissen gehandelt habe und es für kein Verbrechen, sondern für richtig halte, dem Fortschritt den Weg zu bahnen.

Die ganze Dimension der Verschwörung wurde erst nach dem gescheiterten Frankfurter Wachensturm vom 3. April 1833 aufgedeckt. Koseritz hatte in Württemberg trotz der Verhaftung Hardeggs und Franckhs die Vorbereitungen für den Aufstand weitergeführt, in letzter Minute jedoch das Signal zum Losschlagen nicht gegeben. Das Unternehmen war ihm noch nicht gut genug vorbereitet gewesen, womöglich hatten ihm auch Hardegg, laut Koseritz „einer der entschiedensten Revolutionäre u. stets zum losschlagen bereit", und besonders Franckh, der jederzeit nach vorn gedrängt hatte, gefehlt, um sein Zögern zu durchbrechen. So war der Aufstand in Württemberg beendet gewesen, bevor er begonnen hatte.

Die Verschwörung war ein typisches Kind ihrer Zeit: Die Teilnehmer waren allesamt jung, der Kreis beschränkte sich allerdings nicht mehr nur auf die akademische Jugend, sondern öffnete sich dem Kleinbürgertum und der Handwerkerschaft. Sie war eingebettet in eine europäische revolutionäre Bewegung und Stimmung. Daraus bezogen die Verschwörer einen Großteil ihres teils überschwenglichen Optimismus. Aufklärerische Elemente mischten sich mit revolutionärem Aktionismus, die Ziele und Mittel waren aber nicht eindeutig definiert. Forderungen nach einer Republik, nationaler Einheit Deutschlands und gesicherter liberaler Verfassung standen an erster Stelle. Auf den zweiten Blick fanden sich jedoch neben dem Ruf nach Revolution auch Überlegungen zur Reformierbarkeit der Staaten, Vorstellungen von konstitutioneller Monarchie neben radikaler Demokratie und bürgerlich-kapitalistische Ansichten neben frühsozialistischen und anarchistischen Momenten. Gemeinsam war den Teilnehmenden jedoch der oft leidenschaftliche Wille zur Veränderung und die Überzeugung, im Sinne des Fortschritts rechtmäßig zu handeln. Und auch die Reaktion der Fürsten, die Niederschlagung beziehungsweise Erstickung des Aufstands und die oft folgenden drakonischen Strafen paßten in die Zeit. Die Repression war seit 1832 (und später 1834 nochmals) verstärkt worden, revolutionäre Umgestaltung hatte in Deutschland damals wenig Aussicht.

Aber zurück zu den Ereignissen in Württemberg im Jahre 1833. Eine Verhaftungswelle erfaßte weite Kreise Württembergs und ihr folgten die Prozesse. Die Untersuchung wurde zunächst in drei Verfahren aufgeteilt: Für alle beteiligten Zivilpersonen („Franckh und Genossen"), also auch für Hardegg, erklärte man den Kreisgerichtshof Esslingen für zuständig. Die Verhandlung gegen die Angehörigen des Militärs oblag dem Militärbefehlshaber in Ludwigsburg. Daneben gab es noch ein Verfahren gegen verdächtige Burschenschafter beim Oberamtsgericht Tübingen. Eine spezielle königliche Kommission mit Sitz auf dem Hohenasperg sollte die verschiedenen Verfahren koordinieren. Die Tübinger Untersuchungshäftlinge sollten aus diesem Grund auf die Festung gebracht werden. Hardegg unternahm noch einen verzweifelten Versuch, sich dem Hohenasperg zu entziehen. Seiner Mutter schrieb er nach drei Monaten Untersuchungshaft: „Du kannst dir wohl denken, daß ich des langen Sitzens müde bin (...) Es bleibt mir nichts als Flucht." Psychisch und körperlich war er bereits stark angegriffen. Hinzu kam, daß er sich kurz vor seiner Verhaftung mit Sabine Dorothee Hartmann aus Kirchheim am Neckar verlobt hatte. Sein Freund Ludwig Groß hatte ihm mitgeteilt, diese „laße sich nicht mehr trösten". Die Vorbereitungen, die er und Franckh trafen, wurden allerdings entdeckt, und so kam Georg David Hardegg am 10. Juni 1833 auf die Festung Hohenasperg. Die nächsten fünfeinhalb Jahre seines Lebens sollte er dort verbringen.

Die Haftbedingungen, denen er ausgesetzt war, waren alles andere als angenehm. König Wilhelm I. gab persönlich Anweisungen für verschärfte Maßnahmen. So saß Hardegg also mit seinen 22 Jahren Tag und Nacht streng bewacht in Isolationshaft in einer „sehr schmalen" Zelle. Jeder Versuch des Kontakts mit seinen Freunden wurde sofort strikt unterbunden. Die einzige kleine Abwechslung in der, wie er schreibt, „tödtliche(n) Einförmigkeit des Gefängnisses" stellte der kurze frühmorgendliche Spaziergang dar, der den Häftlingen aufgrund ihres schlechten Gesundheitszustands widerwillig zugestanden wurde.

Diese Situation und vor allem das Gefühl, ungerechterweise eingesperrt zu sein, war für Hardegg nur schwer zu ertragen. „Unglaubliche(s) und injuriöse(s) Benehmen während seines Untersuchungs-Arrestes" waren die Folge. Aufseher und selbst Richter beschimpfte er als „Henkersknechte" und widersetzte sich bisweilen derart, daß es unmöglich wurde, begonnene Verhöre abzuschließen. Nach zwei Jahren – nach Abschluß der Verhöre Mitte 1835 – wurde die Haft erleichtert. Hardegg konnte nun Besuch empfangen und mit anderen Gefangenen sprechen. Eine Beschäftigung war jetzt ebenfalls erlaubt. Hardegg begann wieder, Bücher zu übersetzen.

Der Prozeß zog sich dagegen endlos dahin. Die Ungewißheit und ständige Spannung über seinen Ausgang waren zermürbend. Den besten Einblick in Hardeggs Gemütszustand geben einige erhaltene Briefe, die er aus der fast sechsjährigen Untersuchungshaft an seine Mutter und Schwester schrieb. In einem Brief aus dem Jahr 1838 heißt es:

„Ich bin jetzt auch 5 Jahre gefangen u. habe dabei allerhand Leiden, allein Jedermann läuft an einem vorbei, u. denkt es ist gut daß mich diese Sache Nichts angeht, aber sie betrügen sich, denn es handelt sich um die Wahrheit, u. da wird's noch wunderlich gehen."

Ein Brief vom 19. November 1838 ist wie viele andere geprägt von Niedergeschlagenheit und Leere, andererseits aber auch von trotziger Kampfbereitschaft, was seinen Prozeß betrifft:

„Liebe Mutter!

Es war am letzten Dienstag daß mich meine Schwestern besuchten. (...) Nun ist es Donnerstag, Freitag, Samstag, Sonntag geworden, u. ist keine Spur von euch da. (...) Ich muß gestehen, daß mich euer Stillschweigen unangenehm berührt, mein Gemüth war in den letzten Tagen so kahl wie ein Feld über das der Sturm gegangen ist. Schickt mir heute wenigstens meine Sachen. Es ist peinlich wenn der Mensch mit einem harten Schicksal kämpfen muß u. bei den nächsten Verwandten Statt Hülfe nur todte Herzen findet. Von meiner Sache weiß ich euch Nichts Neues zu sagen als daß ich heute an Römer schreibe um die Entscheidung auf jede Art zu beschleunigen. Ich bin froh daß die Zeit gekommen ist, wo die Entscheidung unserer Sache mehr von meiner Entschlossenheit abhängt, als von dem guten Willen der würtenb. Gerichte. Das soll euch bald klarer werden, denn ihr kennet mich hinlänglich daß wenn mir etwas wurmt, ich nicht ruhe bis ich vollkommen befriedigt bin.

Ich grüße Euch dein Sohn David."

Im Januar 1838 ergingen endlich die ersten Urteile gegen 31 Zivilpersonen im Prozeß „Franckh und Genossen". Hardegg und Franckh erhielten mit 14 Jahren Zuchthaus die höchste Strafe. Wie die meisten Hauptangeklagten legte Hardegg dagegen Berufung ein, es kam zu einer neuen Verhandlung. Dazu verfaßte er im August 1838 eine eigene Verteidigungsschrift und legte viel Kraft in diese zweite Verhandlung, ein Umstand auf den er am Ende des obigen Briefs anspielte. In der Verteidigungsschrift, die eher einer Anklage an die Obrigkeit gleicht, gab er ein beeindruckendes Zeugnis seiner streitbaren Aufrichtigkeit:

„Die Ursachen aller Verbesserungserscheinungen unter den Menschen sind, daß das gewöhnliche Treiben im Widerspruch mit den wahren Bedürfnissen des Menschen steht, ohne deren sattsame Befriedigung immer Kampf unter den Menschen sein wird, und das mit Recht. (...) Sieht man nun, wie die Volkskammern mit großer Strenge Gesetze gegen die Laster geben, dagegen der Natur ihr Recht nicht einräumen und die Quellen, aus denen die Laster fließen, nicht verstopfen, folglich unter dem Namen der Ordnung und Moral ein doppeltes Verbrechen begehen (...) so verwirft man mit Recht die ganze gegenwärtige Einrichtung, und in diesem Sinne habe ich gesagt: Wir hielten die Fragen, über die man sonst streitet, für erledigt, wir wollten das ganze Gebäude nicht mehr, nicht aber in dem beschränkten Sinne wie der Referent meint, der alles nur zustutzt, um mich recht strafen zu können. Wohl habt ihr alles auf das Oberflächliche, strafrechtlich politische Feld gespielt, allein es soll euch nichts nützen. Mein Kopf ist ein anderer Kopf als ein Schreibers- oder Bürokopf, der seinen Codex zu seinem Gott macht. Mein Trachten geht dahin, ein unabhängiger prüfender Geist zu werden, mit einem Wort, ein Mensch! (...) Ich stehe also hier als ein Kämpfer für das Glück der deutschen Jugend, und man wird es natürlich finden, daß ich keine Reue vor Menschen fühle, die nach göttlichem Rechte im Sack und in der Asche Buße tun sollten, statt daß sie fortfahren, uns durch Gefängniß zu schinden."

Seine Verteidigung schloß mit den Worten: „Das Strafbare oder Verdienstliche hängt dabei von der Beantwortung der Frage ab, ob die Bürger das Recht besitzen, in bedenklichen Zeiten eine politische Voraussicht zu haben und sich über das, was ihrem Lande frommt, zu besprechen? Die Vernunft und die Geschichte sagen: ja."

Am 7. Februar 1839 wurde ihm das endgültige Urteil mitgeteilt. Es lautete auf neun Jahre Zuchthaus „wegen im Complott versuchten Hochverraths" und „mehrfacher schwerer Ehrenkränkungen gegen den Untersuchungs-Richter und den Aufsichtsbeamten auf Hohenasberg". Anders als in erster Instanz hatten die Richter die Verschwörung nur als entfernte, statt als nahe Vorbereitung zum Umsturz gewertet. Die – angenehmere – Festungshaft blieb Hardegg versagt. Er hatte keine Schuld eingestanden.

In einem letzten Brief vom Asperg an seine Mutter schrieb er: „Besorgnis braucht ihr keine wegen meiner zu haben. Ich gehe ruhiger ins Zuchthaus als wenn ich durch Anerkennung dieser Untersuchung mir dasselbe erspart hätte. Meine natürliche Jugend ist dahin, ich habe fast nie eine solche gehabt; ich muß nun nach der ewigen Jugend der Widergeburt trachten, u. ich bin voll Hoffnung u. Fassung, daß Alles gut gehen wird (...) Besuchen soll mich hier Niemand mehr; ich bedarf der Ruhe, u. Ehre u. Gewissen haben mir meinen Weg vorgeschrieben." Eine bemerkenswerte Haltung der Souveränität und Größe spricht aus seinen Worten, und diese half ihm, den Weg ins Zuchthaus Gotteszell anzutreten. Doch es war noch mehr, was ihm in dieser Situation Ruhe gab. Der Brief, den er gleich nach seiner Ankunft in Gotteszell an seine Familie schrieb, macht es deutlich: „Ihr müsset euch keinem Jammer hingeben. Es kommt Alles von Gott. Mein Schicksal dient nur dazu, mich in die Wirklichkeit einzuführen, zum Unterschied von dem Scheinleben. Die Wirklichkeit aber ist das Leben der Seele."

Hardeggs Denken und Empfinden hatte während der Gefangenschaft auf dem Hohenasperg eine vollkommen neue Richtung bekommen, eine Richtung, die für sein ganzes weiteres Leben bestimmend werden sollte. Er hatte sich der Beschäftigung mit Gott und frommen Büchern, der Religion, zugewandt und war besonders von einer Form der Mystik angezogen, die Abkehr von der Sinnenwelt lehrte. Er hatte in dieser Hinsicht einen grundlegenden Wandel durchgemacht. Schließlich war er zwar evangelisch getauft, nicht aber religiös erzogen worden, und mit seiner liberalen Gesinnung und seiner frühen Entscheidung für die revolutionäre Politik hatte er sich sogar entschieden gegen die Religion gewandt. Es besteht allerdings ein Zusammenhang zwischen den gescheiterten politischen Plänen und Wünschen, der elementaren Erfahrung der Ungerechtigkeit und dem Hafterlebnis einerseits und der Veränderung seines Denkens und Empfindens andererseits. Die Äußerungen über sein Schicksal und damit verbunden über den Willen Gottes und den wahren Weg zu ihm, die spätestens seit 1838 auftreten, tragen besonders nach der Verurteilung und Verlegung nach Gotteszell Züge von Fatalismus. Die Enttäuschung über den Zusammenbruch seines politischen Vorhabens und die Last der Strafe mögen ihn auch zu einer Abkehr von der Realität, zu einer Flucht in das Reich des Glaubens, veranlaßt haben. Er schreibt selbst: „Die Wirklichkeit aber ist das Leben der Seele."

Im Zuchthaus Gotteszell verbrachte er schließlich nur noch ein Jahr. Es gelang ihm bereits im Frühjahr 1840, seine vorzeitige Entlassung zu erreichen, und mit diesem Schritt war der erste Abschnitt seines Lebens endgültig beendet.

Hardeggs vorzeitige Freilassung war an eine Bedingung geknüpft: Er sollte gleich nach der Entlassung ins Ausland gehen. Er wählte Schaffhausen in der nahen Schweiz als Aufenthaltsort. Dort arbeitete er wieder in einem Handelshaus als Buchhalter. Schon bald übertrug man ihm die Leitung der Firma. Noch vor seiner Übersiedlung heiratete er am 10. Mai 1840 Sabine Dorothee Hartmann, mit der er schon seit 1833 verlobt war und die die ganzen Jahre geduldig auf ihn gewartet hatte. Aus der Ehe gingen elf Kinder hervor.

Von der Schweiz aus versuchte Hardegg, die Genehmigung zur Rückkehr nach Württemberg zu erreichen, blieb allerdings zunächst erfolglos. Erst im Jahr 1846 änderte sich die Situation, als König Wilhelm I. aus Anlaß seines dreißigjährigen Regierungsjubiläums eine Amnestie verkündete.

Hardegg kehrte zurück und eröffnete am Ludwigsburger Marktplatz eine Lederhandlung. Politisch trat er jedoch nicht hervor. Ein später ausgestelltes Zeugnis bescheinigt ausdrücklich, „daß er in den Jahren 1848 und 1849 sich ganz gesezmäßig benommen, seine Anhänglichkeit an die Person Seiner Majestät des Königs sogar offen ausgesprochen hat, daß er sehr zurückgezogen lebt, einer der fleißigsten Kirchenbesucher und zwar ohne Unterschied des Predigers – im Uebrigen aber ohne Einfluß auf andere ist."

1849 wurde er allerdings wieder aktiv. Es begann, wie damals in Paris, durch die folgenreiche Bekanntschaft mit einem Menschen: dem Lehrer und Prediger Christoph Hoffmann. Hoffmann war der Sohn des Gründers und Vorstehers der pietistischen Siedlung Korntal Gottlieb Wilhelm Hoffmann. Gemeinsam mit den Brüdern Paulus, seinen Schwägern, hatte er auf dem „Salon" (heute Karlshöhe) bei Ludwigsburg eine private Schule aufgebaut. Seit 1845 redigierte man dort auch die Zeitschrift „Süddeutsche Warte", später „Warte des Tempels". Darin erläuterten Hoffmann und seine Gesinnungsfreunde ihre Vorstellungen vom wahren Christentum. In scharfer polemischer Form wandte sich die „Warte" vor allem gegen den progressiven Theologen David Friedrich Strauß, Verfasser des epochalen Werkes „Leben Jesu", und seine historisch-kritische Tübinger Schule. Hoffmann trat bei der Wahl zur Nationalversammlung im April 1848 gegen Strauß an, um den Erfolg des „Gottesleugners" zu verhindern. Tatsächlich in die Paulskirche gewählt, trat er dort jedoch kaum in Erscheinung. In seinem Buch „Stimmen der Weissagung über Babel und das Volk Gottes" plädierte er für eine Sammlung der wahren Christen an einem Ort, am besten in Jerusalem. In christlichem Zusammenleben sollten die sozialen und politischen Mißstände der Zeit überwunden werden.

Georg David Hardegg war von Hoffmanns Ideen begeistert

und schlug die sofortige praktische Umsetzung vor – zum Erstaunen Hoffmanns, der eine konkrete Realisierung seiner Ideen noch nicht in Erwägung gezogen hatte. Zusammen mit 200 Anhängern gründete man am 24. August 1854 die „Gesellschaft für die Sammlung des Volkes Gottes in Jerusalem". Hardegg wurde in den vierköpfigen Vorstand gewählt. Die „Jerusalemfreunde" oder „Templer", wie sie genannt wurden, versuchten in der Folge, die Auswanderung zu organisieren. Zu diesem Zweck wurde sogar eine Bittschrift an die Deutsche Bundesversammlung in Frankfurt (gegen die Hardegg zwanzig Jahre vorher noch eine revolutionäre Verschwörung vorangetrieben hatte!) geschickt, in der um staatliche Unterstützung bei der Ansiedlung in Palästina ersucht wurde. Die Reaktion war allerdings negativ. Argwöhnisch wurden die Aktivitäten der „Jerusalemfreunde" betrachtet, und in einem Brief des württembergischen Gesandten in Frankfurt wurde Hardegg beschrieben als „ein Mensch von zweifelhaftem Charakter und zerrütteten Vermögensverhältnissen, der lieber in Palästina, als in Württemberg Bankrott machen möchte". Später revidierten die Behörden das Urteil über Hardegg. Die Vermögensverhältnisse seien zwar nicht glänzend, aber auch nicht zerrüttet, stellte man fest.

In der Folge mußten die Auswanderungspläne mangels Unterstützung zurückgestellt werden. Auf dem Kirschenhardthof bei Winnenden wurde 1856 eine Mustergemeinde gegründet, wohin auch Georg David Hardegg mit seiner Familie übersiedelte. Eine Schule wurde eingerichtet, später eine Ausbildungsstätte für Missionare. Das Leben bestritt man mühsam aus der Landwirtschaft. Die Gemeinde geriet allerdings zunehmend in die gesellschaftliche Isolation. Wegen Fanatismus und Sektierertum wurde die gesamte Gemeinde Kirschenhardthof schließlich 1859 aus der evangelischen Landeskirche ausgeschlossen. Als Reaktion darauf gründeten die Bewohner 1861 den „Deutschen Tempel" als eigenständige religiöse Organisation.

Nach verschiedenen Rückschlägen, internen Rivalitäten und Anfeindungen von außen, war es im Sommer 1868 soweit: Georg David Hardegg und Christoph Hoffmann verließen mit ihren Familien Württemberg und traten als die ersten Mitglieder der Tempelgesellschaft die ungewisse Reise nach Palästina an. Als weitere folgten, gelang es in Haifa, in Sarona bei Jaffa und in der Nähe von Jerusalem nach und nach und unter großen Mühen Templersiedlungen aufzubauen. Georg David Hardegg wurde Vorsteher der Gemeinde Haifa. Nach einem Richtungsstreit innerhalb der Tempelgesellschaft kam es 1874 allerdings zum Bruch zwischen Hoffmann und Hardegg. Dieser wurde aller Ämter enthoben und zog die Konsequenz: Er trat aus der Gesellschaft aus, die er 25 Jahre lang entscheidend mit geprägt hat. In seiner Kolonie Haifa lebte er zurückgezogen, aber hoch angesehen, bis zu seinem Tod am 10. Juli 1879. Die „Warte des Tempels" vermeldete:

„Orientpost. Caifa, 16. Juli 1879

Am 10. d. M. Morgens 2 Uhr starb hier der frühere Tempelvorsteher Herr G. D. Hardegg. Derselbe war in den letzten Jahren sehr leidend; sein Tod erfolgte aber dennoch unerwartet und überraschend; er legte sich am Abend des 9. verhältnismäßig wohl zu Bett, gegen 2 Uhr hörte ihn seine Frau aufstehen. Da er aber auf ihre Fragen keine Antwort gab, im Gegentheil, nachdem er wieder sich gelegt hatte, einigemal tief und schwer aufathmete, so lief sie, um Jemand aus dem Nebenhaus zum Arzt zu senden und Hilfe bei sich zu haben; allein als sie wieder zu ihrem Manne kam, war sein Geist aus der irdischen Hülle entflohen und er hatte seine Laufbahn auf dieser Erde beendet."

Georg David Hardeggs bewegtes Leben war zu Ende. Bei der

nachträglichen Betrachtung scheint es in zwei Teile zu zerfallen: der eine geprägt von revolutionärer Politik, der andere von mystischer Religion. Doch in ihrem Grundgehalt waren sie einem gemeinsamen Anliegen verpflichtet und darin vereint: dem Versuch der Veränderung, Verbesserung der sozialen Zustände der Zeit. Obwohl die Wahl der Mittel so unterschiedlich ausfiel, war diese Motivation Hardeggs beiden gemeinsam. Und auch sein Scharfsinn, sein unbeugsamer Wille und die gewaltige Kraft, die er aufbrachte, aber auch Eigensinn und Unduldsamkeit finden sich in beiden Teilen seines Lebens wieder.

Der Asperg stand am Ende des einen und am Anfang des andern Teils, oder eben in der Mitte des Ganzen. Und er stand dort nicht zufällig. Mit Sicherheit verlief Hardeggs Weg vom Asperg nach Palästina nicht geradlinig und zwangsläufig. Aber die Vorbereitung für diesen Weg, die dafür erforderliche Veränderung und Prägung sowie den Anstoß eines langen Prozesses erfuhr Hardegg auf dem Hohenasperg.

Trotz aller Energie, aller Zielstrebigkeit und aller Visionen ist Georg David Hardegg im Grunde gescheitert: „Seine" Revolution brach zusammen, bevor sie begann, und auch von anderen wurde das Projekt zu keinem glücklichen Ende geführt – die spätere Einheit Deutschlands stand unter ganz anderen Vorzeichen. Mit der Tempelgesellschaft gelang immerhin eine Gründung, die heute noch Bestand hat, und auch der Aufbau der Kolonien, die erst im Jahre 1950 aufgelöst wurden, war zunächst ein Erfolg. Der Durchbruch zu einer blühenden Entwicklung, zu großer gesellschaftlicher Relevanz gelang jedoch nie.

So bleibt das Zeugnis eines Menschen, der Georg David Hardegg in dessen Alter in Haifa noch erlebt hat, um die Beschreibung seines Lebens abzuschließen: „Im kühlen Raum der Bogenhalle, unter den Karuben oder auf dem Weg, der zum Meeresstrand hinabführte, sah ich oft einen Greis von etwas über 60 Jahren mit einer Türkenpfeife in der Hand sinnend verweilen oder auf und niedergehen. Schwere Schicksale hatten ihm Haar und Bart früh gebleicht (...) Seine Lebensarbeit lag abgeschlossen hinter ihm. Saß er in der Bogenhalle, so schaute er lang und gern über die Meeresweite. Suchte er wohl in überirdischer Ferne, was ihm im Leben nicht gewährt worden – die Menge des Volkes, das seinem Ruf hätte folgen sollen, die Fülle der Himmelsgaben, deren Erguß hinter seinen Erwartungen zurückgeblieben war?"

Literatur

Archivalien: Akten zur Tempelgesellschaft (Hauptstaatsarchiv Stuttgart: E14, Bü 1585 und E46, Bü 907); Gerichtsprotokolle (Hauptstaatsarchiv Stuttgart: E 301, Bü 21–25, 37/39 und 40–41);Briefe Georg David Hardeggs (Württ. Landesbibliothek, Handschriftenabteilung).

Aktenmäßige Darstellung der im Königreiche Württemberg in den Jahren 1831, 1832 und 1833 Statt gehabten hochverräherischen und sonstigen revolutionären Umtriebe. Stuttgart 1839.

Carmel, Alex: Die Siedlungen der württembergischen Templer in Palästina 1868–1918. Ihre lokalpolitischen und internationalen Probleme. Stuttgart 1973.

Hoffmann, Christoph: Mein Weg nach Jerusalem. Erinnerungen aus meinem Leben, Bd. 2. Jerusalem 1884.

Sandel, Gottlob David: Georg David Hardegg. Revolutionär, Vorsteher und Mitbegründer der Deutschen Tempelgesellschaft (1812–1879). In: Lebensbilder aus Schwaben und Franken, Bd. IX, Stuttgart 1963, S. 350–371.

Schön, Theodor: Die Staatsgefangenen von Hohenasperg. Stuttgart 1899.

Karl Moersch

Jakob Friedrich Kammerer:
Mitverschwörer und Erfinder

Zweimal in seinem Leben machte Jakob Friedrich Kammerer, der Erfinder der Zündhölzer, als Häftling nähere Bekanntschaft mit dem Hohenasperg: im Jahr 1833 und in den Jahren 1838 und 1839. Beide Male wurde Kammerer nach Ansicht der Justizbehörden als potentieller demokratisch-republikanischer Umstürzler für schuldig befunden.

Seltsamerweise gehört dieser in vielerlei Hinsicht bedeutende Mann zu *den* Württembergern, die man in unserer Zeit kaum noch kennt. Zu seinem 200. Geburtstag, dem 24. Mai 1996, erinnerte zwar die Gemeinde Ehningen bei Böblingen an den Zündholz-Erfinder und Demokraten, indem sie unter anderem Nachbildungen einer für den Export nach England bestimmten Zündholzschachtel aus dem Jahr 1833 als kleines Andenken produzieren ließ, doch eine Resonanz, die über Ehningen und den Böblinger Bezirk hinaus gereicht hätte, war in dem Gedenkjahr nicht zu verzeichnen.

Auch in Ludwigsburg, wo Kammerer einst eine kleine chemische Fabrik betrieb und wenige Jahre nach der Rückkehr aus einer politisch bedingten Emigration starb, nahm man von diesem außergewöhnlichen Landsmann nur wenig Notiz. Erst neuerdings weist eines der Schilder, die den Besucher des „Blühenden Barock" auf wichtige oder berühmte Leute aufmerksam machen sollen, auf Jakob Friedrich Kammerer als Erfinder hin. Keine Literaturgeschichte erwähnt indes den immerhin bemerkenswerten Umstand, daß der Dichter Frank Wedekind mütterlicherseits aus dem Schwäbischen stammte und der Enkel des Zündholz-Erfinders und einstigen Fe-

stungshäftlings des württembergischen Königs Wilhelm I.
gewesen ist.

Man darf den Geist der Rebellion, der Frank Wedekind zu einem deutschen Bürgerschreck werden ließ, getrost mit dem
Leben und Wirken des Großvaters in Zusammenhang bringen, auch wenn Wedekinds väterliche Verwandtschaft – man
denke an Eduard Wedekind, einst Mitglied der Linken in der
Frankfurter Paulskirche – in der Zeit des Vormärz und der Revolution von 1848/49 ebenfalls zu den Unbotmäßigen gehört
hat. Frank Wedekind forderte die Obrigkeit mit Spottgedich-
ten im „Simplizissimus" heraus und schockierte ein bürgerliches Theaterpublikum mit seinen Bühnenwerken – man
denke nur an seine „Lulu". Der Großvater Kammerer indes
machte sich als Vorkämpfer für einen demokratischen Staat
und als Bewunderer der Französischen Revolution verdächtig und büßte für seine enge Verbindung zu Personen, die die
alte Ordnung stürzen wollten, mit mehrmonatiger Untersuchungshaft und – später – mit einer zweijährigen Haftstrafe.
Beide, Großvater und Enkel, hatten wenig Respekt vor den
deutschen Monarchen und deren Hofstaat.

Jakob Friedrich Kammerers Lebensdaten zeigen eine enge
Verbindung zu Ludwigsburg, die im Jahr 1810 begann. Damals eröffnete der Vater, Stephan Kammerer, im Haus Nr. 3
am Ludwigsburger Karlsplatz eine Siebmacher-Werkstatt,
verbunden mit einer Weinwirtschaft. Der Sohn, gerade 14 Jahre alt geworden, ging beim Vater in die Lehre. Am Ende der
napoleonischen Ära starb Stephan Kammerer. Zusammen mit
seiner Mutter führte der neunzehnjährige Jakob Friedrich als
Siebmacher nun das Geschäft. In jener Zeit begannen im Ordenssaal des Ludwigsburger Schlosses die Beratungen über
die Verfassung des Königreichs Württemberg. In der Stadt
versammelten sich damals alle, die in der Politik des jungen
Königreichs Rang und Namen hatten. Es scheint, daß sich der

Zum Gedenken an Jakob Friedrich Kammerer wurde an seinem Wohnhaus in der Heilbronner Straße in Ludwigsburg diese Tafel angebracht.

junge Kammerer schon frühzeitig für politische Themen interessierte. Seine berufliche Tätigkeit dehnte der wissensdurstige Handwerker bald auf Gebiete aus, die der Anwendung naturwissenschaftlicher Erkenntnisse dienten. Das wichtigste Ergebnis seiner Experimente war im Jahr 1832 die Erfindung der Zündhölzer. Die Fabrikationsstätte, die sich Jakob Friedrich Kammerer in den zwanziger Jahren aufbaute, lag nicht mehr am Karlsplatz, sondern befand sich in einem Hinterhaus in der Kirchstraße 21.

Kammerers bedeutende Erfindung fällt seltsamerweise zeitlich zusammen mit einem folgenreichen politischen Engagement des auch kaufmännisch begabten, erfolgreichen Unternehmers: Zusammen mit 40 anderen württembergischen Landsleuten besuchte er am 27. Mai 1832 das Demokratentreffen auf der Maxburg im pfälzischen Hambach, bekannt als „Hambacher Fest". Dort trafen sich über 20 000 demokratisch und republikanisch gesinnte Frauen und Männer aus ganz Deutschland. Über der Ruine des alten Schlosses wehte das Symbol der Demokratie: die schwarz-rot-goldene Fahne. Eine große Delegation der Straßburger Volksfreunde, der „amis du peuple" wurde von den Initiatoren des Festes begrüßt; polnische Emigranten, die, in ihrer Heimat von der zaristischen Polizei- und Militärmacht verfolgt, in Deutschland und in Frankreich Zuflucht gefunden hatten, wurden stürmisch begrüßt und bejubelt. Kammerer feierte auf der Hambacher Maxburg ein Wiedersehen mit elsässischen Gesinnungsfreunden, von denen er im März 1832, also wenige Wochen vor dem Hambacher Treffen, eine französische Verfassung aus dem Jahr 1793 erbeten und mit nach Ludwigsburg genommen hatte. Die Einfuhr derartiger revolutionärer Dokumente nach Württemberg war damals verboten. Kammerer mißachtete dies; den Text brachte er wohl in die „Häußlersche Gesellschaft", einen Debattier-Klub – benannt nach einem Ludwigsburger Metzgermeister – mit, weil man Genaueres über die Errungenschaften der Französischen Revolution wissen wollte.

Der württembergischen Obrigkeit war offenbar nicht verborgen geblieben, daß Kammerer sich den französischen Verfassungstext beschafft hatte. Im April 1832, also noch vor dem Hambacher Treffen, wurde Kammerer vom Richter Bechtel zur Vernehmung einbestellt. Es hatte zunächst den Anschein, als bliebe der Verstoß gegen Vorschriften, die vom „Deutschen Bund" erlassen worden waren, ohne weitere Folgen. Allerdings war Kammer nun „aktenkundig", und das sollte Folgen haben. Dreizehn Monate nach dem Hambacher Treffen, am 1. Juli 1833, nahm ihn die Polizei in Untersuchungshaft. Die Festung Hohenasperg wurde so für mehrere Monate Kammerers Domizil. Man legte dem Festgenommenen zur Last, daß er in seinem Hause politische Schriften aufbewahrt hatte, die als „staatsgefährdend" auf der Verbotsliste standen.

Obwohl Kammerers Ehefrau Karoline vor dem Eintreffen der Polizei den größten Teil der belastenden Druckerzeugnisse ins Feuer warf, und sich dabei beide Hände verbrannte, konnte in der Eile nicht alles vernichtet werden. Bei der Hausdurchsuchung wurden somit noch weitere belastende Schriften gefunden. Die Untersuchungshaft Kammerers endete im Oktober 1833. Man entließ ihn gegen Kaution, weil er in der Haft schwer erkrankt war. Nach Hustenanfällen hatte er mehrfach Blut gespuckt.

Als belastend erwies sich für Kammerer nicht nur der Fund verbotener Schriften. Die Behörden vermuteten auch Verbindungen zu Personen, die als gefährliche Umstürzler galten. Drei Namen sind hier vor allem zu nennen: der Oberleutnant Ernst Ludwig Koseritz, der Buchhändler Gottlob Franckh und der ehemalige Handlungsgehilfe Georg David Hardegg, gebürtig aus Eglosheim, nun Student der Medizin. Diese drei be-

saßen ihrerseits Kontakte zu einer Gruppe von radikalen Demokraten, die sich in Frankfurt am Main um den ehemaligen
Göttinger Universitätsdozenten Rauschenplatt und den Advokaten Gärth geschart hatten. Die Frankfurter Gruppe plante einen Putsch. Man wollte den verhaßten, von den reaktio-
nären Mächten Österreich und Preußen regierten „Deutschen
Bund" und dessen Organe in Frankfurt mit Hilfe eines allgemeinen Volksaufstands beseitigen. Anlaß für die Umsturzpläne waren vor allem die Beschlüsse, die die Bundesorgane
als Reaktion auf das Hambacher Treffen am 28. Juni und am
5. Juli 1832 gefaßt hatten.

Verfügt wurde damals ein striktes Versammlungsverbot und
eine, die Karlsbader Beschlüsse bestätigende und verschär-
fende Pressezensur sowie ein Verbot des Zeigens der schwarz-
rot-goldenen Fahne. Die Initiatoren des Hambacher Fests, August Wirth und Philipp Jakob Siebenpfeiffer, stellte man in der
– bayerischen – Pfalz vor Gericht. Daß sie nur relativ geringe
Freiheitsstrafen bekamen, verdankten sie den im linksrheinischen Bayern für politische Delikte zuständigen Geschwore-
nengerichten, offiziell nach französischem Vorbild „Assissen-
gerichte" genannt.

Der Frankfurter Putsch, der am 3. April 1833 – also drei Monate vor Kammerers Inhaftierung – mit dem Sturm auf die
Hauptwache und die Konstablerwache begann, scheiterte
schon nach kurzer Zeit. Die von den Anführern erwartete
Volkserhebung fand nicht statt; das Militär der Bundesmäch-
te behielt rasch die Oberhand.

Auch in Ludwigsburg hatten der Buchhändler Franckh, der
Oberleutnant Koseritz sowie Hardegg im Sommer 1832 ein
ähnliches Szenario für einen Putsch entworfen wie die Frankfurter Gesinnungsfreunde. Die Verschwörung endete in Ludwigsburg jedoch schon früher als in Frankfurt. Bereits im
Februar 1833 befanden sich Hardegg und Franckh zusammen

mit einem Komplizen, dem Apothekergehilfen Gottlieb Mayer, in Haft. Koseritz blieb zwar in Freiheit, aber nur noch für eine kurze Zeit. Nach dem Scheitern des Frankfurter Wachensturms gab er die mit Franckh und Hardegg geschmiedeten Putschpläne vollends auf. Er stellte sich den Behörden und bekannte bei seiner Vernehmung, daß er ursprünglich mit der Unterstützung durch etwa 50 Unteroffiziere der Ludwigsburger Garnison gerechnet habe. Mit deren Hilfe habe er aus den Magazinen Waffen und Munition für eine Volkserhebung beschaffen wollen. In dem Prozeß gegen „Franckh und Genossen" erging am 24. April 1834 das Urteil. Koseritz sollte mit dem Tode bestraft werden, das Todesurteil wurde jedoch nicht vollstreckt, sondern in eine lange Haftstrafe umgewandelt.

Nicht als potentieller Putschist, aber als entschiedener Demokrat trat in Ludwigsburg am Beginn der dreißiger Jahre ein anderer Mitbürger hervor: Rudolf Lohbauer, ein Jugendfreund Eduard Mörikes, der Sohn des in Rußland gefallenen Offziers und Dichters Karl von Lohbauer. Seinen Kampf für einen freiheitlichen demokratischen Staat führte Lohbauer nicht nur in privaten Debattier-Klubs, sondern auch in aller Öffentlichkeit als Redakteur des Stuttgarter „Hochwächter", dem Vorgängerblatt des demokratischen „Beobachter". Dabei wurde er unterstützt von anderen demokratischen Gesinnungsfreunden wie dem jungen Theologen Wilhelm Zimmermann. Rudolf Lohbauer mußte schon bald aus seiner württembergischen Heimat fliehen, nachdem er es gewagt hatte, im benachbarten badischen Pforzheim eine Schrift mit dem Titel „Der Hochwächter ohne Zensur" drucken zu lassen. In dem kleinen Buch waren alle Beiträge im Original abgedruckt, die auf Anweisung der württembergischen Zensurbehörde im „Hochwächter" nur in verkürzter Form erschienen waren. Lohbauer fand Zuflucht in der Schweiz.

Der Briefkopf der Firma Kammerer aus der Zeit um 1915 zeigt das Gelände der von Jakob Friedrich Kammerer gegründeten chemischen Fabrik in Ludwigsburg.

Dort traf er weniger als ein Jahrzehnt später auch seinen Ludwigsburger Landsmann Kammerer wieder.

Die beiden Verleger und Mitbegründer des demokratischen „Hochwächter" Friedrich Rödinger und Gottlob Tafel – junge Stuttgarter Advokaten – machten schon Mitte der zwanziger Jahre als Studenten mit der Justiz Bekanntschaft. Man inhaftierte sie auf dem Hohenasperg, weil sie sich am studentischen „Jünglingsbund" beteiligt hatten. Als Gefangene auf dem Hohenasperg hielten Rödinger und Tafel, beide später Abgeordnete, „revolutionäre Reden", wie in einem Bericht vermerkt wird. Zu den Wachleuten auf der Festung gehörte zu jener Zeit auch der spätere Oberleutnant Ernst Ludwig Koseritz, dessen Interesse an Demokratie und an einem republikanischen Staat von Rödinger und Tafel geweckt wurde.

Wie Lohbauer traten die beiden späteren Anwälte stets für einen demokratischen deutschen Staat ein, schmiedeten aber keine Umsturzpläne wie Franckh, Hardegg und Koseritz. Durch die Bekanntschaft mit Franckh und mit Hardegg, der sich eine Zeitlang in Frankreich aufgehalten und mit der Geschichte der Französischen Revolution vertraut gemacht hatte, festigte sich bei Koseritz die Überzeugung, daß der Weg der Reform nicht zum Ziel führen werde, vielmehr die gewaltsame Beseitigung der alten Mächte in einem Volksaufstand gewagt werden müsse. Am Sinneswandel des jungen Offiziers waren in Ludwigsburg auch polnische Offiziere beteiligt, die nach der Flucht aus dem Herrschaftsbereich des russischen Zaren bei der demokratischen Opposition in Deutschland für eine große Erhebung in ganz Europa warben und die Überzeugung verbreiteten, eine derartige Erhebung werde der republikanischen Staatsidee in allen europäischen Ländern zum Sieg verhelfen.

Daß es damals in Ludwigsburg nicht nur Debattier-Klubs gab, wie etwa die „Häußlersche Gesellschaft", sondern auch regelrechte Putschpläne, die nicht auf Württemberg beschränkt waren, scheint den Behörden, die sich zur Beobachtung der demokratisch-oppositionellen Kräfte auch der Dienste von Polizeispitzeln bedienten, erst durch die Verhaftung von Franckh und Hardegg und dann durch den Frankfurter Wachensturm vollends klargeworden zu sein. Vielleicht hoffte man bei der Durchsuchung der Wohnung von Jakob Friedrich Kammerer nicht nur „staatsgefährdende" Schriften als Beweisstücke für eine Anklage zu finden, sondern auch Hinweise auf Querverbindungen zu den Putschisten.

Als man Kammerer schließlich – zusammen mit anderen Teilnehmern am Hambacher Treffen von 1832 – im Jahr 1838 anklagte und zu einer zweijährigen Festungshaft verurteilte, beschränkten sich Anklage und Urteil im wesentlichen auf den Besitz und die Verbreitung von Schriften, die als verboten galten. Der Kriminalsenat des für den Neckarkreis zuständigen Esslinger Gerichtshofs befand am 17. Februar 1838, daß sich Kammerer der „intellektuellen Beihilfe zu einem versuchten Hochverrat" schuldig gemacht habe. Außerdem wurde der „Hut- und Siebmacher" Jakob Friedrich Kammerer „wegen der Verbreitung mehrerer, zur Unzufriedenheit gegen die Königliche Staatsregierung auffordernder, beziehungsweise grober Schmähung gegen dieselbe und gegen die deutsche Bundesversammlung enthaltender Druckschriften" verurteilt. Aus dem Urteil geht zum Glück für Kammerer auch hervor, daß das Gericht für die Teilnahme an der „Gründung eines Unterstützungsvereins für politische Verbrecher" keine ausreichenden Beweise fand. Wer mit den „politischen Verbrechern" gemeint war, blieb in Ludwigsburg und anderswo in Württemberg nach dem vorangegangenen Prozeß gegen „Franckh und Genossen" nicht rätselhaft.

Als Fußnote zum Verfahren gegen Kammerer bleibt noch anzumerken, daß das Gericht in Esslingen auch Karoline Kammerer verurteilte. Sie erhielt eine Haftstrafe von drei Tagen, weil sie beim Erscheinen der Polizei in Kammerers Haus belastendes Schriftgut beseitigt hatte.

Da Kammerer mit der Erfindung und der Produktion von Zündhölzern in den dreißiger Jahren zu einigem Vermögen gekommen war, verhängte des Gericht neben der Freiheitsstrafe auch einen „Arrest" über das vom Ludwigsburger Stadtrat auf 10 700 Gulden bezifferte Vermögen. Während Kammerers Haft führte der Kaufmann August Boger als amtlicherseits bestellter Verwalter das Unternehmen weiter. Neue Produkte, die Kammerer immer wieder entwickelt hatte, kamen nun nicht mehr auf den Markt.

Jakob Friedrich Kammerer mußte nicht die ganze Haft von zwei Jahren, die ihm vom Gericht auferlegt worden war, auf dem Hohenasperg verbringen. Ein erstes Gnadengesuch wurde zwar abgelehnt, ein zweites hatte jedoch Erfolg. Die vorzeitige Entlassung war aber mit einer Auflage verbunden, die Kammerer nicht erfüllen wollte: Er sollte innerhalb von vier Wochen das Land verlassen und nach Nordamerika auswandern.

Doch wegen seiner labilen Gesundheit wollte Kammerer die Strapazen einer Seereise nicht auf sich nehmen. Außerdem erschien es ihm kaum zumutbar, mit einer inzwischen auf sechs Kinder angewachsenen Familie in einen fernen Kontinent umzusiedeln. Deshalb suchte er nach einer Möglichkeit, nicht allzuweit von Ludwigsburg entfernt die Zündhölzer-Produktion fortzusetzen. Ein Versuch, doch in der Nähe der Heimatstadt bleiben zu dürfen, scheiterte. Das württembergische Justizministerium lehnte am 27. Oktober 1840 ein entsprechendes Ersuchen ab. Es weigerte sich auch, Kammerer ausdrücklich zu bestätigen, daß die Gründe für seine Verurteilung politischer Natur gewesen seien. Dies sollte im polizeilichen Führungszeugnis vermerkt werden, damit er in diesem „Sittenzeugnis" nicht als kriminell belastet galt, wenn er sich irgendwo niederlassen wolle.

Zunächst bemühte sich Kammerer nun um eine Umsiedlung nach Straßburg. Daraus wurde nichts, offenbar fand er keine geeigneten Räume für die Zündhölzer-Produktion. Schließlich entdeckte er in Riesbach bei Zürich, was er suchte.

Anfangs produzierte Kammerer in gemieteten Räumen, im Jahr 1841 kaufte er im gleichen Ort ein Grundstück und baute eine Fabrik, die vom 1. September 1841 an Zündhölzer herstellte. Einer alten Chronik ist zu entnehmen, daß das Unternehmen, die erste Zündhölzer-Fabrik in der Schweiz, sich rasch entwickelte und neben zwei Dutzend Arbeitsplätzen in der Fabrik selbst noch siebzig bis achtzig Personen in Heimarbeit beschäftigte. Von Riesbach aus wurden Kunden in Rußland, in der Türkei und sogar im fernen Amerika beliefert. Täglich, so notierte der amtliche Chronist, produziere die Firma zwischen 800 000 und einer Million Zündhölzchen. In Ludwigsburg wurde ebenfalls produziert. Dort leitete Kammerers Schwager Wilhelm Seitter den Betrieb.

Da sich deutsche Emigranten schon vor dem Scheitern der Revolution von 1848/49 in der Schweiz niedergelassen hatten – neben Rudolf Lohbauer auch Georg Herwegh und Julius Fröbel – wurde Kammerers Haus in Riesbach bald zu einem Treffpunkt für alte Gesinnungsfreunde. Der geschäftlich erfolgreiche Landsmann war ein großzügiger Gastgeber und Helfer für die aus der Heimat Geflohenen. Angeblich sind nach ihrer Flucht am Ende der vierziger Jahre auch Friedrich Hecker und Ludwig Pfau Gast in Riesbach gewesen. Den Tagebuchnotizen seiner Tochter Emilie kann man im übrigen entnehmen, daß Kammerer in der Schweiz das Interesse an den politischen Vorgängen in Deutschland nie verlor.

Noch etwas anderes erfährt man aus den Aufzeichnungen der Tochter: Jakob Friedrich Kammerer war musisch hochbegabt. Er sang gerne und spielte mehrere Instrumente: Klavier, Handharmonika, Flöte und Klarinette.

Fast ein Jahrzehnt lebte die Familie Kammerer im schweizerischen Riesbach. Nach dem Tod seiner zweiten Frau heiratete Kammerer die fast drei Jahrzehnte jüngere Johanna Luise Friederike Paar, seine Haushälterin. Sie war die Tochter des Ludwigsburger Küfers Heinrich Paar. Am 10. September 1848 kam ein Sohn zur Welt. Kammerer gab ihm den bemerkenswerten Namen: Liberatus Germanicus Konstantinus. Als schließlich eine Rückkehr in die Heimat möglich war, kehrten Kammerer und seine Familie im Jahr 1850 nach Ludwigsburg zurück. Die Leitung der dortigen Fabrik übernahm nun Kammerers ältester, inzwischen 30 Jahre alter Sohn Hermann.

Die letzten Lebensjahre Kammerers waren überschattet von einem schweren Leiden. Immer wieder versank er in Schwermut. Im Jahr 1855 mußte er sich in klinische Behandlung nach Winnenden begeben. Am 4. Dezember 1857 starb Jakob Friedrich Kammerer, der Zündholz-Erfinder und Demokrat, in Ludwigsburg. Am Haus in der Heilbronner Straße 32, seinem letzten Wohnsitz, erinnert eine Gedenktafel an ihn. Todesursache war, wie der Totenschein ausweist, eine Lungenentzündung, möglicherweise eine Spätfolge der Lungenerkrankung, die schon während Kammerers Untersuchungshaft auf dem Hohenasperg im Jahr 1833 registriert worden war.

Die Trauerrede des Dekans Christlieb schloß mit einer Frage: „Warum mußte eben dem Geiste, der Millionen von Menschen in allen Teilen der Welt die Finsternis erhellen gelehrt und ihnen ein Licht angezündet hat, und noch jetzt anzündet, das Licht des eigenen Geistes so verdüstert werden?"

Literatur

Hartig, Hans: Jakob Friedrich Kammerer aus Ludwigsburg: Erfinder der Zündhölzer, Ludwigsburger Geschichtsblätter, Nr. 44/1990.

Wedekind-Kammerer, E. F.: Für meine Kinder. Jugenderinnerungen, Typoskript 1914. Handschriftensammlung der Stadtbibliothek München.

Kolb, R.: Die Erfindung des Phosphorzündholzes. In: Aus der Heimat, Heft 6. Stuttgart 1931.

Alexander Reck

Der Vetter aus Schwaben

Johannes Nefflen: Schultheiß und Poet

Oberstenfeld – Stuttgart – Pleidelsheim – Hessental bei Schwäbisch Hall–Hohenasperg–Heilbronn–Piedmont/West-Virginia – Cumberland im Staate Maryland/USA. So lesen sich die Stationen, an denen ein unbequemer und eigenwilliger Geist seine 68 Lebensjahre in einer Zeit großer Veränderungen und Umwälzungen verlebt hat. Er war Schultheiß, Abgeordneter im Württembergischen Landtag; seine Popularität jedoch hat er sich vor allem als Schriftsteller erworben. Landauf, landab wurde der Titel seines bekanntesten Buches „Der Vetter aus Schwaben" fast eine Art volkstümlicher Dichternamen für den – wie er auch oft genannt wurde – „schwäbischen Fritz Reuter", für Johannes Nefflen. Doch die Zeit ist längst über ihn und seine Bücher hinweggegangen.

Zu Beginn des 20. Jahrhunderts erschien zum letzten Mal eine Auswahlausgabe seiner Werke. Auch er selbst hat kaum persönliche Spuren hinterlassen, die es erlauben, sein Leben annähernd so zu rekonstruieren wie das vieler anderer bekannter Zeitgenossen. Besonders schwer ins Gewicht fällt das Fehlen eines Nachlasses; wir haben keine Briefe von ihm, keine autobiographischen Aufzeichnungen, keine Manuskripte, lediglich einige handschriftliche Gemeinderatsprotokolle aus seiner Pleidelsheimer Zeit als Schultheiß. Aus Johannes Nefflens letzten, annähernd zehn Lebensjahren, die er, wie so viele Vertreter der 1848/49er Revolution in den USA verbracht hat, in West-Virginia und Maryland, wissen wir so gut wie nichts. Er soll in der Neuen Welt, wo er vielleicht mit seinen Söhnen, dem Maler Paul und dem Arzt Gustav Louis, gelebt hat, nie recht glücklich geworden sein. Es heißt auch, er solle dort mit dem 1848er Revolutionär Friedrich Hecker zusammengetroffen sein, was sich allerdings nicht belegen läßt. Eines jedoch ist sicher: Nefflen hat sich das Publizieren nicht nehmen lassen und in Philadelphia 1850 ein Werk mit dem Titel „Der krumme Philipp, oder sein Schatzkästlein für lebensfrohe Weltkinder, zur erbaulichen Unterhaltung" veröffentlicht. Bei den Vorbereitungen zur Rückkehr in seine schwäbische Heimat starb der „Schwabenvetter" am 6. Januar 1858 im Hause einer seiner Söhne in Cumberland im Staate Maryland an der Atlantikküste.

Die letzten Anekdoten, die sich um Nefflen ranken, stammen aus dem Jahre 1849: Er stand in den Revolutionsjahren in Heilbronn in vorderster Reihe. Um den Vater dort vor einer wiederholten Verhaftung zu bewahren, eilte im Februar 1849 Nefflens 25jähriger Sohn Karl, der an der Lateinschule in Kirchheim unter Teck tätig war, bei Nacht und Nebel herbei. Für Johannes Nefflen blieb nur die Flucht. Nur wie? Alle Ausgänge der Stadt waren scharf bewacht und der alte Nefflen der Polizei wohlbekannt. Sohn Karl hatte es jedoch faustdick hinter den Ohren und soll einen listigen Streich gewagt haben: Er gewann ein paar junge Freunde für eine fingierte Hochzeitsgesellschaft, die am nächsten Morgen auf einem Leiterwagen mit bunten Bändern und Gesang durch die Stadt und zum Tor hinaus – und für Nefflen in die Freiheit – fuhr, denn unter den lustigen jungen Leuten saß er, der alte „Schwabenvetter". In einer anderen, weniger glaubhaften Erzählung heißt es, Nefflen habe sich in einem Güllenfaß versteckt und, als die Luft rein war, sich von Freunden aus der Stadt hinausbugsieren lassen. Nach gelungener Flucht ging es nach Straßburg, von wo aus er unter einer Deckadresse in einem Brief, der uns nur durch August Holder überliefert ist, an seine Tochter schrieb: „Ich trenne mich von keinem gern; ihr seid

Johannes Nefflen, einst Schultheiß in Pleidelsheim, war „Volksmann" und Schriftsteller.

mir alle liebe und teure Kinder. Was ihr beschließt und ich möglich finde, ist mir recht, und es muß mir recht sein, weil ich den Bruch von meinem Vaterlande unternehmen muß um meinetwillen, der ich mich nicht entschließen kann, die Freiheit, die ich verschmeckt, im Kerker abzunagen und der feilen Gerechtigkeit und dem Beamtenhaß mich zum Opfer zu bringen. Meine hohen Freunde sind als einstige Volksfreunde nun Volksverräter geworden. Um Geld und Ehre ist meine Ueberzeugung nicht feil. Gott ist überall."

Wer war dieser „Schwabenvetter", „dieser schwäbische Fritz Reuter", dieser unbequeme Geist, wer war Johannes Nefflen? Gehen wir noch einmal etliche Jahrzehnte zurück, bis ins Jahr 1789. Im Jahre, als sich in Paris der Dritte Stand zur Nationalversammlung erklärte, die Bastille gestürmt wurde und die große Revolution ins Rollen kam, erblickte in dem Dorf Oberstenfeld, nicht weit entfernt von Friedrich Schillers Geburtsort Marbach, im Herzogtum Württemberg am 5. November der kleine Johannes Nefflen das Licht der Welt. Sein Vater war dort Stiftsküfer und Waisenrichter, seine Mutter, Christina Catharina, war „Herrn Johannes Elsäßers, Ratsverwandten in Vaihingen auf den Fildern, Reichs-Stadt Eßlingischen Gebiets, eheliche (...) Tochter". Wie der Vater war auch schon der in Bissingen an der Enz geborene Großvater, ebenfalls Johannes mit Vornamen, Stiftsküfer in Oberstenfeld. Vater Nefflen stammte aus zweiter Ehe des Großvaters Johannes mit Sybilla Christina, „weyl. H. M. Christoph Caspars Osianders, vorher gewesenen Pfarrers zu Degerschlacht, Tübinger Amts" nachgelassener Tochter. 1796, wenige Jahre nach der Geburt des kleinen Johannes, starb der Vater. Nach der zweiten Heirat der Mutter mit dem Schulmeister Elsäßer in Vaihingen auf den Fildern und dem Umzug dorthin fand er in ihm bald einen verständigen und wohlwollenden zweiten Vater. Er schickte Johannes aufs berühmte Esslinger Alumneum, das kurz zuvor sein 200jähriges Stiftungsfest gefeiert hatte, danach in die neugegründete Stuttgarter Realschule, die bis ins Jahr 1818 aber noch mit dem Gymnasium vereinigt war – einige Jahre vor Nefflen war dort auch Hegel.

Zu einem Studium reichte es aufgrund der finanziellen Verhältnisse im elterlichen Hause nicht. Statt dessen wurde der junge Johannes für die Verwaltungslaufbahn bestimmt und kam in eine Stuttgarter Kanzlei. Er bestand seine Substitutsprüfung mit der Note „vorzüglich", sein weiteres Examen mit „gut". Als Amtsgehilfe war er dann kurze Zeit in Murr und Marbach beim Stadtschreiber Günzler und kam in dieser Eigenschaft im Jahre 1815 nach Pleidelsheim.

Im Zuge der territorialen Flurbereinigung um die Wende vom 18. zum 19. Jahrhundert konnte Württemberg sein Gebiet verdoppeln, wurde zu Beginn des Jahres 1806 zum Königreich erhoben und erlangte unter König Friedrich I. die volle und uneingeschränkte Souveränität. Im Sommer des gleichen Jahres schloß Napoleon, der in den folgenden Jahren die zentrale Gestalt in Europa wurde, die süddeutschen Staaten unter dem Protektorat Frankreichs zu einer Militärallianz im Rheinbund zusammen. Wenig später traten die sechzehn Rheinbundstaaten aus dem Reich aus, worauf Kaiser Franz II. die Krone niederlegte. Es war nur noch „ein Staat in Gedanken und kein Staat in Wirklichkeit" gewesen, wie Hegel ein paar Jahre zuvor schrieb. Mit der Niederlegung der Kaiserkrone war das Ende der rund tausendjährigen Geschichte des Heiligen Römischen Reiches besiegelt. Als Napoleon wenige Jahre später besiegt war, wurde darüber diskutiert, ob oder inwieweit die territorialen, politischen und sozialen Veränderungen der napoleonischen Zeit rückgängig gemacht werden sollten. Vor allem die Frage der territorialen Gliederung und der politischen Gesamtverfassung wurde von Herbst 1814 bis Sommer 1815 im Rahmen des Wiener Kongresses erörtert.

In der kleinen württembergischen Gemeinde Pleidelsheim hatte die Bevölkerung sicherlich andere Sorgen als die Neuordnung Europas. Die Lage der Landwirtschaft in jenen Jahren war schlecht, die Umstellung von Kriegs- auf Friedenswirtschaft und das damit verbundene Fallen der Preise kam hinzu. Unter dem Druck der Kriegslasten waren sowohl die Gemeinden als auch der einzelne Bauer stark verschuldet; ja er konnte oft nicht mehr die Zinsen bezahlen und geriet in die „Gant", mußte also Konkurs anmelden. Gant-Ankündigungen und Gläubiger-Vorladungen nehmen einen Großteil des Anzeigenteils der damaligen Zeitungen in Anspruch. Außerdem ging der „Presser", eine Art Gerichtsvollzieher, als Schreckgespenst um. Nicht nur als Pleidelsheimer Schultheiß, sondern auch später als Landtagsabgeordneter erhob Nefflen gegen das Pressersystem sein Wort; auch in seinen 1841 erschienenen „Gedichten für das Volk" spricht der Bauer zu seiner Kuh Lisel:

> *Du alte Lisel, du!*
> *Ich muß dir nun voll sagen,*
> *Wie harrt mich drückt der Schuh, –*
> *Die Zins- und Steuerpresser,*
> *Die machen's auch nicht besser. (...)*

> *Wie dich die böse Grete,*
> *Schlug uns der Obervogt,*
> *Der that ganz blind und blöde,*
> *Als säh' er nicht, wo's stockt.*
> *Zahllose Steuerpresser,*
> *Die machten d' Noth noch größer.*

Die Jahre 1816/17 waren geprägt von Mißernten und Hungersnöten. In Württemberg bewirkten Kälte und schwere Regenfälle, daß auf den Äckern und Feldern nichts mehr wuchs und so Heuschober und Mehlsäcke leer blieben. Nicht nur diesmal war Nefflen gefordert. In Pleidelsheim hatte er zu Beginn des Jahres 1816 den bisherigen, aufgrund eines Vergehens vom Amt suspendierten Schultheißen Wildermuth abgelöst. Der siebenundzwanzigjährige Nefflen war zunächst Schultheiß-Amtsverweser. Bis 1819 unterzeichnete er die in den Anfangsjahren von ihm selbst geschriebenen Gemeinderatsprotokolle mit „Amtsverweser", dann vorübergehend mit „Bürgermeister", erst am 4. August 1821 wurde Nefflen offiziell Schultheiß von Pleidelsheim. Durch die am 2. Juli 1815 erfolgte Heirat mit Sophie Caroline Häussermann, der Tochter des angesehenen Pleidelsheimer Ochsenwirts Christian Ludwig Friedrich Häussermann, war der gebürtige Oberstenfelder in Pleidelsheim nun fester verwurzelt, ja er war auch schon durch seine Herkunft mit Land und Leuten gut vertraut. Nefflen erwarb bereits 1815 von seinem Schwager Wein, der im Jahre 1811 eine andere Häussermann-Tochter geheiratet hatte, um 44 Gulden seinen ersten Acker – der Anfang seines Pleidelsheimer Besitzes, den er mit Sorgfalt und Sachverstand bestellte und sein Vermögen von anfänglich 4237 Gulden bei der Heirat auf etwa 10000 Gulden im Jahre 1837 steigerte.

Während seiner Schultheißen-Zeit scheute er sich nicht, Althergebrachtes zu verändern oder abzuschaffen sowie die Wirtschaftlichkeit des einzelnen Betriebes und der gemeinschaftlichen Einrichtungen zu steigern. Nefflens Verdienste lagen vor allem im Bereich der Landwirtschaft: In Pleidelsheim herrschte noch die Dreifelderwirtschaft vor, wobei auch ein Großteil des brachliegenden Landes bebaut wurde, was zur Folge hatte, daß die Ernte meist gering war. Der Schultheiß hatte seine eigenen Vorstellungen von gewinnsteigernder Produktionsweise, getreu dem alten Sprichwort „die Not ist die beste Lehrmeisterin"; in seiner 1827 erschienenen „Anleitung und Aufmunterung zum Krapp-Bau" heißt es: „Nur machen es leider die Wenigsten zu ihrem Geschäft, für ihr Wohl auf diese Weise nachzudenken und thätig zu seyn, und schlendern eben ihren bisher gewohnten Gang in stummer Verdrossenheit fort (...)".

Nefflen gehörte zu diesen „Wenigsten" und als in der „Schwäbischen Chronik" vom 30. Januar 1823 von König Wilhelm I. ein Wettbewerb ausgeschrieben wurde, machte sich der Pleidelsheimer Schultheiß bald einer größeren Öffentlichkeit bekannt. Die Ortsvorsteher wurden „zur Beförderung der Reinlichkeit in den Straßen und Gassen" aufgefordert, denn die Reinlichkeit auf diesen ließ erheblich zu wünschen übrig; diese „Unreinlichkeit und alle ihre schädlichen Folgen läßt sich mit einem bedeutenden Gewinn für den Feld-Bau dadurch abhelfen, daß der Unrath, der sonst unbenützt verloren gieng, in zweckmäßig angelegte Mistjauchen Gruben gesammelt u. dort zu Dünger bereitet wird". Es winkten Preise und eine Ehrenmedaille des Königs. Nefflen arbeitete den ganzen Sommer an einem Bericht über seine bisherigen Bemühungen in Pleidelsheim. Ende September 1823 wurden die Ergebnisse des Wettbewerbs in der „Schwäbischen Chronik" bekanntgegeben: „der OrtsVorsteher Nefflen zu Pleidelsheim, OberAmts Marbach, [wurde] einer besondere[n] Auszeichnung würdig" befunden.

„Er hat eine Darstellung der Landwirthschaft in Pleidelsheim, wie sie ist und wie sie seyn könnte, übergeben welche von Kenntnissen und Erfahrung zeigt und wirklich gemachte Verbesserungen nachweißt.

Er hat dort zuerst den Krapp- und HopfenBau eingeführt, ebenso ein ApothekerGewächs, das sogenannte Griechische Heu (Trigonella foenium graecum) welches zugleich ein ergiebiges und gesundes FutterKraut ist. Auch hat er die zweck-

mäßige Benuzung des DungWassers seit einigen Jahren in seiner Gegend in Gang gebracht, woraus viele Bürger jetzt einen
großen Vortheil ziehen, und immer mehrere fortfahren, diesen Beispielen zu folgen.

Einem so nützlich auf seine Gemeinde wirkenden Vorsteher
glaubte man daher den landwirthschaftlichen Preis von einer
Medaille und 20 Dukaten zuerkennen zu müßen."

Nefflens Arbeit wurde im „Correspondenzblatt des Würtembergischen Landwirthschaftlichen Vereins" mit folgendem
Lob veröffentlicht: „Man lernt hier einen Ortsvorsteher kennen, wie er seyn soll." Der Aufsatz machte den Schultheiß
auch weit über die Grenzen Pleidelsheims und des Oberamts
hinaus als einen Kenner und Könner in Sachen Landwirtschaft bekannt. Johannes Nefflen war kein trockener Theo-
retiker, er wußte aus eigener landwirtschaftlicher Erfahrung,
wovon er sprach und schrieb. Lassen wir ihn mit einer kleinen Anekdote, die er im Rahmen seiner Preisschrift erzählt
hat, selbst zu Wort kommen:

„Im Sommer 1821 bestimmte ich einen Kleeacker zum Heu-
en, und mein Nebenlieger tat es auch. Beide Äcker sind von
gleicher Qualität. Ich ließ meinen Klee mähen, als sich wenige Blüten zeigten; mein Nebenlieger aber wollte mich tadeln
und ließ seinen Klee 14 Tage länger stehen, bis alle Blüten da
waren. Nun hatte er zwar mehr Futter vom ersten Schnitt als
ich, aber beim zweiten Schnitt, den ich um 4 Wochen bälder
nehmen durfte, bekam ich schon mehr Heu als er, und den 3.
Schnitt bekam ich 3 Wochen nach seinem 2. Schnitt, der sein
letzter war. Nun hatte ich nicht mehr, sondern auch besseres
Futter gewonnen, das 15–20% mehr Wert hatte!"

Auf diese erste, seinen Bekanntheitsgrad enorm steigernde
größere Veröffentlichung folgte wenige Jahre später die schon
erwähnte „Anleitung und Aufmunterung zum Krapp-Bau".
In dreizehn Paragraphen gibt Nefflen eine praktische Ein-

führung in Anbau und Verwendung der Krapp-Pflanze, auch „Färberröte" genannt.

Die Landwirtschaft blieb über viele Jahre hinweg Nefflens Domäne. Im Jahre 1834 gründete er zusammen mit zwei Stuttgarter Gärtnern, Hertz und Schmidlin, die „Feld- und Garten-Zeitung für Jedermann" und gab sie im Verlag der J. B. Metzlerschen Buchhandlung in Stuttgart heraus. Der Großteil der zweimal wöchentlich – mittwochs und samstags – erscheinenden Zeitung stammte aus Nefflens Feder und begleitete den Leser Woche für Woche durch die Arbeiten des Jahres. Den Leser? In seinem Neujahrsgruß spricht er ihn an: „Allen, die unter dem runden Hute mit dem Perspektive nach ihren Aeckern sehen und künstliche Rechnung über den Segen von Oben machen, so wie die selbst auf den Acker, und wenn auch auf kothigem Wege, oder in der Sonnenhitze mit dem Wasserkruge in der Hand zum Bau des Felds oder zur Ernte gehen, Allen sagt die Feld- und Gartenzeitung: ›Seid herzlich willkommen‹."

Ein entscheidender Einschnitt sollte um 1830 bald das Leben des Pleidelsheimer Schultheißen verändern. Die von der Pariser Julirevolution ausgehenden Wellen politischer Erregung schwappten auch auf Deutschland über: Massenbewegungen, Volksunruhen und revolutionäre Erschütterungen vor allem in Braunschweig, Sachsen, Kurhessen und Hannover waren die Folge. In Württemberg waren die Einflüsse der Julirevolution erst nach und nach spürbar geworden. Das Parteiwesen nahm nun hier langsam festere Formen an. Zuvor konnte eher von politischen Richtungen ohne klar umrissenes Programm und ohne wirkliche Organisation gesprochen werden. Erst jetzt, nach der Julirevolution, entwickelten sich zum erstenmal Anfänge einer liberalen Parteiorganisation mit einem Netz von Wahlvereinen. Auch die, seit den Karlsbader Beschlüssen von 1819 bestehende Pressezensur – in Württemberg eher milde gehandhabt – wurde vorübergehend weiter gelockert, was die erhebliche Vermehrung der Presse im Lande zur Folge hatte; allein in Stuttgart erschienen jetzt acht Zeitungen, die meisten entschieden liberal, allen voran der am 1. Dezember 1830 von den beiden Stuttgarter Advokaten Gottlob Tafel und Friedrich Rödinger gegründete „Hochwächter", der den politischen Geist in die Provinz trug.

Die Redaktion leitete Rudolf Lohbauer aus Ludwigsburg, ein Mitglied des Freundeskreises um Eduard Mörike; zu den Mitarbeitern gehörte auch der junge Wilhelm Zimmermann. Anfänglich war der Ton des „Hochwächters" noch gemäßigt, doch bald wurde er schärfer und die wieder heftiger werdende Zensur schlug ein ums andere Mal zu. Lohbauers Einfall, alle von der Behörde gestrichenen Aufsätze und Stellen des „Hochwächters" als „Hochwächter ohne Zensur" herauszugeben, wurde ihm zum Verhängnis. Das Buch wurde beschlagnahmt und Lohbauer drohte ein Presseprozeß. Er floh nach Frankreich und von dort aus später in die Schweiz, wo er Anfang der vierziger Jahre Professor der Kriegswissenschaft in Bern wurde.

Der „Hochwächter" existierte nur noch bis Anfang 1833; am 15. Januar wurde die letzte Nummer herausgegeben – doch schon einen Tag später lebte die Zeitung unter dem Namen „Der Beobachter" wieder auf, das führende bis 1933 existierende Organ württembergischer Demokraten. Nefflen gehörte zu den frühen Mitarbeitern des „Hochwächters". Für dieses Blatt war der Pleidelsheimer Schultheiß ein Goldstück: ein Mann des Milieus, aber liberal, ein Mann der Provinz, aber landesweit bekannt. Für die Regierung hingegen galt er, durch seinen Freimut, durch seine Kritik am bürokratischen Formenwesen, durch sein hohes Ansehen unter Bauern und Weingärtnern, als ein oppositioneller liberaler Parteigänger der unbequemsten Sorte.

Sowohl den „Hochwächter" als auch den nachfolgenden „Beobachter" belieferte Nefflen von Jahr zu Jahr mit mehr Artikeln und übernahm schließlich 1837 die Schriftleitung des „Beobachters".

Wie bei vielen anderen Zeitgenossen war auch für den Pleidelsheimer Schultheißen die Julirevolution der entscheidende Auslöser für ein stärkeres politisches Engagement über die engen Grenzen des Oberamts Marbach hinaus. In einer Ansprache am 4. September 1831 verkündete Nefflen vor dem Rathaus der Gemeinde Murr, daß er sich um das Mandat des Oberamts Marbach für die zweite Kammer der Abgeordneten für den 6. Württembergischen Landtag bewerben wolle. Eine der wesentlichen Neuerungen der württembergischen Verfassung von 1819 war das Zweikammersystem: die Kammer der Standesherren und die aus 93 Mitgliedern bestehende Kammer der Abgeordneten.

Um dem Liberalen Nefflen nicht kampflos das Feld zu überlassen, zog drei Wochen später, am 25. September 1831, der bisherige Volksvertreter, der Stadtpfleger Hauser mit einer zweistündigen Rede zu seinen Anhängern, so der „Hochwächter", gegen Nefflen in den Wahlkampf. Hauser war ein Gewährsmann der „guten Familien" in der Oberamtsstadt und Kandidat eines Mannes, der fortan zu einem unerbittlichen Feind des Pleidelsheimer Schultheißen avancieren sollte – des Oberamtmanns Veiel. Im folgenden nutzten beide Parteien das öffentliche Forum und schworen ihre Leute in einem Zweikampf von sicherlich nicht zu unterschätzender Härte weiter auf sich ein. Nefflen gewann die Wahl zum Württembergischen Landtag schließlich mit 264 von 661 abgegebenen Stimmen, sein Widersacher Hauser, der vor allem in den Landgemeinden viele Stimmen an Nefflen verlor, konnte nur 188 Wahlmänner auf seine Seite ziehen. Der „Hochwächter" begrüßte die Landtagswahlen von 1831 mit etlichen, wahrscheinlich aus der Feder von Gustav Griesinger stammenden Strophen, von denen eine lautet:

> *Die Leut, welche in Marbach wohnen,*
> *machten verschiedene Machinationen,*
> *sie zogen und zogen, aber statt Herrn Hauser*
> *zogen sie schließlich den Neffle außer.*

Vieles von den Erfahrungen im Wahlkampf, vor allem mit seinem Hauptgegner, dem Oberamtmann Veiel, floß wohl in den am 15. November 1832 im „Hochwächter" in der Rubrik „Stadt- und Landschau" anonym veröffentlichten bitterbösen „Verwandtschafts-Himmel nebst einem Kometen" ein. Der „Verwandtschafts-Himmel" zeigt anschaulich die Verwandtschaftsverhältnisse der einflußreichen Beamten und der Oberschicht des Marbacher Oberamts auf – eben die schwäbische „Vetterleswirtschaft". Einer Sonne gleich steht V., Oberamtmann in M. – unschwer läßt sich dieses „V." als der Oberamtmann Veiel identifizieren – inmitten der ihn umkreisenden Gestirne, so etwa der Oberamtsarzt P. aus M., Vetter im $5\,^1/_2$. Grad, der pensionierte Stadtpfleger in M., Onkel der Frau des Oberamtmannes oder Sch., der pensionierte Cameral-Verwalter in M., Schwager im $4\,^1/_2$. Grad. Einige Jahre später kam Nefflen in der Vorrede zu seinem „Vetter aus Schwaben" noch einmal auf sein „Werk" zu sprechen:

„Auch die Verwandtschaften anderer Leute, die mich gar nichts angehen, freuen mich ungemein, absonderlich, wenn sie so friedlich untereinander wohnen, einander alles Liebes und Gutes gönnen, einander alles zuschieben, was Andere mit größerm Recht auch gern möchten, und so recht fest zusammenhalten mit den Banden, die der Pfarrer vor dem Altare anlegt. In dieser Liebhaberei komme ich einmal auf den Gedanken: solltest doch eine Zeichnung machen, etwas Aehnliches, wie ein Stammbaum. Weil es nun gerade ihrer Dreizehn waren, die ich mir auserwählte, so fiel mir unser Planetensystem ein, setzte die Hauptperson in die Mitte als Sonne, eilf davon in der Nähe neben herum als Planeten, und den Dreizehnten über den Kreis hinaus als Kometen, strich hin und her von einem Verwandten zum andern, schrieb auf jeden Strich die Verwandtschaft, wie nah und wie weit, und gab's dem weiland Hochwächter, der's drucken ließ. Nah und fern freute man sich über das Ding, denn es war eine ganz neue Manier, die Verwandtschaften Jedermann verständlich zu machen. Die Verwandten aber waren bitterböse darüber, obgleich die Sonne, und die Planeten im besten Rufe stehen, und eine Vergleichung mit ihnen nichts Despektirliches ist."

Obwohl dieser „Marbacher Verwandtschafts-Himmel" anonym im „Hochwächter" erschienen war, ließ sich der Verfasser unschwer erraten: natürlich war es der unbequeme Pleidelsheimer Schultheiß, der, Nefflen. Eine solch harsche öffentliche Kritik und Bloßstellung wollte natürlich niemand auf sich sitzen lassen, und so wartete man auf die passende Gelegenheit zur Revanche.

Als der „Verwandtschafts-Himmel" im „Hochwächter" erschien, im gleichen Jahr als mit dem Hambacher Fest im Mai 1832 die erste nationale und demokratische Massendemonstration in der neueren deutschen Geschichte stattfand, war der 6. Württembergische Landtag noch immer nicht zusammengetreten. Daher trafen sich am 30. April 1832 in Bad Boll etliche, vor allem aber extreme Liberale, die dem nächsten Landtag angehören sollten, um dessen Einberufung zu fordern. Zusammen mit Nefflen waren 27 Abgeordnete der liberalen Bewegungspartei – unter ihnen die Stimmführer des Liberalismus Ludwig Uhland, Paul Pfizer, Wolfgang Menzel, Albert Schott und Friedrich Römer – und zehn weitere, die ihr als Sympathisanten nahestanden, gewählt worden.

Am 15. Januar 1833 war es endlich soweit, der Landtag trat im Stuttgarter Halbmondsaal erstmals zusammen. Die erste Sitzung war jedoch von einem Eklat überschattet: König Wilhelm I. sagte sein Erscheinen bei der feierlichen Eröffnung in letzter Minute ab. Er wollte unter keinen Umständen bei der Vereidigung der neuen Landtagsmitglieder dem mißliebigen Paul Pfizer die Hand geben müssen. Pfizer selbst hatte es nämlich abgelehnt, der Eröffnungssitzung fernzubleiben. Sein 1831 bei Cotta verlegter „Briefwechsel zweier Deutscher", in dem er die Einigung Deutschlands unter preußischer Führung postuliert hatte, hatte ihn zu einem der bekanntesten Publizisten Deutschlands gemacht.

Am 1. Februar 1833 trat Nefflen erstmals wegen der Neckarkorrektur und dem Ausbau der Schleuse bei Marbach mit einer Rede vor die Kammer. Er hatte eine recht pragmatische Lösung parat: Wenn der Neckar keine größeren Schiffe zulasse, solle man eben kleinere bauen, man könne sogar „Waaren in einer Hutschachtel durch den Nesenbach nach Stuttgart" führen.

Die Landwirtschaft war indes Nefflens bevorzugtes Betätigungsfeld im Landtag; die Bevölkerung seiner dörflichen Heimat lag ihm als „Volks"-Vertreter im wahrsten Sinne des Wortes besonders am Herzen. Aus all den Studierten stach der schlagfertige und bauernschlaue Schultheiß durch sein derbes und festes Auftreten hervor. Seine Reden waren durch eine anschauliche, bilderreiche, manchmal geradezu drastische Ausdrucksweise geprägt. Manchem Abgeordneten erschien das ungewohnt, ja befremdlich. Bei Nefflens landwirtschaftlichem Interesse ist es nicht verwunderlich, daß er wenige Tage nach der Wahl in die „Commission für Zehnten und Feudalsachen" und die „Commission für innere Verwaltung" gewählt wurde, die letztere Tätigkeit wieder aufgab und statt dessen – die Geschäftsordnung gestattete eine Mitgliedschaft

in nur zwei Kommissionen – in die „Commission für Landwirtschaft und Forstwesen" gewählt wurde.

Die vorherrschenden Motive seines politischen Programms
waren zum einen der Kampf gegen die Beamtenhierarchie
und zum anderen die Befreiung der Bauern von ihren Lasten
und Rechtsbeschränkungen. Im nachfolgenden siebten Landtag trat Nefflen in Fragen der Landwirtschaft und des bäuer-
lichen Lebens noch mehr hervor. Schon in der neunten Sitzung
am 3. Juni 1833 wurden acht neue Anträge von ihm angekün-
digt, darunter einer das „Jagdrecht, Wildschaden und Jagd-
frohnen betreffend" und „auf versteigerungsweisen Verkauf
des Holzes in Staats-Waldungen und Verkauf desselben in
kleineren Partien". Die Anträge legte er in der 24. und 25. Sitzung am 23. und 25. Juli 1833 dar und begründete sie aus-
führlich. Er forderte die Vorlage eines neuen Jagdgesetzes,
„wodurch die Jagdrechte des Staates aufgehoben, die Jagdrechte der Einzelnen vom Staate abgelöst, und sämmtliche
Jagdrechte den Gemeinden überlassen werden, damit jeder
Grundbesitzer vor Wildschaden gesichert werde".

Der Schaden, den die Bauern durch Wildtiere hinnehmen
mußten, war wohl so gewaltig gewesen, daß dringend Einhalt
geboten werden sollte. Die Bauern durften sich gegen „Ein-
dringlinge" wie Hase oder Reh nicht zur Wehr setzen. Nefflen
schilderte alles geschickt mit übertriebenen Worten: „Der
Landwirth darf diesen Verbrecher nicht ergreifen, er darf kein
Mittel anwenden, um ihn zum Stehen zu bringen, er darf ihm
nicht nachjagen, oder nachjagen lassen, um ihn einzufangen,
er darf nicht in den Schlupfwinkel dieses Verbrechers dringen,
um ihn zu fassen und ihn vor Gericht zur Strafe zu ziehen."

Mit Nimrod, einem Urenkel Noahs, begann er seine Motion;
er sei der Gründer von Babylon und ein gewaltiger Jäger gewesen, beides Eigenschaften, die von alters her unzertrenn-
lich miteinander verbunden seien. „Heute noch ist die Jagd im

Besitz der Mächtigeren, der durch Ahnen, Reichthum und Privilegien erhabenen Matadore (...) Diese haben heute noch ausschließlich das Recht der Jagd auf genießbare Thiere, auf Thiere von Werth (...); wir titulirte Staats-Bürger aber haben zwar auch ein Jagd-Recht, aber nur die Jagd auf das Aas, auf das Werthlose, das heiße ich die niedere, gemeine Jagd, nämlich auf Spatzen, Maikäfer, Ratten, Maulwürfe, Mäuse, Raupen, Hornisse [sic!], Wespen, Fliegen und dergleichen Hausvögel."
Die Jagdrechte sollten nach Nefflens Willen auf die Gemeinden übertragen werden, damit sich der Bauer selbst gegen Wildschaden wehren könne. Mit überzogenen Forderungen wie „Alles Wild werde für Raubthiere erklärt", zog er jedoch den Unwillen der Jagdfreunde auf sich, von denen viele ihre Hunde fortan „Nefflen" riefen. Einige Jahre später nahm der Pleidelsheimer Schultheiß vor versammeltem Haus diese Sache aufs Korn: Er freue sich königlich darüber, daß viele Jagdfreunde ihm die Ehre antaten, ihren Hunden seinen Namen zu geben. „Viele meinten, diese Auszeichnung kränke mich. Diese sind aber im Irrthum, im Gegentheil habe ich alle Ursache, stolz darauf zu seyn, daß sie ohne mein Hinzuthun und Verdienst mich in die Reihe großer berühmter Männer stellten. Muß sich ja der großmächtige Sultan in Konstantinopel, der berühmte General Moreau selig, der große Admiral Nelson selig, ja die ganze Lordschaft in England gefallen lassen, daß Hunde ihren Namen und Titel führen." Nefflens vorgelegte Motion endete schließlich mit einer Verabschiedung durch die Kammer und einer entsprechenden Empfehlung an die Regierung.
Als einen der Höhepunkte von Nefflens parlamentarischer Arbeit lassen sich seine Bemühungen um ein Agrikulturgesetz bezeichnen: die Beseitigung der Unteilbarkeit des Gutes und Beseitigung der Abgabe für Besitzstandsveränderungen, der jährlichen Naturalabgaben (den Zehnten) und der Weide-

rechte. Ferner waren noch etliche, für die landwirtschafliche Arbeit wichtige Details in seinem Antrag enthalten, den er mit den Versen aus Schillers „Glück" schloß: „Alles Menschliche muß erst werden, wachsen und reifen, und von Gestalt zu Gestalt führt es die bildende Zeit." Es dauerte zwar noch etliche Jahrzehnte, bis die althergebrachte Ordnung ins Wanken geriet, kurzfristig aber konnte sich der Pleidelsheimer Schultheiß doch darüber freuen, daß die Kammer bei der Regierung beantragte, ein Agrikulturgesetz vorzulegen.

Nefflens erste Erfahrungen und Tätigkeiten im sechsten Württembergischen Landtag dauerten nur etwas mehr als zwei Monate. Dann wurde der Landtag aufgelöst und ging als der „vergebliche Landtag" von 1833 in die württembergische Geschichte ein. Den Hauptgrund für die Auflösung des Landtags durch König Wilhelm I. lieferte die meisterhafte Rede des Tübinger Abgeordneten Paul Pfizer gegen die sechs Artikel vom Juni 1832, mit denen der Deutsche Bund von Frankfurt aus die politische Opposition unterdrücken wollte. Weil sie ohne die Zustimmung des Landtags erfolgt seien, bestritt Pfizer ihre politische Rechtskraft für Württemberg; darüber hinaus bekämpfte er das „monarchische Prinzip" der Bundesgesetze. Nach dem Willen des Königs hätte die Kammer Pfizers freche Rede, die schnell über die Landesgrenzen hinaus bekannt wurde, mit „verdientem Unwillen" verwerfen sollen. Die Versammlung verwahrte sich gegen den Eingriff in ihre Freiheit; sie wollte sich nicht vorschreiben lassen, was sie zu tun und zu lassen habe. Daraufhin machte Wilhelm I. am 22. März 1833 zum erstenmal seit Bestehen der Verfassung von 1819 von seinem Recht Gebrauch, den Landtag aufzulösen. Nach einem solch schnellen Ende dieses „vergeblichen Landtags" standen Neuwahlen an. Für Johannes Nefflen gab es damit nach den Mühen des Wahlkampfs von 1831 schon wieder neue Ärgernisse. Sein jetziger Gegner war – wie hätte es anders sein können – wieder ein Günstling des Oberamtmanns Veiel: der Kameralverwalter Bilfinger aus Großbottwar. Doch die Marbacher Beamtenschaft betrachtete Nefflen, der für den Pfizerschen Antrag gestimmt hatte, mit noch größerem Argwohn als sie es sowieso schon tat. Veiel eröffnete den Wahlkampf mit einer stürmischen Versammlung im „Lamm" zu Steinheim an der Murr, wo Nefflens Abstimmung zugunsten Pfizers als „regierungs- und königsfeindlich, ja als staatsgefährlich" bezeichnet wurde. Nefflen machte jedoch erneut das Rennen und zog am 20. Mai in den siebten Landtag ein. Auch dem achten Landtag gehörte Nefflen noch an; im neunten jedoch saß er nicht mehr. Wegen der Kriminaluntersuchung, in die er inzwischen verwickelt war, mußte er auf ein Mandat verzichten.

Nur knapp einen Monat zuvor war mit dem sogenannten „Frankfurter Wachensturm" der Versuch gescheitert, mit einem Putsch gegen den Sitz der Bundesversammlung eine nationale Aufstandsbewegung auszulösen. In Württemberg hatten der Ludwigsburger Oberleutnant Ernst Ludwig Koseritz und seine Leute ebenfalls einen Putsch-Plan vorbereitet, der aber an einem Ort endete, den auch Johannes Nefflen noch zweimal näher kennenlernen sollte, auf dem Hohenasperg.

Ein für Nefflens nächste Lebensjahre entscheidender Antrag im Landtag wurde bisher übergangen; er betraf den „vergeblichen Landtag" und dessen 33. Sitzung am 27. Februar 1833. Die Worte, die der Marbacher Abgeordnete an diesem Tag im Stuttgarter Halbmondsaal sprach, sollten ihm noch lange zu schaffen machen. In seiner Motion „auf vollständige Erfüllung des § 21 der Verfassung, die Gleichheit der staatsbürgerlichen Rechte und Pflichten betreffend" griff er im ersten Punkt „auf Gleichstellung der Rechte des Staatsdieners mit den Rechten des Staatsbürgers" das Pensionierungssystem der Staatsdiener an, denen etwa gegenüber den Bauern eine nicht zu rechtfertigende Versorgung bis an ihr Lebensende zustehe. Einige Passagen aus dieser Motion weisen durch ihre Sprache, nicht aber durch den Inhalt auf die Zeit vor 160 Jahren hin:

„Der Staatsdiener aber wird nicht nur für seine Dienste, die er dem Staate leistet, oft reichlich, ich möchte sagen verschwenderisch, belohnt, sondern er findet darin auch einen Ersatz für seinen Bildungsaufwand, beides auf Kosten der staatsbürgerlichen Gesellschaft. Verliert er nun seine geistige oder physische Fähigkeit über kurz oder lang, oder zeigt sich, daß er noch nie im Besitze der geistigen Fähigkeit zum Dienste gewesen sey, gleichviel, er wird pensionirt, d. h. er erhält vom Staate einen Theil seines Gehalts, solchen oft auch ganz bis an das Ende seines Lebens, und hat so alle sorgenfreie Muße, sich auf den Gang vom Pensions- zum Glaubenshimmel vorzubereiten. (...)

Es ist wahr, aber eine Menge von Erfahrungen aus dem letzten Decennium beweist, die vorgelegten Pensionslisten predigen es laut, daß unser Pensionirungs-System das untauglichste, das verderblichste sey, was jemals aus der Werkstätte der würtembergischen Gesetzgebung hervorgegangen ist.

Dem Betrug, der Gewalt und der Willkühr und dem Nepotismus ist die Thüre in den Pensionshimmel geöffnet. Der Müde, der Träge heuchelt eine Krankheit daher, die der Arzt, weil er sie nicht wahrnehmen kann, glaubt, und durch ein Zeugniß beurkundet. Wer wird auch so unbarmherzig seyn, solche Gemüths-Kranke zurückzustoßen! Ihre Krankheit, die Genußsucht, kann ja nur im ewigen Urlaub geheilt werden. Die Gewalt und Willkühr trägt das Ihrige auch zur Bevölkerung dieser passiven Bürgerwelt bei."

Nach dem Hinweis auf die Ungleichheit öffentlicher Abgaben am Beispiel eines mittleren landwirtschaftlichen Betriebs, der vierzig Prozent vom Reinertrag abführen mußte, kam Nefflen

auf das Pressersystem zu sprechen, das ihm schon seit etlichen
Jahren ein Dorn im Auge war: „Der arme Steuerschuldner
aber erhält wegen verfallener Steuer den Presser, er wird ge-
straft, weil er kein Geld hat, und keines herbeizuschaffen
weiß, eben so gerecht, als der Lahme, wenn er nicht gehen will,
Streiche verdient!" „Nach mäßiger Berechnung" des Pleidelsheimer Schultheißen waren in den zurückliegenden zwölf
Jahren im Oberamtsbezirk Marbach 21 600 Gulden erpreßt
worden. Die beiden zuständigen Presser hätten so „eine
mühelose Accidenz von 10 800 fl. erlangt".

Die errechneten Zahlen beruhten auf Schätzungen und Ver-
allgemeinerungen, konnten somit nicht schwarz auf weiß
nachgewiesen werden. Die Zahlen aus Pleidelsheim waren
Nefflen ungefähr bekannt; aufgrund seiner Tätigkeit als
Agent der Hagelversicherungs-Gesellschaft von 1830 bis 1832
kam er mit vielen Personen aus anderen Ortschaften des Oberamts zusammen und unterhielt sich mit ihnen wohl auch über
das Pressersystem. So kam er auf die seiner Meinung nach er-
preßte Summe. Im übrigen wurde im Wahlkampf zum zweiten Landtag des Jahres 1833 Nefflens Motion im Oktavformat
gedruckt und gratis unter der ländlichen Bevölkerung verteilt, was ihm Veiel ankreidete. Aufgrund von Nefflens Schilderung im Landtag sah sich das Königliche Ministerium des
Inneren dazu veranlaßt, eine Untersuchung in dieser Sache
vorzunehmen. Es war sicherlich kein Zufall, daß zur gleichen
Zeit auch die Kreisregierung in Ludwigsburg zu einer aus-
führlichen Berichterstattung über die Amtsführung des
Schultheißen Nefflen aufgefordert wurde. Die Vermutung,
Oberamtmann Veiel, der sich durch Nefflens Anschuldigun-
gen am meisten getroffen wähnte, habe dabei seine Hand im
Spiel gehabt, ist wohl nicht weit hergeholt; hinzu kommt, daß
der mit der Untersuchung betraute Regierungsrat Ruthardt
ein guter Bekannter von Veiels Sohn gewesen sein soll. Aus

dem Ankläger war nun plötzlich ein Angeklagter geworden. Veiel, der in der „Schwäbischen Chronik" vom 20. März 1833 Nefflens Ausführungen vom 27. Februar zu widerlegen suchte, hatte nämlich eine Verleumdungs- und Injurien-Klage gegen den Pleidelsheimer Schultheißen angestrengt. Der Prozeß begann am 14. August 1833 in Stuttgart und wurde am 10. Januar 1834 in Marbach fortgesetzt. Bis dahin hatte Veiel wohl alle, die im Oberamt in führenden Funktionen tätig waren, auf seine Seite gebracht. So berichtete Nefflen schon am 9. April 1833 in der „Schwäbischen Chronik": „Heute [am 3. April] hat der Hr. Oberamtmann Veiel in Marbach sämmtliche OrtsVorsteher des O. Amts mit Ausschluß des Unterzeichneten um sich versammelt. Er hatte mit ihnen amtlichen Verkehr, der für sämmtliche Orte von Interesse war. Ich frage den Unbefangenen, ob der Herr Oberamtmann Veiel, wenn er auch den Unterzeichneten aus erklärlichen Gründen nicht um sich haben wollte, in einem solchen Falle das Recht habe, die Gemeinde Pleidelsheim, wo gegenwärtig – auser der Ansteckungs-Fähigkeit der Wahrheit – keine abschreckende Seuche herrscht, nach Belieben auszuschließen, ob er nicht schuldig gewesen wäre, statt des OrtsVorstehers einen Gemeinderath zu berufen?"

In einem weiteren Bericht in der „Schwäbischen Chronik" beschuldigte Nefflen den Oberamtmann Veiel, er sei am Nachmittag des 7. März 1833 – Nefflen hielt sich noch als Mitglied der Ständekammer in Stuttgart auf – ins Pleidelsheimer Rathaus eingedrungen, habe sich dort mit seinen Gehilfen einquartiert, den Amtsverweser aus dem Zimmer gewiesen und den Amtsdiener genötigt, „ihm Akten, die zum Angriffe meiner Motion dienen sollten, herbeizutragen und sich dernach bis auf weiteren Befehl zu entfernen". Veiel habe drei Stunden lang die Rechnungsakten und Pfandakten-Registratur, die dem Pleidelsheimer Schultheißen anvertraut war,

durchgesehen. Wenn dieser Vorgang sich tatsächlich so zu-
getragen hat, wie Nefflen berichtete, handelte es sich natürlich um eine unerhörte Aktion des Oberamtmanns. Doch viel
unternehmen konnte der Pleidelsheimer Schultheiß nicht,
er stand mit dem Rücken zur Wand, so ziemlich alle Marbacher Honoratioren hatte er zum Feind. Auch die achtzehn
anderen Ortsvorsteher des Oberamts waren ihm nicht mehr
gewogen.

Der Prozeß gegen Nefflen wegen Beleidigung und Verleumdung fand trotz Bitten der Verteidigung, ihn an einen anderen
Ort zu verlegen, in Marbach statt. Wegen der dort offensichtlich herrschenden „Vetterleswirtschaft" ließ sich kein gutes
Ende für Nefflen erahnen. So kam es auch: Nefflen wurde zuerst zu 3 Monaten Festungshaft verurteilt, die Berufungsin-
stanz ließ jedoch den Vorwurf der Verleumdung fallen und
setzte die Strafe wegen „Injurirung des Oberamtmanns Veiel
in Marbach" auf 5 Wochen Festungshaft herab, die er über den
Jahreswechsel 1835/36 absitzen sollte – natürlich auf dem Asperg! Veiel und seine Gefolgsleute konnten sich ob ihres Er-
folgs die Hände reiben; endlich hatte man dem unliebsamen
Pleidelsheimer Schultheiß einen Denkzettel verpaßt. Drei Tage vor Heiligabend 1835 fielen hinter dem 46jährigen Vater
von acht Kindern die Türen ins Schloß. Auf dem Hohenasperg
redigierte er die Neujahrsnummer der „Feld- und Gartenzeitung", die der Leser jedoch zum gewohnten Zeitpunkt nicht
in den Händen halten konnte: „Wegen Abwesenheit des Hrn.
Nefflen konnte diese Nummer am Samstag den 2. Januar nicht
ausgegeben werden", heißt es auf der letzten Seite. In dieser
Neujahrsnummer wendet er sich, wie bereits erwähnt, an seine Leser und berichtet ihnen über seinen derzeitigen Aufenthaltsort und Zustand. Aufgrund der Passagen die Haft betreffend sind diese Zeilen einige Tage später wohl auch im
„Beobachter" erschienen: „Ich mache Licht, trete an mein Fen-

ster und greife zuerst nach Uhlands Morgensegen und lese
vom König auf dem Thurme:

> *Da liegen sie alle, die grauen Höh'n,*
> *Die dunkeln Thäler in milder Ruh;*
> *Der Schlummer waltet, die Lüfte weh'n*
> *Keinen Laut der Klage mir zu.*

> *Für Alle hab' ich gesorgt und gestrebt,*
> *Mit Sorgen trank ich den funkelnden Wein;*
> *Die Nacht ist gekommen, der Himmel belebt,*
> *Meine Seele will ich erfreun.*

> *O du goldene Schrift durch den Sterneraum!*
> *Zu dir ja schau ich liebend empor.*
> *Ihr Wunderklänge, vernommen kaum,*
> *Wie besäuselt ihr sehnlich mein Ohr!*

> *Mein Haar ist ergraut, mein Auge getrübt,*
> *Die Siegeswaffen hängen im Saal,*
> *Habe Recht gesprochen und Recht geübt,*
> *Wann darf ich rasten einmal?*

> *O selige Rast, wie verlang ich dein!*
> *O herrliche Nacht, wie säumst du so lang,*
> *Da ich schaue der Sterne lichteren Schein*
> *Und höre volleren Klang!*

Es ist Alles wahr, paßt aber nicht ganz auf mich; denn ich bin
kein König, kann's nie werden, weil die Hirten nimmer, wie
einst David, auf dem königlichen Stuhl sitzen. Doch bin ich
glücklicher Gatte und Vater und König im Herzen vieler
Freunde, deren Wärme ich schon oft empfunden; habe aber

auch viele Freunde, welche die Hände in die Hosen stecken, wenn sie mich in Noth sehen. Mein Haar will zwar grauen, aber mein Auge ist noch hell; ich will noch nicht rasten, ich will noch nicht Nacht und warte noch auf der Sterne lichteren Schein, will hören volleren Klang, und – Halt! der Trommel- wirbel schmettert auf den Wällen und kündigt den Friedfer- tigen das tausendjährige Reich an. Beiläufig gesagt, ich habe schon seit zehn Tagen auf dem Oelberge Würtembergs Quar- tier genommen und will noch 25 Tage hier friedlich wohnen. Der Kelch schmeckt aber nicht bitter, bin froh und heiter, freue mich täglich, daß für mein lautes Wort in der Kammer, das Viele für eine Kammersünde halten wollten, auch der höchste Richter nicht den Beweis der Sünde finden konnte; er wollte nur rügen, daß es sich zu weit verbreitete durch mein Hinzu- thun, und daß ich in gewisse Verwandtschaftsverhältnisse blicken ließ, weil ich glaubte, Jedermann dürfe sie kennen ler- nen, wie die Meinigen. Das macht meine unversiegbare Liebe zu der Verwandtschaft der Gestirne."

Nefflen machte kein Geheimnis daraus, daß es wohl sein „Ver- wandtschafts-Himmel" gewesen sein muß, der bei seiner Ver- urteilung unterschwellig eine wesentliche Rolle gespielt hat- te. Es ließe sich vermuten, daß in dem Satz „(...) das Viele für eine Kammersünde halten wollten" durch das Vertauschen zweier Buchstaben ein anderer Sinn zustande käme. Wenn man statt „Viele" „Veile" schriebe, so wäre die Verbindung zum Oberamtmann „Veiel" hergestellt. Es ließe sich interpre- tieren, daß es nicht unbedingt „viele" waren, die sich an Nefflens Motion stießen, sondern daß sie sich eben hinter Veiel, der sich am meisten angegriffen fühlte, versteckten. Wie dem auch sei, am 25. Januar 1836 öffneten sich für den, wegen „Öffentlicher Injuria" Inhaftierten schon wieder die Tore in die Freiheit. Schneller als ihm lieb war, sollte er die Festung auf „seinem Oelberg" – von innen – wiedersehen.

Nach der Haftentlassung betätigte sich Nefflen, wie schon früher, wieder stärker mit Artikeln im „Beobachter". Gegen Ende des Jahres 1836 legte er auf einen „Wink von oben", wie es heißt, sein Schultheißenamt in Pleidelsheim nieder. Sein Amt müsse ihm unter den gegebenen Umständen – er wäre gegen Veiel und Konsorten allein auf weiter Flur gestanden – ja doch nur eine Last sein; er solle sich doch nach einer anderen Beschäftigung umsehen, die seinen Anlagen und Neigungen noch mehr entspreche, etwa die Verwaltung eines größeren Bauerngutes. Nefflen siedelte nach Stuttgart in die Eberhardstraße über und übernahm gegen Ende des Jahres 1836 die Schriftleitung des „Beobachters". Schon am 23. Dezember 1836 wurde dies den Lesern auf der ersten Seite mitgeteilt: „Unsern Lesern können wir zum neuen Jahr die erfreuliche Nachricht geben, daß der Abgeordnete von Marbach, Nefflen, die Redaktion des Beobachters übernommen hat." „Der Beobachter" hatte einen erheblichen Verschleiß an verantwortlichen Redakteuren, die alle mit der Zensur in Konflikt gerieten, weshalb darauf gewartet werden konnte, wie lange Nefflen wohl tätig sein werde.

Er hat dies wohl gewußt und bemühte sich deshalb um den Kauf eines Guts im Hohenlohischen. Zuerst war der Pleidelsheimer Besitz zu verkaufen; am 7. September 1837 wurde auf dem Pleidelsheimer Rathaus ein Großteil von Nefflens dortigen Gütern angeboten: insgesamt wurden 3 1/2 Morgen Weinberge, 29 Morgen Äcker und 4 Morgen Wiesen verkauft. Dreizehn Tage später kamen noch einmal 2 Morgen Weinberge, 4 Morgen Äcker und 2 Morgen Wiesen dazu. Der Rest des Pleidelsheimer Besitzes mit Wohnhaus, in dem Nefflens Frau mit den Kindern lebte, fand 1838 seine Käufer; insgesamt erbrachte der Verkauf 16 256 Gulden. Inzwischen war Nefflen auf der Suche nach einem neuen Besitz und einer zweiten Heimat fündig geworden: Für die Summe von 36 000 Gulden kaufte er am 12. Oktober 1837 den Gast- und Gutshof „Zur Krone" in Hessental bei Hall mit 200 Morgen Gütern. Die verbleibenden 20 000 Gulden Schulden vermochte der neue Besitzer durch Kredite zu decken.

Nefflens neue redaktionelle Tätigkeit in Stuttgart war wohl nur eine Frage von wenigen Wochen oder Monaten. In seinem Neujahrsgruß zum Jahr 1837 konnte er sich schon zu Beginn einen kleinen Seitenhieb nicht verkneifen; er wünschte Glück „zum Dritten seinem alten Freunde, mit dem er eine innigere Verbindung geschlossen hat, so wie der zahlreichen Verwandtschaft desselben". Natürlich war dieser Hieb gegen seinen Erzfeind Veiel gerichtet. Weiter forderte er zur Mitarbeit, zur Lieferung von Material gleich welcher Art gegen unliebsame Beamte auf. Nefflen gelobte Verschwiegenheit als die erste Pflicht des „Beobachters". Auch sollen sich die einfachen Leute, aus welcher Ecke des Landes sie auch stammen mögen, nicht scheuen, an die Zeitung so zu schreiben wie sie es eben können:

„Es gibt aber noch so viele Freunde des Beobachters, welche in die Tüchtigkeit ihrer Feder einigen Zweifel setzen, und ihm doch gerne einen Brief schreiben möchten." Diese bittet er, nur zu schreiben ohne Kopfanstrengung, gerade so, wie sie zu sprechen gewohnt sind, wenn sie sich mit einem guten Freunde unterhalten wollen. „Der Beobachter wird in seiner Grammatik oder in seinem Volkswörterbuch schon nachschlagen, wie s'Gauhn, Staun, Bleibalaun, wie noa, noi, nai, net, et, it, nex und nix gedruckt wird. Er weiß auch, daß das Volk eine doppelte Verneinung für keine Bejahung ausgibt, sondern nur für eine verstärkte Verneinung, wie der Schreiner seinen doppelten Anstrich."

Zur Unterhaltung kündigte Nefflen bedingt durch seine lange Erfahrung mit Land, Leuten und Gebräuchen an, die „Bilder, welche er davon in sich trägt, (...) seinen Lesern zur

In seinem bekanntesten Buch „Der Vetter aus Schwaben" hielt Johannes Nefflen seinen Landsleuten den Spiegel vor.

Unterhaltung in den Beobachter hineinzuzeichnen, wie er es
schon oft gethan hat, und hat er das Malen gelernt, so will er
auch eine frische Farbe dazugeben, daß es recht ergötzlich
wird zum Anschauen." Solche Bilder finden sich in Form von
Anekdoten, Erzählungen und Vorabdrucken aus einem Buch,
das Nefflen den Spitznamen eintrug, aus dem „Vetter aus
Schwaben". Nefflen hat es sich auch als verantwortlicher Redakteur nicht nehmen lassen, immer wieder die Behörden
aufs Korn zu nehmen. Der für ihn verhängnisvolle Beitrag erschien am 2. Februar 1837 im „Beobachter" in der Rubrik „Feierabend" unter dem Titel „Der Temperatur-Wechsel auf dem
Sicherheits-Bureau". Das Stück beginnt folgendermaßen:
„In Kronsgart, das ist die Hauptstadt im Lande G'hügelesien,
die da lieget am Gewässer von den Quellen des Hungerbrun-
nens im Thale Bohmia, – in dieser großen Stadt wacht und
waltet über Friede und Sicherheit ein Ordnungshauptmann
mit drei Lieutenants und einem Wachtmeister Tag und Nacht,
Sommer und Winter; da ist kein Ansehen der Zeit und ihrer
Herrschaft, nur Ordnung und Sicherheit ist das zu lösende
Problem der Dienstpflicht.
Der Hauptmann, ein mit Kunst und Studium, ohne alles Talent, zur dienstgemäßen Verschlagenheit heran gebildeter
Mann, zeigte stets großen Eifer und Muth an der Spitze seiner
Ordnungs-Cohorte, viele Lenksamkeit ohne Gewandtheit,
unbedingte Hingebung ohne Takt, eine Gewissenhaftigkeit,
oft räthselhaft durch ihre Neigungen zu einer vielseitigen Ac-
comodation; – dieser Ordnungs- und Friedenswächter fällt
unerwartet in Ungnade bei dem Civil- und Militair-Gouver-
neur, der in der wachsenden Empirie, wie in der mehr u. mehr
praktisch hervortretenden philosophischen Speculation der
Fingerlange, einer großen geheimen Erwerbs-Sekte, die pro-
phylaktische Tüchtigkeit seines Hauptmanns unzureichend
finden wollte.

Er wird, was der Verbannung gleichkommt, als Maas- und Gewichts-Rath, als Provinzial-Spediteur in die Hafenstadt Preisburg versetzt."

Der heutige Leser vermag sich schwerlich vorzustellen, was an diesen Zeilen so verwerflich gewesen sein sollte; der zeitgenössische jedoch, entdeckte in „Kronsgart" leicht Stuttgart und hinter dem „Ordnungshauptmann" mit den „drei Lieutenants" den königlichen Stadtdirektor von Stuttgart, nachmaligen „Regierungs-Vicedirektor" zu Ludwigsburg von Klett und drei uns namentlich nicht bekannte Oberkommissare. Was zu befürchten war, trat ein: Nefflen wurde wegen Mißbrauchs der Presse angeklagt, obwohl ihm die Urheberschaft des Artikels nicht nachzuweisen war. Als Autor war „Freiherr A. R. M. von Eisenfeld-Lempach, einer der originellsten Dichter neuester Zeit" und „Verfasser dieser Novelle" angegeben. Doch als verantwortlicher Redakteur des „Beobachters" mußte Nefflen dafür geradestehen. Auch wenn er die Autorenschaft abstritt, die Art und Weise des fraglichen Beitrags hat schon ein kräftiges „Nefflen-Gschmäckle".

Doch es sollte noch schlimmer kommen: Im Rahmen der Voruntersuchung berichtet der Marbacher Oberamtsrichter Strohschüz an den „Criminalsenat des Königlichen Gerichtshofes", er habe bei der Anlage einer Vermögensaufstellung vom Oberamt Marbach einige Unrichtigkeiten in Beurkundungen entdeckt.

Am 11. Mai 1837 wurde Johannes Nefflen verhaftet. Der „Beobachter" meldet die Verhaftung seines verantwortlichen Redakteurs zwei Tage später: „Stuttgart, den 11. Mai. Heute Nachmittag wurde der Redakteur des Beobachters, Herr J. Nefflen, von K. Kriminalamt dahier verhaftet. Die Gründe dieser Maaßregel, welche uns bis jetzt unbekannt sind, wird derselbe als ein Freund der Oeffentlichkeit, so weit es von ihm abhängt und sobald es ihm möglich ist, seinen Lesern mittheilen." Vor dem Esslinger Kriminalsenat wird ihm der Prozeß gemacht. Die anfänglich gegen ihn erhobene Anklage wegen Mißbrauchs der Presse verlor im Laufe des Prozesses an Bedeutung. Es kamen andere Dinge zum Vorschein, die allerdings weit über zehn Jahre zurücklagen. Im Jahre 1823/24 hatte Nefflen zum Aufbau seines landwirtschaftlichen Betriebs in Pleidelsheim dreimal ein Darlehen aufgenommen. In allen Fällen hatte er bei seinen Gläubigern geschickt den Eindruck erweckt, als seien die Darlehen durch Verpfändung von Grundstücken gedeckt. Die fraglichen Schuldurkunden entsprachen wohl nicht der vorgeschriebenen Form. In einem Fall war das in Frage kommende Grundstück bereits teilweise belastet. Die Beträge waren längst alle ordnungsgemäß mit Zinsen zurückgezahlt worden und niemand dadurch ein Schaden entstanden. Das Gericht mußte ihm bescheinigen, alle Anleihen seien ja nur zur Besserung und Vermehrung seines landwirtschaftlichen Betriebs, zum Ankauf neuer Güter oder zur Tilgung anderer Schulden aufgenommen worden.

Sicherlich: ganz sauber waren die Geschäfte wohl nicht, die der Pleidelsheimer Schultheiß damals tätigte, doch ob es tatsächlich so schwerwiegende Verbrechen waren, als die sie hingestellt wurden, muß bezweifelt werden; der ursprüngliche Anklagepunkt aufgrund des Verstoßes gegen das Presserecht war kaum noch bedeutsam. Es ist durchaus möglich, daß diese Ungereimtheiten, die schon recht lange zurücklagen, den willkommenen Anlaß lieferten, einen unbequemen, aber redlichen Volksvertreter endlich mundtot zu machen. Ja, Friedrich Römer, Nefflens politischer Gesinnungsfreund, sprach offen von einem „Justizmord". Nicht gerade strafmildernd wirkte auch noch die erst wenige Jahre zuvor abgesessene Strafe.

Wenn es nur auch diesmal so glimpflich abgegangen wäre.

Am 6. Mai 1839, dem Tag der Urteilsverkündung, war Justitia Nefflen nicht mehr günstig gewogen: 20 Monate Festungshaft auf dem Hohenasperg aufgrund von „betrügerischer Credit-Erschleichung" und Fälschungen. Am 13. September des gleichen Jahres schlugen hinter dem nun 49jährigen wieder einmal die schweren Türen der Strafanstalt Hohenasperg ins Schloß. Nefflens Traum von einer neuen Existenz in Hessental war ausgeträumt. Seine Frau Sophie Caroline war nicht imstande, das noch mit Schulden belastete Gut alleine zu unterhalten; hinzu kamen die sicher nicht gerade niedrigen Gerichtskosten. Am 11. Dezember 1839 ging das Gut für 21 000 Gulden an einen Stuttgarter Käufer. Lediglich die „Krone" behielt Nefflens Frau und bewirtete das Lokal, wohl zusammen mit den zwei ältesten Töchtern, der 23jährigen Auguste Wilhelmine und der 18jährigen Marie Luise; auch die zwei jüngsten Kinder Paul Hermann und Wilhelm Adolf lebten damals noch bei der Mutter. Der 16jährige Sohn Karl besuchte das theologische Seminar, der 15jährige Gustav Louis und der 13jährige Heinrich Albert die höhere Schule in Hall. Die anderen sieben Kinder des Ehepaars Nefflen waren alle bereits früh verstorben.

Der Vater Nefflen hatte also wieder auf seinem „Oelberge" Platz genommen und mußte auch noch für die gesamte Haftzeit „vollen Kostenersatz leisten". Zu Hause wurde er dringend gebraucht, so daß seine Gattin am 21. September 1840 eine Eingabe mit Bitte um Begnadigung und Erlaß der restlichen Strafe vorlegte. Sie erreichte jedoch genausowenig wie Tochter Wilhelmine mit ihrer Eingabe vom 12. November des gleichen Jahres und der Bitte, wenigstens die „zwanzigmonatliche Festungs-Strafe in FestungsArrest" umzuwandeln: „Da jedoch Seine Königliche Majestät vermöge höchster Entschliessung vom gestrigen Tage die Bittstellerin mit diesem Gesuche abzuweisen befohlen haben; so erhält der Senat unter Bezugnahme auf den Ministerial Erlaß vom 2. Oct. d. J. den Auftrag, solches derselben, sowie ihrem Vater eröffnen zu lassen." Nefflen mußte die volle Haftstrafe absitzen. Zur gleichen Zeit verbüßten etliche, die mit der Koseritzschen Militärverschwörung zu tun hatten, auf dem „höchsten Berge Württembergs" ihre Strafe. So etwa der Buchhändler Gottlob Franckh oder ein Mörike-Freund, der Komponist Ernst Friedrich Kauffmann, der sein Klavier mitnehmen durfte. Ob die Lebensverhältnisse für den ehemaligen Pleidelsheimer Schultheißen auch so rosig waren, wie sie ein anderer Gefangener aus den vierziger Jahren, Gustav Diezel, beschreibt, ist nicht bekannt: „Die dumpfigen Kerker sind größtenteils verschwunden und den Gefangenen werden geräumige Zimmer angewiesen, in denen sich alle Bequemlichkeiten des Lebens zu verschaffen nach dem Gesetze niemand verwehren kann. So fing ich den Tag damit an, daß ich mich in das meinem Fenster gegenüberliegende Wirtshaus verfügte. Die artige Tochter des Hauses, mit weißem Teint, schwarzen Haaren, schwarzen lebhaften Augen, kam mir im Morgenanzug schalkhaft kokettierend entgegen."

Nefflen fand während der Haft auf dem Asperg immerhin Gelegenheit, die zweite Auflage seines bekanntesten Werkes „Der Vetter aus Schwaben" fertigzustellen. Die erste, bereits 1837 in Stuttgart in einer Stückzahl von 2500 Stück erschienene Auflage, war innerhalb von knapp zwei Jahren vergriffen gewesen. Nach diesem großen Erfolg verlangte das Werk geradezu nach einer zweiten Auflage, die Nefflen gegenüber der ersten etwas erweiterte. Die Vorrede zu dieser neuen Ausgabe datiert er auf den 25. Dezember 1839 mit der Ortsbezeichnung „Herrenberg bei Ludwigsburg". Nun ist Herrenberg beileibe nicht in der Nähe Ludwigsburgs gelegen, was nur den Schluß zuläßt, daß mit Nefflens „Herrenberg" der Asperg gemeint ist.

Der „Vetter aus Schwaben" ist eine Sammlung von vorwiegend in schwäbischem Dialekt verfaßten Dialogen, die sich oft im dörflichen Milieu, das Nefflen ja in- und auswendig kannte, abspielen oder deren Hauptfigur vom Land kommt. Nefflen wollte damit seinen Landsleuten einen Spiegel vorhalten, „wie Du leibst und lebst, wie Du allein bist, oder bei Deinem Weib und Deinen Kindern, zu Haus, bei einer Taufe, Hochzeit, Mezzelsuppe, oder sonst bei einer Feierlichkeit; auch wie Du bist auswärts, auf dem Markt, auf dem Rathhaus oder in der Amtsstube; kurz wie Du denkst und sprichst."

Der Amts- und Titeldünkel wird satirisch vorgeführt, wie in der „Frauenvisite", in welcher etwa Frau Gerichts-Notariats-Amts-Verweser mit Frau Speziälin Hochwürden oder der Frau Pfandhülfsbeamtin beim Kaffeeklatsch über dies und das und vor allem über Dinge reden, von denen sie etwas zu verstehen glauben und ihre „ohne-Vers-Aal-Bildung" zum besten geben. Sie reden über den „Bann Kühe Rothschild", über „fühl o Sophie", von Bekannten, die auf der „Sohle diet" waren oder über „O Vieh zieh Aelles". Ja, selbst von David Friedrich Strauß' „Das Leben Jesu" ist bei Kaffee und Kuchen die Rede: „Strauß freilich, das ist gegenwärtig ein angefochtener Name, leider! ich kann auch gar nicht begreifen, wie der Strauß dazu kommt, so etwas zu schreiben; er behauptet ja gewiß, die ganze Mythologie sey nicht wahr, und sey nur von Jesus erfunden worden. Das ist freilich arg, aber ich kann ihm doch nicht böse seyn, denn seine Glockentöne sind doch einzig schön."

Die Dialoge wechseln mit kurzen Prosaerzählungen, mit Kalendergeschichten, in denen Nefflen Johann Peter Hebels Kalendergeschichten aus dem „Schatzkästlein des rheinischen Hausfreundes" sehr nahe kommt, wenn er etwa vom „Bauer im König von England" erzählt oder von einem Soldat, der in der Not einen „glücklichen" Einfall hat:

„Ein Soldat, ein Würtembergischer, steht mit Ober- und Untergewehr zwischen Ludwigsburg und dem Osterholz, und hütet zwei Galioten, denen das Hüten etwas widerwärtig war, denn sie schämten sich, weil sie schon in den Zwanzig waren, also ganz allein laufen konnten, auch ausweisen einem Wagen, so gescheid waren sie schon. In dieser Unzufriedenheit geht Einer von ihnen hinter den nächsten Baum, und will Etwas thun, was der Soldat nicht verhüten darf. Der Soldat meint auch, er wisse schon, was der Galiot hinter dem Baum wolle, und gibt desto mehr Acht auf den, der noch arbeitet. Doch bald sieht er den Galioten nicht mehr hinter dem Baum, er sieht weiter hinaus und wird mit Schrecken gewahr, daß der Galiot davon springt, so geschwind wie ein Reh, und schon außerem Schuß ist. Jezt denkt der Soldat an sich, und an seine Strafe, und was zu thun sei? Springst du ihm nach, so geht der da auch zum Teufel, und dann verlierst Zwei. Das Kürzste ist, du schieß'st den nieder, der bei dir geblieben ist, den hast dann gewiß und den andern kannst vielleicht noch kriegen. Gesagt, gethan. Der Soldat schießt auf den Galioten, der an nichts denkt, als an den Stein, auf den er klopft. Er purzelt um, und steht nicht wieder auf. Den Andern holt er ein. Zwei Metzgerbursche, die unterwegs waren, mußten ihn helfen fangen. Und so hat er Beide wieder gekriegt. Was aber der Soldat für eine Belohnung erhalten hat, wissen wir nicht genau, doch so viel, er sei nicht damit zufrieden gewesen."

Mit seinem ersten und gleichzeitig auch noch heute bekanntesten Werk „Der Vetter aus Schwaben" begann die Reihe von Nefflens literarischen Publikationen, nicht mehr nur in Zeitungen, sondern nun auch in Buchform. Während Nefflen noch auf dem Asperg büßte, erschien 1840 das dünne Bändchen „Der Coburger Sechser. Eine höchst schauerliche Begebenheit des neunzehnten Jahrhunderts" und 1841 seine „Gedichte für das Volk".

Wenn der „Schwabenvetter" mit seinen Dialogen und Kalendergeschichten mitunter Meisterhaftes schuf, so war das Verseschmieden nicht gerade sein Metier. Das empfanden auch seine Leser: die Gedichte waren kein großer Erfolg. Die Handschriften für einen zweiten Gedichtband, der wohl schon bei der Niederschrift des ersten geplant war, gingen verloren.

Am 13. Mai 1841 winkte dem auf seinem „Oelberg" Inhaftierten die Freiheit. Mit 3 Gulden und 44 Kreuzern in der Tasche zog er wieder heim zu Frau und Kindern nach Hessental. Aus den folgenden Jahren ist nicht allzu viel über den durch die zwanzigmonatige Haftzeit doch sehr mitgenommenen Nefflen bekannt. Vom 1. April 1842 bis 31. Dezember 1843 gab er von Hessental aus unter dem Namen „Schwäbischer Hausfreund" das „Haller Wochenblatt", später „Haller Tagblatt" heraus, für das er wieder eifrig dialogische Szenen aus dem Volksleben, wie wir sie aus dem „Vetter aus Schwaben" kennen, beisteuerte. Zwei von diesen Szenen erschienen 1843 separat unter dem Titel „Unkraut und Pech oder die Gemeinderathswahl in Durchbruchhausen" und weitere im 1845 veröffentlichten „Orgelmacher aus Freudenthal in seiner guten Kameradschaft mit dem Vetter aus Schwaben". Der „Orgelmacher" ist dem „Vetter" in seinem Aufbau mit Dialogen, vermischt mit kürzeren Prosaerzählungen oder Rätseln sehr ähnlich; was neu hinzukam, waren ein kurzes Schauspiel unter dem Titel „Weibersturm zu Nebelfingen" und Lieder mit Notenbeigaben, die möglicherweise ebenfalls von Nefflen stammen. Die zweite Auflage des „Orgelmachers" von 1847 war auch die letzte Veröffentlichung Nefflens in seinem Heimatland. Nach der Übersiedlung nach Amerika publizierte er 1850 in Philadelphia sein letztes, bislang in der Literatur unbekanntes Werk „Der krumme Philipp, oder sein Schatzkästlein für lebensfrohe Weltkinder, zur erbaulichen Unterhaltung". Auch August Holder, Verfasser der „Schwäbischen

Dialektdichtung", der mit seiner Neuausgabe der Werke Nefflens 1888 und 1890 sicher Verdienstvolles geleistet hat, war das Bändchen unbekannt.

Holder, der noch mit Nefflens 1889 verstorbenem Sohn Adolf bekannt war, hat in seinen 1888 erschienenen „J. Nefflen's Werken" und vor allem im Ergänzungsband „Schwäbischer Feierabend" einige Texte zum erstenmal veröffentlicht und andere, bislang nur in Zeitungen wie dem „Beobachter" erschienene, erneut publiziert. Ein Vergleich mit den Originalbeiträgen ergibt, daß Holder teils erhebliche Eingriffe in die Texte vorgenommen und sie an einigen Stellen von Derbheiten „gereinigt" hat. Texte aus dem „Orgelmacher" oder dem „Vetters aus Schwaben", die seiner Ansicht nach nur „vorübergehenden Wert" hätten, wurden gar nicht erst aufgenommen. In der von Emil Klein erstmals illustrierten Ausgabe des „Vetter aus Schwaben" von 1904 – der insgesamt 4. Auflage – wurde versucht, Holders „Reinigungen" wieder rückgängig zu machen und Nefflens bekanntestes Werk „nahezu unverkürzt" dem Leser zu übergeben. Aber auch diese Ausgabe von 1904 liefert nicht exakt den von Nefflen in Druck gegebenen Text des „Vetters aus Schwaben".

Im Jahre 1845, als der „Orgelmacher" erstmals erschien, traf die Familie Nefflen ein sehr schwerer Schicksalsschlag: am 11. März starb Sophie Caroline, die Ehefrau und Mutter, die ihm über dreißig Jahre lang treu zur Seite gestanden hatte. Im Jahr darauf verkaufte Nefflen den noch verbliebenen Hessentaler Besitz mit Verlust und zog nach Heilbronn. Die zwanzigmonatige Haft auf dem Hohenasperg, der Verkauf des ihm noch verbliebenen Besitzes und der Tod seiner Frau hatten den „Schwabenvetter" zermürbt, aber nicht gebrochen. Als Betreiber eines Kommissionsgeschäfts nahm „Papa Nefflen", wie er nun gern genannt wurde, sich den Unterdrückten und von den Gerichten Verfolgten an, denen er zu ihrem Recht zu

verhelfen suchte. Aus dem erfolgreichen, vom König ausge-
zeichneten Schultheißen, dem liberalen Landtagsabgeordne-
ten, dem erfolgreichen Volksschriftsteller war ein Winkel-
advokat geworden. Seine unbequeme Haltung und seine
Aufmüpfigkeit der Obrigkeit gegenüber hatte ihm trotz der
schweren Rückschläge niemand nehmen können: Im Jahre
1846 gründete er einen demokratischen Verein und belieferte
die 1842 gegründete Zeitung „Neckar-Dampfschiff", deren
politische Tendenz in den Revolutionsjahren klar zutage
trat, mit Beiträgen. Das Blatt war radikal-demokratisch und
auch sozialrevolutionär oder – um mit einem Wort Friedrich
Heckers zu sprechen – sozial-demokratisch. Das Neckar-
Dampfschiff postulierte eine Veränderung im politischen und
gesellschaftlichen Bereich.

Ende März 1848, wenige Wochen nach dem Übergreifen der
Revolution von Frankreich auf Deutschland, entstand in Heilbronn ein „Vaterländischer Verein für Ruhe, Ordnung und
bürgerliche Freiheit". Ihm gehörten der kurz darauf in die Nationalversammlung gewählte Louis Hentges an, ebenso Ludwig Pfau, August Bruckmann und andere demokratisch gesinnte Bürger der Stadt. Auch Johannes Nefflen finden wir in
der Liste der Vereinsgründer. Zusammen mit dem Apotheker
Mayer und dem Buchdrucker August Ruoff, der einige Jahre
zuvor das „Neckar-Dampfschiff" gegründet hatte, zählte
Nefflen zum republikanischen Flügel des Volksvereins. Über
diese Vereinsmitglieder schrieb der Oberamtmann und Regierungsrat von Mugler in einem Bericht an die Regierung:
„Sie sind entschiedene Republikaner und suchen ihre
Grundsätze in Schrift und Rede geltend zu machen, ohne jedoch – wenigstens so weit mir bekannt ist – zu gewaltsamer
Auflehnung gegen die bestehende Ordnung aufzufordern,
ohne also zureichenden Anlaß zu geben, ein strafrechtliches
Verfahren gegen sie einleiten zu können."

Ins Visier des Heilbronner Oberamtmannes geriet Johannes Nefflen, als er im „Neckar-Dampfschiff" einen Artikel veröffentlichte, in dem er die bestehenden Verhältnisse und die Obrigkeit in ähnlicher Weise attackierte, wie er es schon früher im Oberamt Marbach getan hatte. Bei der großen Versammlung am 10. September 1848 auf dem Heilbronner Exerzierplatz gehörte Nefflen als Leiter der Versammlung zur Prominenz. Neben den führenden Heilbronner Demokraten traten damals auch Theobald Kerner aus Weinsberg und Gottlieb Rau aus Gaildorf als vielbeachtete Redner auf. Kerner und Nefflen, die wenig später, wie auch die anderen Hauptredner der Versammlung, steckbrieflich gesucht wurden, entzogen sich der drohenden Verhaftung durch Flucht nach Straßburg. Eine erneute Haft auf dem Hohenasperg blieb Nefflen so erspart. Die besagte vieltausendköpfige Versammlung hatte er mit den Worten geschlossen: „Gebt Gott, was Gottes ist, dem Volk, was des Volkes ist, und was noch übrig bleibt, den – gnädigen Herren!"

Literatur

Gaese, Heinrich: Johannes Nefflen. In: Lebensbilder aus Schwaben und Franken. Herausgegeben von Max Miller und Robert Uhland. Band 7. Stuttgart 1960, S. 198–213.

Ders.: Johannes Nefflen, Schultheiß von Pleidelsheim. In: Hie gut Württemberg 7 (1956), S. 27–28 und S. 37–38.

Ders.: Johannes Nefflen – als Abgeordneter im Württembergischen Landtag. In: Hie gut Württemberg 7 (1956), S. 70–71 und S. 74–75.

Ders.: Johannes Nefflen als Volksschriftsteller. In: Hie gut Württemberg 8 (1957), S. 5–6 und S. 14–15.

Holder, August: Geschichte der schwäbischen Dialektdichtung mit vielen Bildnissen mundartlicher Dichter und Forscher. Heilbronn 1896 (darin S. 114–122).

Reck, Alexander: Johannes Nefflen und die Presse. In: Hie gut Württemberg 49(1998), Nr. 3 und Nr. 4.

Uwe Albrecht

Ein Zoobesitzer hinter Gittern: Der Affen-Werner von der Sophienstraße

Manch nachdenklicher Besucher eines Tiergartens mag sich ja ab und an schonmal die Frage gestellt haben, wer denn eigentlich wen beobachtet: der Zoobesucher die Insassen des Käfigs oder vielleicht die Insassen die Besucher? Gustav Werner, der Cafetier und Zoobesitzer, von dem hier die Rede sein soll, hat sicherlich nicht einmal in seinen kühnsten Träumen daran gedacht, daß er einen Käfig einmal von innen betrachten würde – als Bewohner.

Am Morgen des 20. Januar des Jahres 1851, als in Rottweil der bis dahin größte Hochverratsprozeß im Königreich Württemberg begann, befand sich Gustav Werner unter den zwölf mutmaßlichen Hochverrätern in „Gefängnissen welche von Außen einen nicht sehr geschmackvollen Anblick gewähren, Menageriebehältern nicht unähnlich sind" und für ein „Wintersemester für reißende Tiere bestimmt" zu sein schienen. In einem derartigen Gefängnis sah der Zoobesitzer einem ungewissen Schicksal entgegen.

Was war geschehen, daß der Wirt des von allen Ständen Stuttgarts besuchten Wirtschafts- und Tiergartens in der Sophienstraße 35, im Volksmund „Affen-Werner" genannt, 13 Monate seines Lebens in Gefangenschaft auf der Festung Hohenasperg verbrachte und während des Hochverratsprozesses in Rottweil selbst drei Monate ein Dasein in einem „Menageriebehälter" fristen mußte, durch dessen Pfahlwände es „nicht einmal möglich wäre, dem Elephanten eine Flasche Rum, dem Affen einen Apfel, und dem Tiger eine Kußhand zuzuwerfen, viel weniger die Thiere selbst in ihrer natürlichen Gestalt zu erblicken".

Gustav Friedrich Werner, zwar im Jahr 1809 in Stuttgart geboren, aber dann unter die Fittiche eines Präzeptors „einer
kleineren aber guten Lateinschule" nach Nürtingen gegeben,
„um ihn der grossen Zerstreuung einer Wirthschaft, welche
der Kindererziehung nicht immer die rechte Richtung zu geben erlaubte, zu entrücken", durchlebte nach seiner Konfir-
mation in einem Gasthof und einem Hotel in Neuchâtel in der
französischen Schweiz die üblichen Lehr- und Gesellenjahre,
die ja bekanntermaßen meist keine Herrenjahre sind. Sein
Werdegang verlief jedoch keineswegs geradlinig. Sein leiden-
schaftliches Interesse für die Tierwelt bereitete ihm schon in
früher Kindheit manche Schwierigkeiten.
Die Mutter war ob seiner Begeisterung „über die Fische im
Meer und über die Vögel unter dem Himmel und über das
Vieh und über alles Getier, das auf Erden kriecht", immer
schon besorgt. Es war ihr deshalb nur recht, daß sein strenger
Nürtinger Präzeptor dem kleinen Gustav jegliches Halten von
Tieren verbot. „Allein die Liebe – auch zu der Thierwelt –
macht erfinderisch", und um seiner Leidenschaft und Liebhaberei, was das Objekt der Begierde auch immer sein mag,
zu frönen, findet man schließlich als Kind immer einen Weg,
und so fand ihn Gustav Werner. So erzählte man sich, daß der
kleine Gustav ein von seiner Mutter geschenktes „prächtiges
blechernes lackirtes Schreibfederrohr", ungeachtet seines
Wertes und seiner eigentlichen Bestimmung, kurzerhand zu
einer tragbaren mit Luftlöchern versehenen und mit Lein-
wandstückchen gepolsterten Unterkunft für seinen kleinen
Kameraden, eine ihm von einem „Conservator des Naturali-
enkabinetts" überlassene weiße Maus, umgebaut hatte, damit
er ihn vor seinem nichtsahnenden Präzeptor und seinen Mit-
schülern versteckt, immer unbemerkt bei sich haben konnte.
Von allem Getier lagen die „Vögel unter dem Himmel" dem
Schüler besonders am Herzen. Der Forscherdrang führte ihn

einmal gar auf einen „Thorturme in Nürtingen", auf dem er Störche „in ihrer ersten Entwicklung" beobachten wollte. Dabei „kümmerte er sich weder um das Angstgeschrei der auf der Straße stehenden alten Weiber, noch um das Geklapper der herbeieilenden alten Störche".

Das von Gustav Werners Eltern gegründete Café mit Wirtschaftsgarten wurde nach dem frühen Tod des Vaters von der Mutter bis 1831 geführt. Danach übernahm Gustav das elterliche Lokal und richtete im Wirtschaftsgarten eine kleine Tierhaltung ein; bis zu einem zoologischen Garten – seinem Lebensziel – war es noch ein weiter Weg.

Schon Jahre bevor exotische Tiere, wie Papageien, Affen und Löwen Werners zoologischen Garten bevölkerten, hatte er sich mit der Zucht und Abrichtung der zur damaligen Zeit sehr beliebten Ulmer Doggen und Bulldoggen einen Namen gemacht und war deshalb als „Hunde-Werner" stadtbekannt.

Im Jahr 1840, als sein älterer Bruder aus der Fremde zurückkehrte, übergab ihm Gustav Werner das elterliche Geschäft und gründete in Stuttgarts Sophienstraße mit einem Wirtschaftsgarten sein eigenes Unternehmen. Erste Bewohner im Zoo waren Vogelarten wie Tauben, Fasanen und Pfauen, dazu exotische Vögel wie Kanarienvögel, ein Papagei, Loris, Aras und ein „gelbhäubiger" Kakadu.

Ein Teil des Gartens war überdacht. Die Tiere befanden sich teilweise in Käfigen und Volieren, teils liefen sie frei und „unterhielten" die Gäste. Als Werner dann noch den Affen „Prinz Schmudi von Java" erwarb, entwickelte sich das Café G. Werner bald zum Anziehungspunkt für groß und klein, vor allem für die Kinder der Stuttgarter Schulen. Schon am Eingang des Lokals war zu sehen, daß man hier kein gewöhnliches Café besuchte. „Am Hauseingang prangte als wirkungsvoller Auftakt neben einem malerischen Firmenschild ›G. Werners Zoologischer Garten, natura artis magistra‹ ein aus Drahtgeflecht und Rebengewinde dargestellter großer Affe mit einer schwarz-roten Fahne während an dem inneren Zugang ein ganz martialisch aussehender, außergewöhnlich großer Pudelhund in ernster Würde Posten stand und ein großer Rabe grammophonartig ein ›herein Jakob‹ krächzte."

Doch bald schon zogen sich dunkle Wolken über dem Idyll des Wernerschen Tiergartens zusammen, als die 48er-Revolution begann und Gustav Werner zu einem der Akteure im Kampf für demokratische Freiheit und Republik wurde. König Wilhelm I. hatte am 9. März 1848 das liberale „Märzministerium" unter Friedrich Römer eingesetzt, das rasch einige der lang ersehnten Rechte wie Versammlungsfreiheit gewährte, Volksbewaffnung beschloß und den Landtag zu einem ersten Schritt bei der Aufhebung der grundherrlichen Besteuerung, wie dem „Zehnten", veranlaßte. Der bisherige Landtag wurde aufgelöst und Neuwahlen festgesetzt. Der sogenannte „Franzosenlärm" vom 24. März – es ging in Stuttgart das Gerücht um, daß marodierende und plündernde französische Arbeiter in Baden und Württemberg eingefallen seien – führte zur schnellen Gründung der Bürgerwehr, die aus „6 Bannern" bestand: „ein Schützenbataillon, Bürgerartillerie und ein Freikorps der Turner, Polytechniker und Kaufleute". Der erwartete Franzoseneinfall blieb freilich aus.

Das Café Werner als „Hort der Freiheit"

Die Demokraten konstituierten sich am 4. April im Lokal von Gustav Werner, als „förmlicher politischer Club mit demokratischer Tendenz". Weshalb gerade das Café Werner als deren Versammlungslokal auserkoren wurde, ist unklar. Sicher ist jedoch, daß Gustav Werners Sympathie seit Anfang März, neben seinen Tieren, auch der Sache der Revolution galt. Denn „während er vor dem März 1848 an Nichts Freude hatte, als

Der „Wernersche Tiergarten" – zu sehen ist der überdachte Wirtschafts-garten mit Käfigen und Volieren im Hintergrund. Links im Bild mit einem Bären an der Kette steht Gustav Werner.

an Waffen und an Thieren, riß ihn die Freude an der Bürger-wehr in den Strudel der Bewegung hinein". Man erzählte sich aus jenen Märztagen auch später noch manche Geschichte in Stuttgart, die Gustav Werner und seine Freude an derben Späßen betraf. So habe er „auf dem Marktplatze in Stuttgart (...) als er Kartoffeln einkaufte, den zähen Verkäufern mit Hecker und Struve gedroht, die ihnen die Kartoffeln schon wohlfeil machen werden".

„Eine Vereinigung junger königstreuer und vaterländisch ge-sinnter Männer", die Stammgäste seines Cafés waren, habe er auf unsanfte Weise mit den Worten „Raus ihr schwarzen See-len" des Lokals verwiesen. Das Café G. Werner soll dadurch so in Verruf geraten sein, daß allen „Jüngern des Mars mit ihren Bräuten" verboten wurde, sich dem Lokal Werner auch nur zu nähern. Sein roter Papagei soll „Hecker hoch!" ge-krächzt haben.

Bei den Wahlen zum Wahlkomitee des „Vaterländischen Vereins" für die Nationalversammlung und zum Zentralkomitee vom 4. April bis 15. April in Stuttgart obsiegte die „liberal-konstitutionelle" Seite. Von 30 Mitgliedern des Wahlkomitees kamen nur fünf von den Demokraten, und bei der Wahl zum Zentralkomitee erhielt die Linke gar nur ungefähr 7 Prozent der Stimmen; darin waren auch die 286 Stimmen für Gustav Werner enthalten, der für die Demokraten kandidierte, was trotz des mageren Ergebnisses für einen Mann recht erstaunlich ist, von dem es hieß, daß er sich „mit der Politik (...) vor dem Jahre 48 so wenig abgegeben habe, daß er nicht einmal zur Gemeinderatswahl ging".

Über die Frage der Staatsform kam es dann im Sommer 1848 zum endgültigen Bruch zwischen dem Hauptverein und den „linken" Demokraten, die sich allein der Demokratie und Volkssouveränität verpflichtet sahen, während sich die Mehrheit des Vaterländischen Hauptvereins auf die konstitutionelle Monarchie als künftige Staatsform einigte. Die Folge war, daß 56 radikale Demokraten am 7. Juli den Hauptverein verließen und sich wiederum bei Gustav Werner nun als „Stuttgarter Volksverein" konstituierten. Der Konflikt zwischen „Konstitutionellen" und „Demokraten" begann sich langsam aber sicher zu verschärfen. Schon im Sommer des Jahres 1848 wuchs in den Kreisen der radikalen Demokraten der Unmut über die im April gewählte Nationalversammlung. Es sollten in einer „zweiten Revolution" nun endlich weitere demokratische Rechte erstritten werden, vor allem für die bei der Aprilwahl mehr oder weniger übergangenen weiten Kreise der Kleinbürger und des vierten Standes.

Als dann im September bekannt wurde, daß Preußen am 26. August einen Waffenstillstand mit dem Kriegsgegner Dänemark abgeschlossen hatte, und die Nationalversammlung in Frankfurt diesem, nach anfänglicher Ablehnung, am

16. September nun doch noch zustimmte, bestand die Gefahr, daß die Lage außer Kontrolle geraten könnte. Volksversammlung reihte sich an Volksversammlung. In Stuttgart und anderen württembergischen Städten liefen die Leute auf den Straßen und in den Gasthäusern zusammen und diskutierten erregt die Beschlüsse. So heißt es in einem Augenzeugenbericht: „Durch die Aufregung seien auch die Wirthshäuser auf ungewöhnliche Weise angefüllt worden; deshalb seien auch zu Werner so viele Leute gekommen, daß sogar der Oehrn voll Leute gestanden, und man nur mit Mühe ins Haus habe gelangen können. Das Haus sei aber von Leuten angefüllt gewesen, die Liederlichkeit und Schlechtigkeit für Freiheit hielten; (...) als ihm [Werner] aber die Leute Messer, Gabeln und Teller, Hut und sogar seinen Papagei gestohlen hatten, sah er ein, daß er sich verrechnet hatte."

Einer der Wortführer der nun einsetzenden „September-Revolution" war Gottlieb Rau. Der glücklose Glasfabrikant aus Gaildorf hatte sich schon geraume Zeit bevor er zum Revolutionär wurde für die Belange seiner Arbeiter und für „sociale Principien" eingesetzt. Neben einer zweifellos herausragenden rhetorischen Begabung und einer gehörigen Portion Charisma war Rau auch von dem Glauben an eine von ihm zu erfüllende, geradezu biblisch anmutende Mission beflügelt. Er habe, heißt es, bereits „im Jahre 1846 das Licht gesehen (...), das einer Reihe von Männern der alten Welt erschienen ist!"

Durch dieses Erweckungserlebnis glaubte er, einem alttestamentarischen Propheten gleich, auserwählt zu sein, die Lage im Lande hin zu einem auf christlich-sozialistischen Grundsätzen beruhenden Staate zu wenden, in dem Monarchie und Feudalherrschaft, die er als zutiefst heidnisch bezeichnete, keinen Platz mehr haben sollten.

Am 22. Juni 1848 gründete Rau in Stuttgart zusammen mit

Gesinnungsgenossen den „Demokratischen Kreisverein", der sofort unter Beobachtung stand und schon am 12. Juli, unter dem Verdacht, den Staat im kommunistischen Sinne umgestalten zu wollen, verboten wurde. Im September fanden in Gaildorf, in Heilbronn, Cannstatt, Esslingen, Stuttgart und Rottweil große Volksversammlungen statt. Dabei sprach sich Rau für die demokratische Republik als die einzige für Deutschland genehme Staatsform aus und setzte sich vehement für die Absetzung der Nationalversammlung und für Neuwahlen ein.

Diese „Lichtgestalt" Gottlieb Rau muß auch Gustav Werner in seinen Bann gezogen haben. Als die staatlichen Stellen durch ihre Spitzel davon erfuhren, daß Gottlieb Rau eine „republikanische Schilderhebung" plane, fanden am 23. September in Raus Stuttgarter Quartier ebenso wie bei anderen demokratisch Gesinnten Haussuchungen statt, so auch bei Gustav Werner. Der Polizist Ruoff habe „Werner in seinem Hause mit mehreren Herren an einem Tische sitzend gefunden". Sie „hätten Kugeln gegossen" heißt es in einem amtlichen Bericht. Behauptet wurde auch, daß „sich in Werners Haus Gäste von verschiedenen Gesinnungen und Farben versammelten, daß man Gewehre gefunden (...), wahrscheinlich weil er ein großer Jagdliebhaber sei (...)". Ein bei der Haussuchung gefundener Draht habe, so berichtet Werner selbst, „der Demonstration gedient, wie man bessere Barrikaden baue indem man Eisendraht über die Straße spannt um damit die Reiterei aufzuhalten. „Sein Vorschlag", so Ruoff weiter, „habe den Sieg davongetragen, und sein 47ger Wein, den er um damit aufzuräumen, zu einem wohlfeilen Preise ausgeschenkt, habe von da an nur noch der Barrikaden-Wein geheißen."

Als Rau am 24. September in Rottweil eintraf, um erneut eine Volksversammlung abzuhalten, war die Stadt mit roten Fah-

nen, Hecker-Bildern und republikanischen Insignien festlich
geschmückt. In seiner Rede vor ungefähr 4000 Gefolgsleuten,
Neugierigen und natürlich auch wieder den unvermeidlichen
Regierungsspitzeln, erklärte er vom Balkon des Hotels „Gaßner" herab die Republik als proklamiert.

Ein Flugblatt mit dem Titel „Mit Gott für das Volk", der Pro-
klamationsformel „Die Volkssouveränität ist hiermit feierlich
ausgesprochen" und sieben weiterer Forderungen wurde in
mehreren tausend Exemplaren gedruckt und in ganz Württemberg verteilt. Mit der sechsten Forderung „Alle wehrhaf-
te Mannschaft des ganzen Landes setzt sich in Bewegung nach
Stuttgart zu einem großen Volkstag, auf die Mitte dieser Woche, um seine Souveränität zur Geltung zu bringen" wurde
der per Akklamation der Volksversammlung gefaßte Be-
schluß zu einem Sternmarsch nach Cannstatt am Tag des
Volksfestes am 28. September verkündet. Rau verfaßte noch
ein weiteres Schreiben, das an die übrigen Oberämter Württembergs gerichtet war. Boten sollten diese Verlautbarung
Raus in die einzelnen Städte bringen. Einer dieser Emissäre
war Gustav Werner.

Gustav Werners Reise in die Oberämter

Werner sei nun in seiner Eigenschaft als Emissär „am 24. Sept.
Abends", so heißt es in den Schwurgerichtsblättern, auf die
Nachricht über den Stand der Dinge in Rottweil „zur Unterstützung des Rau'schen Unternehmens mit David Köhler und
Anderen in nähere Verbindung getreten (...) und in Folge einer im Werner'schen Caffeehaus getroffenen Verabredung –
wie Köhler nach Hall – so er noch in derselben Nacht bewaffnet und mit Schießbedarf versehen, zusammen mit dem Bür-
gerwehrmann Krehl nach Magstadt abgereist". Er sollte mit
dem Schreiben Raus in den Oberämtern Böblingen, Leonberg,

Herrenberg, Tübingen und Reutlingen möglichst viele republikanisch Gesinnte dazu bewegen, beim Marsch nach Cannstatt mitzuwirken. Der offizielle Grund der Reise Werners sei „Luftveränderung und Zerstreuung gewesen, und daß er so alterirt sei, daß ihm seine Gäste seinen schönen Hahnenbusch gestohlen. (...) Werner sagte, wir wollen überall einladen zu der großen Volksversammlung in Cannstatt, da wird es schön." Außerdem wollte er der Verhaftung ausweichen, so Werner wörtlich, „von der ich durch den Sohn eines bedeutenden Mannes Nachricht erhalten hatte, der mich auch von der bevorstehenden Haussuchung unterrichtet hatte, und den ich nicht nennen würde, wenn ich auch könnte. Ich befürchtete mit Grund, wenn meine Verhaftung in Stuttgart vor sich gehen würde so möchte es unter dem Proletariat zu Excessen kommen, und diese wollte ich nicht veranlassen."

Am 24. September abends verließ Werner sein Lokal in der Sophienstraße und zog zusammen mit Krehl nicht nach Wildbad auf „Badereise", sondern mit „Heckerhut", in „Heckerstiefeln" und mit Bewaffnung und Munition nach Magstadt. Dort kamen sie am 25. September um 3 Uhr morgens an. Werner und Krehl stiegen im „Adler" ab. Zeugen geben an, Werner habe erzählt, es komme ein Volkszug vom Oberlande nach Cannstatt, um daselbst seine Rechte, Wünsche und Beschwerden geltend zu machen. Den Magstädter Bauern habe er gedroht: „Wartet nur, ihr Bauern, der Hecker und der Struve kommen, die werden euch schon aus dem Schlaf aufwecken, daß ihr nicht mehr so lange in's Bett liegen könnt."

Am Morgen des 25. September nach der Abreise Werners und Krehls, soll vom Dorfschütz Eberle am „Denkstein des Rathauses ein Plakat angeschlagen gefunden" worden sein. Dieser habe es abgerissen und dem Schultheißen Lang übergeben, der es an das Oberamt sandte; dasselbe fing an mit den Worten „Gott und die Republik".

Werners Weg führte ihn weiter nach Weil der Stadt, wo er mit Krehl in der „Krone" haltmachte. „Den Kronenwirt Stotz habe er gefragt, ob die Bürgerwehr in Weil der Stadt schon organisirt sei und er habe nach den vorhandenen Gewehren gefragt und ob sich die Weil der Städter an der Cannstatter Versammlung beteiligen würden", was dieser bejahte.

In Herrenberg angekommen, war ihr erstes Ziel das Gasthaus „Rößle". Werner „traf daselbst Tische voll Bauern, denen er von der Cannstatter Versammlung erzählte (...). Er hätte ihnen ein aus Stuttgart mitgebrachtes Plakat" vorgelesen. Dem Stadtschultheißen gegenüber soll Werner „geäußert haben, der König solle verjagt werden, dann dürfe man keine Steuern mehr bezahlen". Er solle zum Zug nach Cannstatt aufgefordert haben und die „Vortheile der Republik Schweiz auseinandergesetzt, die sich durch eine tüchtige Bürgerwehr das stehende Heer erspare. Des Königs habe er nur rühmend erwähnt und namentlich angeführt, daß es keinen Fürsten in Deutschland gebe, der so viel für die Landwirthschaft gethan, wie unser König (...)."

Am 26. September reisten beide weiter nach Tübingen und Metzingen. Dort lieferte er „Büchse und Kugeltasche an einen guten Freund ab". Am 27. erreichte Werner Reutlingen, seine letzte Station.

„Mein Herr sie sind arretirt!"

In Reutlingen, berichtete ein Zeuge, habe er sich am „Bade" aufgehalten und sein „Erscheinen, sein Kostüm à la Hecker habe seine ganze Aufmerksamkeit auf ihn gezogen. Zum Zuge habe Werner niemanden aufgefordert. Am 27. vor Tisch (also ungefähr um 12 Uhr) habe man gewußt, daß das Unternehmen Rau's gescheitert sei."

Werner rechnete nun jeden Augenblick mit der Verhaftung

und schickte seinen Begleiter Krehl nach Stuttgart, „um zu erfahren, ob seine Verfolgung noch fortgesetzt werde oder nicht; dann hätte er gefragt, ob er nicht ein Fuhrwerk haben könne. Man möge ihm das Fuhrwerk vor die Spinnerei bringen (...) er sei eingestiegen und habe dem Postillion den Befehl gegeben langsam wegzufahren, daß es nicht auffalle. Als er nicht weit gekommen, seien ihm zwei Landjäger begegnet, die dann auch bald umgekehrt und der Chaise gefolgt seien. Werner habe einsteigen wollen, als er die beiden Landjäger erblickte, und deshalb bestürzt, rasch fragte ob es keinen Ausweg zu Flucht gebe. Es sei aber schon zu spät gewesen, denn beide Landjäger seien auf Werner zugeeilt mit dem Rufe: „ ›Mein Herr sie sind arretirt!‹" Werner sagte später selbst aus, „er habe auch zum Zwecke der Flucht das Fuhrwerk bestellt. Als er die Landjäger gesehen, habe er gedacht nur nicht verhaftet werden, denn gegen das habe er eine Antipathie. Hätte er übrigens eine ernstliche Absicht gehabt zu fliehen, so hätte er dazu die beste Gelegenheit gehabt vor dem Bade.

Obgleich seine Bedeckungsmannschaft um ein Drittel verstärkt worden, und Regierungsrath v. Linden selber dabeigewesen sei, so sei doch die Volksmenge so sehr angewachsen, daß sie die Pferde ausspannen konnte, und Herr v. Linden sich veranlaßt gesehen, die Landjäger anzufordern, von ihren Waffen Gebrauch zu machen; und einer derselben habe sein Doppelgewehr zum Kutschenschlage hinausgehalten und gedroht, er werde den Postillion vom Bocke herunterschießen, wenn er nicht weiterfahre. Da habe er, Werner, sich ins Mittel gelegt, die Menge angeredet, und gesagt, sie erweisen ihm durch solche Versuche keinen Dienst, es sei ihm lieber, wenn sie ihn ungehindert passiren lassen; denn da er sich unschuldig wisse, könne er sich wohl einige Zeit auf die Höhen des Asbergs abführen lassen, man werde ihn doch bald wieder loßlassen."

Endstation Asperg

Nach seiner Verhaftung wurde Werner mit der „Chaise" zum
Oberamt gefahren und später auf den Hohenasperg in Untersuchungshaft verbracht. Raus Zug gen Cannstatt scheiterte.
Von den erwarteten mehreren zehntausend Teilnehmern fanden sich schließlich nur ungefähr 1000 ein. In Balingen fand
der Marsch bei Regenwetter ein jähes Ende. Die Nachricht
vom gescheiterten Putsch Struves in Baden bildete eine Art
Schlußpunkt. Am Morgen des 28. September stellte sich Rau
„bei dem Oberamtsgericht in Oberndorf freiwillig, um über
seine Schritte und Handlungen Rechenschaft abzulegen". Am
29. September brachte man ihn auf den Hohenasperg zu den
Gesinnungsgenossen.

Eine Woche nach der Gefangennahme von Werner und Rau
berichtete das „Festungscomando" vom Hohenasperg an das
Kriegsministerium, daß die „politischen Gefangenen" Rau
und Werner im obersten Stock („Mansarden") so untergebracht wurden, „daß die Vergehens-Genossen nicht neben
einander wohnen und daher auch ein Verständniß unter denselben nicht möglich ist. Ihre Zellen waren mit vergitterten
Fenstern und mit doppeltem Riegeln, guten Schlössern versehenen starken Thüren ausgerüstet." Die Gefangenen, so heißt
es in dem Bericht, hätten sich ruhig verhalten und seien mit
ihrer „Verköstigung und Unterbringung" zufrieden gewesen.
Ein erstes Lebenszeichen Werners vom Asperg war ein „Pri-
vatschreiben", das im „Beobachter" Anfang Oktober in Aus-
zügen veröffentlicht wurde: „Ich bin seit dem 27. September
verhaftet ohne den Grund meiner Verhaftung zu wissen, oder
verhört zu seyn." Einige Tage später berichtete das Demokra-
tenblatt, man habe Werner bei einem Verhör eröffnet, daß er
„wegen Verdachts von Hochverrath" verhaftet worden sei.
Erst Mitte April 1849 waren Befragungen aller Verdächtigen

und Zeugen abgeschlossen, und einen Monat später lag der Untersuchungsbericht dem Justizministerium vor.

Die Haftbedingungen auf dem Asperg wurden indes für die Untersuchungsgefangenen immer unerträglicher. Die hygienischen Zustände waren mangelhaft. „Sie sitzen nun seit vier Wochen und haben noch nicht einmal einen Gang an die frische Luft machen dürfen", schrieb der „Beobachter". – „Zu G. Werner wurde nicht einmal sein unmündiges Kind, das man ihm bringen wollte, zugelassen; ja selbst ein Papagey, den er begehrte, wurde ihm – vielleicht weil er ›Hecker!‹ schreien kann – abgeschlagen".

Gustav Werner und die anderen Gefangenen verlegten sich nun darauf, das ihnen zur Verfügung stehende Beschwerderecht in Anspruch zu nehmen. Den Beschwerden wurde Gehör geschenkt. Auf Antrag des Festungskommandanten an das Justizministerium wurde für jeden zweiten Tag „die Bewegung in frischer Luft angeordnet". Die vermehrten Proteste der Häftlinge über die mangelhaften hygienischen Zustände und „Ungeziefer" in ihren Zellen führten ab 18. Dezember zu einem regen Austausch von Noten und Berichten zwischen Innenministerium, Justizministerium und „Festungscomando". Der Innenminister Duvernoy ersuchte das Justizministerium „diesen Gefangenen eine humane Behandlung zu sichern". Das „Festungscomando" wies schließlich in einem Bericht darauf hin, daß bisher „keiner der bis jetzt entlassenen Gefangenen irgendeine Beschwerde vorgebracht hatte. Lediglich mögen einzelne Mäuse durch die kältere Witterung in die Häuser getrieben (...)" worden sein und „den Weg in die vom Königl. Kriegsministerium überlassenen Lokale, namentlich in die des Cafetiers Werner gefunden und diesen beängstigt haben". Im Januar 1849 hatten Werners Beschwerden insofern Erfolg, als man ihm eine andere Gefängniszelle zuwies.

Dreizehn Monate nach Raus und Werners Inhaftierung prangerte der „Beobachter" im Spätherbst 1849 die Verschleppung der Untersuchung mit deutlichen Worten an. Den Gefangenen sei nicht einmal mehr erlaubt, am Sonntag spazierengehen zu dürfen, „weil es an diesem Tage vielen müßigen Leuten konvenirt, nicht etwa zum Besuche der Gefangenen, nein, zu ihrer Unterhaltung und zum Genusse der ›schönen Natur‹ auf den Asberg zu kommen", und vom „Belvedere auf dem Wall" die umliegende Landschaft zu bewundern. Neun Tage nach dieser kritischen Betrachtung – am 13. November 1849 – ließ man Gustav Werner gegen Kaution frei. Er habe „diesem so geschichtlichen Berge ein sehnliches Auf Nimmerwiedersehen" zugerufen. Das über den Entlassenen vom Untersuchungsrichter ausgestellte „Prädikatszeugnis", bezeichnet denselben als einen „Großsprecher, ein unruhiger verschrobener Kopf, unselbständig, welcher sich selbst als einen sogenannten moralischen Republikaner bekannt habe, und welcher im Besitze eines nicht unbedeutenden Vermögens sich befindet."

Der Prozeß gegen „Rau und Genossen" fand vor dem Schwurgericht des Schwarzwaldkreises in Rottweil statt. Die Beschuldigten, die noch auf dem Hohenasperg saßen, wurden am 16. Januar 1850 über Stuttgart nach Rottweil transportiert. Das Schwurgericht tagte im Hotel „Gaßner", von dessen Balkon Gottlieb Rau am 24. September 1848 die Republik ausgerufen hatte. Am 20. Januar 1850, dem Tage des Prozeßbeginns, sah man, so schrieb Willmann in den Rottweiler Schwurgerichtsblättern, „zwölf Angeklagte, bedeckt von einer militärischen Eskorte, in drei Gruppen abgetheilt, vom schwarzen Thore herab dem Hotel Gaßner zugehen, um dort nach einer 2 ½ jährigen Voruntersuchung vor die Schranken eines Volksgerichts zu treten". Für diesen „Monsterprozeß" wurden 1455 Personen vernommen, davon 295 als Zeugen vorgela-

den, 2500 Aktenstücke produziert und 19707 Ermittlungs-
fragen formuliert.

Die Anklage

Den zwölf Angeklagten wurde zur Last gelegt, daß sie „auf
den Tag des sogenannten Volksfestes, den 28. Sept. 1848 zu
Cannstatt mittels einer Volksversammlung, gebildet durch
massenhafte bewaffnete Zuzüge aus allen Landestheilen (...)
die gewaltsame Abänderung der Verfassung des Königreichs"
als Ziel gehabt hätten. Die Gustav Werner zur Last gelegten
Vergehen bestanden aus folgenden Punkten:

„Daß er 1. in den der Rau'schen Versammlung vorhergegan-
genen Tagen in der Voraussicht eines gewalthsamen Unternehmens sich mit Gießen von Kugeln und Fertigen von Pa-
tronen in Masse beschäftigt hat;

2. daß er am 25. Sept. Abends auf die Nachricht über den Stand
der Dinge in Rottweil zur Unterstützung des Rau'schen Unternehmens mit David Köhler und Andern in nähere Verbindung getreten, und daß zu diesem Zweck in Folge einer im
Werner'schen Caffeehaus getroffenen Verabredung – wie
Köhler nach Hall – so er noch in derselben Nacht bewaffnet
und mit Schießbedarf versehen nach Magstadt abgereist ist;

3. daß er in Magstadt, Weil der Stadt und Herrenberg zur bewaffneten Theilnahme am Cannstatter Volkstag, indem er den
Zweck des Rau'schen Unternehmens auseinandersetzte, und
auf die Erfolge des Struve'schen Aufstandes so wie auf die Bewegung im württembergischen Oberlande hinwies, aufgefordert und

4. eine zur Einführung der demokratisch-republikanischen
Verfassungsform im Anschluß an die badische Erhebung auf-
rufende Proklamation in Magstadt und Herrenberg verbreitet
hat;

5. daß er seine Thätigkeit für dieses Unternehmen erst dann, als dasselbe durch den Mangel allgemeiner Theilnahme gescheitert sah, aufgegeben hat."

In der 42. Sitzung am 26. März hielt der Staatsanwalt, Oberjustizassessor Beck, sein Schlußplädoyer: „Werner, Köhler und Müller", so argumentierte der Staatsanwalt, „haben das Unternehmen Rau's im Complott unterstützt (...). Nach Stuttgart zurückgekehrt versammelten sich daselbst Republikaner von ganz entschiedener Richtung: Werner, Vogel, Rooschütz, Mercy, Dallinger und Köhler. Gegenstand der Unterhaltung konnte nichts anderes als die Beschlüsse der Rottweiler Volksversammlung sein."

Verteidigt wurde Werner von Adolph Schoder, dem hochangesehenen Stuttgarter Rechtsanwalt und demokratischen Politiker. Schoder plädierte für einen Freispruch, da er bezweifelte, ob Werner alle die ihm zur Last gelegten Taten „in hochverrätherischer Absicht" begangen hätte. Schoder versuchte, Werners charakterliche Disposition als Ursache für seine Taten darzustellen und hatte damit Erfolg:

„Der Staatsanwalt sagt, die Absicht gehe hier aus der Handlungsweise selbst hervor. Dieses möchte der Fall sein bei einem gewöhnlichen Menschen, bei einem besonderen Manne wie Werner aber wäre eine solche Annahme gewagt. Werner ist bekannt als ein braver, gemüthlicher Mann. Ein krankhaft unruhiges Wesen, ein kindliches Gefallen an Spielereien mit Waffen, Munition, Thieren und Vögeln, eine auch in der ungünstigsten Lebenslage nicht verschwindende Sucht, Späße zu machen und zu renomiren macht sich bei ihm bemerklich. Während er vor dem März 1848 an Nichts Freude hatte, als an Waffen und Thieren, riß ihn die Freude an der Bürgerwehr in den Strudel der Bewegung hinein. Man sah ihn fast nie anders als im Bürgerwehrrock, und ohne Waffen zeigte er sich selten öffentlich. Zusammenlauf vieler Leute, Aufzüge, denen er mitunter große schwarzrotgoldene Fahnen vorantrug, waren sein Leben. (...) Den Namen Heckers führte er vielfach im Munde, aber nicht in einer Weise, welche auf ein ernstliches Gefallen an dessen Bestrebungen schließen ließe, sondern in scherzender renomirender Weise. Als er sich entschloß, seiner Gesundheit wegen eine Erholung zu suchen, gefiel er sich, in Heckerkleidung auszuziehen, und benützte die Gelegenheit wo er hinkam, zu der Volksversammlung zu haranguiren. (...) Mehr als anderthalb Jahre sitzt nunmehr der Angeklagte Werner, weil er, wie Zeuge Krehl angibt in seiner Weise dummes Zeug gemacht, weil er als höchst unschuldiger, ungefährlicher Mensch in der Narrheit herumgesprungen ist. Soll sein ganzes Vermögen, soll die künftige Existenz und das Glück seiner Familie das Opfer werden eines thörichten aber nicht verbrecherischen Streichs, seien Sie menschlich, seien Sie billig. Das schwere Unglück, das den Angeklagten getroffen, hat ihn nüchtern gemacht; geben Sie ihn der harrenden Familie, geben Sie ihn seinem Gewerbe zurück."

Das Urteil

Am 30. März 1851 erging das Urteil im Prozeß gegen „Rau und Genossen". Vier der Angeklagten wurden verurteilt. Gottlieb Rau traf die Härte des Gesetzes mit voller Wucht. Er sollte wegen „complottmäßig versuchten Hochverraths" 13 Jahre Festungshaft auf dem „Demokratenbuckel" verbüßen. Im Mai 1853 wurde Rau jedoch, nachdem er drei Jahre abgesessen hatte, begnadigt, unter der Bedingung, daß er zu einer Auswanderung nach Amerika bereit war. Dort starb Gottlieb Rau am 2. Oktober 1853 als Hotelier und Gastwirt in New York. Die meisten Angeklagten, unter ihnen auch Gustav Werner, wurden freigesprochen. Die Geschworenen schienen in Beziehung auf ihn lange geschwankt zu haben: „in der That lagen auch

Aeußerungen und Handlungen gegen ihn vor, welche ohne Annahme der hochverrätherischen Absicht schwer zu erklären sind [...]", so der „Beobachter" vom 6. April 1851. Sechs der Geschworenen schlossen sich jedoch der Meinung des Verteidigers Schoder an und plädierten für „nicht schuldig".

Die Blütezeit des „Werner'schen Tiergartens"

Gustav Werner konnte sich nun wieder mit ganzer Kraft seiner „harrenden Familie" und „seinem Gewerbe" widmen. Er stürzte sich mit großem Elan in den Ausbau seines Tiergartens, und machte ihn in den kommenden Jahrzehnten zu einer der bedeutendsten Attraktionen Stuttgarts.

Ab 1855 begann Gustav Werner damit, einen kleinen Bestand an Säugetieren aufzubauen. Den Anfang machte eine, von dem in Konkurs gegangenen Tiergarten in Heidelberg erworbene „vier Jahre alte Bärin". Die „Bärendame" durfte anfangs nur von einem kleineren Kreis seiner Gäste bewundert werden. Werner errichtete ihr einen Zwinger, der von einer Bretterwand umgeben war und von außen nicht eingesehen werden konnte. Für eine „Schaugebühr" von sechs Kreuzern führte er den Besuchern „unterhaltende Exercitien" seiner Bärin vor, und innerhalb kurzer Zeit amortisierte sich auf die Weise ihr Kauf. Werner entfernte nun den Sichtschutz, führte aber gleichzeitig ein allgemeines Eintrittsgeld von drei Kreuzern ein. Durch diese Einnahmen war es ihm dann möglich, weitere Tiere zu „acquiriren", welche noch mehr Besucher in seinen Tiergarten locken sollten. Bald gaben sich eine Vielzahl exotischer Tiere im Garten ein Stelldichein: Bären, Löwen, Leoparden, Affen, Hyänen, ja selbst Seehunde bevölkerten den Tiergarten Werners, und eine Vielzahl an Vögeln, wie Pelikane, Kraniche, Pfauen, Fasanen, Papageien und Singvögel stolzierten umher oder sangen den Gästen ein Ständchen.

Die Wogen der Revolution hatten sich längst geglättet, als König Wilhelm I. am 3. November 1863 „in Begleitung I. M. der Königin von Holland" den „Werner'schen zoologischen Garten", laut „Schwäbischer Kronik", besuchte. Sie „wohnten der Fütterung der Thiere, sowie der Thiervorstellung durch Werner und dessen Sohn bei. I. I. M. bezeugten Allerhöchst Ihre Zufriedenheit über diese Anstalt". Eines der Kunststücke Werners soll, so Dolmetsch, „ein Wagstück außerordentlicher Art" gewesen sein. Werner habe wiederholt im Beisein des Königs seinen Kopf in den Rachen des Löwen Mustapha, des Königs der Tiere, gelegt. Von einem unbekannten Photographen soll Gustav Werner beim Besuch des Königs in Frack und Zylinder photographiert worden sein. Auf die Rückseite des, leider verschollenen Bildes, habe Werner geschrieben :

> *Befriedigt schied der Fürst. Wenn ich als ferner*
> *Zuhörer nicht mißhört, so sprach er froh:*
> *Wie zahm die Viecher! Doch nichts freut mich so,*
> *Als Sie so zahm zu finden, lieber Werner!*
> *Der neigte sich in höfischer Beschämung*
> *Und gibt zur Antwort mit bekanntem Geist:*
> *Sie wissen, Majestät, wie's Sprichwort heißt,*
> *Die schönste Tugend ist die Selbstbezähmung.*

Knapp sieben Jahre später, am 22. März 1870, meldete die „Schwäbische Kronik": „Gestorben: den 20. März zu Stuttgart Cafetier Gustav Werner, Inhaber des Werner'schen zoolog. Gartens, 60 Jahre alt".

„In stattlichem Leichenzug gaben ihm viele Stuttgarter aus Anhänglichkeit und Dankbarkeit das Trauergeleite, hauptsächlich die Kinderwelt ließ den Leichenzug wehmütig an sich vorüberziehen", so schildert Eugen Dolmetsch den Abschied der Stuttgarter Bevölkerung von ihrem „Affen-Werner". Auf seinem Grab auf dem Fangelsbach-Friedhof wurde eine Eiche gepflanzt, die bald mit Weinreben umschlungen, den „gefiederten Sängern des stillen Friedhofs" eine Heimstatt bot. Sie wurde 1950 entfernt, und heute zeugt nur noch eine schlichte, kleine Grabplatte von seiner letzten Ruhestätte. Viele Stuttgarter dürften sich beim Tode Gustav Werners nur noch undeutlich daran erinnert haben, daß der populäre Tiergartenbesitzer 13 Monate seines Lebens in Untersuchungshaft auf dem Hohenasperg verbringen mußte. Er selbst hat später einmal erläutert, wie man sein Republikanertum habe verstehen müssen: „Ein Republikaner ist ein gesitteter Mann, der gerne alle Menschen glücklich sehen möchte." Im Jahr 1870, Werners Todesjahr, wehte freilich in Deutschland alles andere als ein republikanischer Wind. Das Königreich Preußen bestimmte seit 1866 die deutsche Politik. Der Traum der 48er von Demokratie und Republik schien endgültig ausgeträumt.

Werners Tiergarten bestand unter der Leitung seiner Witwe und eines Sohnes nur mehr drei weitere Jahre. Viele seiner Lieblinge ereilte ein trauriges Schicksal. Die Löwen „Mustapha" und „Cora", einst die Attraktion von Werners Tiergarten, überlebten ihren Herrn und Meister nicht einmal um ein Jahr. Schon der lange, strenge Winter 1870/71 trug seinen Teil dazu bei, daß die wegen der Kälte in zu kleinen Käfigen unter mangelhaften hygienischen Umständen gehaltenen Raubtiere starben. Die restlichen Tiere wurden 1873 an den im Aufbau begriffenen Nills Tiergarten verkauft.

Ein schwäbischer Landsmann glaubte bald nach der Winterkatastrophe Werners Löwen „Mustapha" im Kristallpalast in London wiederentdeckt zu haben. Wahrscheinlich war er als Präparat dorthin verkauft worden.

In der Sophienstraße erinnert heute freilich nichts mehr an einen Zoologischen Garten. Heute steht dort, wo einst jung und alt Werners Tiere bewunderten, das Hotel Royal.

Literatur

Archivalien: Hauptstaatsarchiv Stuttgart und Staatsarchiv Ludwigsburg, Akten zum Asperg-Aufenthalt von Werner und Rau: Bestand E301. Akten zum Prozeß gegen „Rau und Genossen": Bestand E332.

Borst, Otto: Gottlieb Rau. In: Otto Borst (Hg.): Die heimlichen Rebellen. Stuttgart 1980.

Dolmetsch, Eugen: Der Affenwerner. In: Bilder aus Alt-Stuttgart. Stuttgart 1930.

Maier, Hans: Die Hochverratsprozesse gegen Gottlieb Rau und August Becher nach der Revolution von 1848 in Württemberg. Pfaffenweiler 1992.

Neubert, Wilhelm: Der Tiergarten des Cafétier G. Werner in Stuttgart. In: Neue Zoologische Gesellschaft (Hg.). Frankfurt am Main 1870.

Neubert, Wilhelm: Der Werner'sche Tiergarten in Stuttgart. In: Neue Zoologische Gesellschaft (Hg.). Frankfurt am Main 1871.

Willmann, Willy: Rottweiler Schwurgerichtsblatt. Berichte über den Prozeß gegen Rau und Genossen. Rottweil 1851.

Volker Ziegler

Friedrich List: Opfer königlicher Ungnade

Fünf Monate verbrachte Friedrich List auf dem Hohenasperg; eigentlich eine relativ kurze Zeit, die sich aber entscheidend auf sein weiteres Leben ausgewirkt hat. Wir wollen das Leben des prominenten Häftlings auf der Festung im
Spiegel dieser fünf Monate betrachten. Die Darstellung hält
sich zwar an die Chronologie, stellt aber die Ursachen für die
Haft, die Haftbedingungen und vor allem ihre Auswirkung
auf das weitere Leben Lists in den Mittelpunkt.

Friedrich List wurde 1789 in der freien Reichsstadt Reutlingen
geboren. Diese kam aber infolge des Reichsdeputations-
hauptschlusses als Ausgleich für die an Frankreich verlorenen
linksrheinischen Gebiete im Jahre 1803 zu Württemberg. Da
der junge List am Weißgerberhandwerk seines Vaters kein
Interesse zeigte, wurde er zu einem Schreiber in die Lehre
nach Blaubeuren geschickt. Das Schreiberwesen war eine für
Württemberg eigentümliche aber wichtige Institution der
unteren Verwaltungsebene – im Volk unbeliebt, wenn nicht
sogar verhaßt. Viele leitende Beamte, ja sogar Minister haben
ihre Laufbahn als Schreiber begonnen.

Auch List schien anfangs eine Karriere als Verwaltungsbeamter sicher. Doch es lag zum einen an ihm, zum anderen
an der veränderten historischen Situation nach 1815, daß sich
die Dinge anders entwickeln sollten. Das Ende der napoleonischen Ära bewirkte eine Änderung der Machtverhältnisse
in Europa, die eine allgemeine Neuorientierung zur Folge
hatte. Was würde wohl von den liberalen Ideen übrigbleiben,
sollte sich die restaurative Politik des russischen Zaren und
des österreichischen Staatskanzlers Metternich durchsetzen
können?

Die politisch-historische Konstellation in Württemberg

Als König Friedrich am 30. Dezember 1805 die altwürttem-
bergische Ständeverfassung einseitig aufhob, kam dies einem
Staatsstreich gleich. Der Schritt des Monarchen war allerdings
wohlüberlegt. Die Garantiemächte England, Dänemark und
Preußen, die den Erbvergleich von 1770 zwischen Herzog Karl
Eugen und den Landständen garantiert hatten, konnten zu
diesem Zeitpunkt nicht eingreifen, da der württembergische
König der Unterstützung durch Napoleon sicher sein konnte.
Württemberg hatte sich durch dessen Hilfe in den vorangegangenen Jahren territorial stark ausgedehnt, was der eigentliche Anlaß für die Aufhebung der Ständeverfassung war. Um
den neuen Staat zu einigen, wurde eine zentralistische Verwaltung nach französischem Vorbild eingeführt und der Vor-
rang der lutherischen Landeskirche aufgehoben und durch
die Gleichberechtigung der Konfessionen ersetzt. So erlebte
das Königreich Württemberg für einen Zeitraum von zehn
Jahren den aufgeklärten Spätabsolutismus, der aber nicht alle
gegnerischen Stimmen zum Schweigen bringen konnte. Mit
dem Ende der napoleonischen Zeit änderten sich die politischen Konstellationen in Europa. König Friedrich hatte seinen
Rückhalt verloren, er mußte sich auf die neue Situation einstellen. In Württemberg regten sich die Kräfte wieder, die vehement die Rückkehr des alten, guten Rechts forderten. Damit begann ein innenpolitischer Kampf, der erst im Jahr 1819
beendet war, aber noch ein Nachspiel hatte, das sich bis zum
Ausschluß Friedrich Lists aus der Abgeordnetenkammer
(1821) erstreckte. Damit war die liberale Opposition, das
schwächste Glied unter den Streitenden, erst einmal für einige Jahre von der politischen Bühne verschwunden.
König Friedrich war 1815 durchaus bereit gewesen, dem Land
eine Verfassung zu geben. Vor allem, um das aus vielen Teilen

zusammengesetzte Land zu einigen. Die altständische Verfassung wollte er nicht wieder einführen; dies brachte ihn in Gegensatz zu den Altrechtlern, die deren Rückkehr forderten. Hier lag der eigentliche Hauptgegensatz, König und Stände, die tragenden Säulen des Landes, waren zerstritten. Erst aus dieser Konstellation erklärt sich, daß ein Mann wie der Freiherr Karl August von Wangenheim unter König Friedrich Minister werden konnte. Das war die Chance für den Liberalismus und auch für Friedrich List, aber auch die Ursache für den Fall des Reutlinger Liberalen. Der König brauchte Minister, die ihn gegen die Altrechtler und das Schreibertum unterstützten. Eine wirklich konstitutionelle Verfassung wollte Friedrich gar nicht, er wollte ausschließlich selbst regieren. Der Liberalismus mit seinen neuen Ideen sollte nur gegen die Altrechtler benutzt werden. Zwar war der Spielraum für die Liberalen gering, aber einige Ziele schienen durchaus erreichbar. Für den König bedeutete das in dieser Zeit eine Gratwanderung, aber er sah wohl darin die einzige Chance zur Herstellung der Einheit seines Landes.

Aus seinem absolutistischen Selbstverständnis heraus wollte der Monarch die Verfassung seinen Untertanen oktroyieren. Dazu berief er einen Landtag ein, der am 15. März 1815 eröffnet wurde. Aber es gab Widerstand aus allen Teilen des Landes, und der Landtag lehnte die Verfassung ab. Dabei berief er sich auf das Alte Recht, das als ein Verfassungsvertrag zwischen König und Landständen aufgefaßt wurde. Der König erklärte sich bereit, Verhandlungen mit Vertretern des Landtages aufzunehmen. Doch kam es bei diesen Zusammenkünften zu keinem Ergebnis; auch die Bitte des Landtags an die Garantiemächte des Erbvergleichs um Intervention führte zu keinem Erfolg. Ein weiterer Versuch des Königs durch Vorlage eines Verfassungsentwurfs schlug fehl, da nach Ansicht der Stände Friedrich ihnen nicht weit genug entgegenkam.

König Friedrich erlebte das Ende dieses Konflikts nicht mehr, er starb am 30. Oktober 1816. Der Nachfolger, sein Sohn Wilhelm, wollte zwar am Anfang seiner Regierung mit einem Ministerium regieren, das sich aus liberal gesinnten Männern zusammensetzte (Karl August Freiherr von Wangenheim war vom König zum Minister für das Kirchen- und Schulwesen ernannt worden). Als König Wilhelm I. aber im Jahre 1817 mit seinem Verfassungsentwurf im Landtag gescheitert war und auch der Plan, die Verfassung durch ein Plebiszit in Kraft treten zu lassen, mißlang, waren die Tage dieses Ministeriums gezählt.

List als Professor und Landtagsabgeordneter
bis zur Reutlinger Petition

Damit fehlte den Liberalen im Lande und auch Friedrich List die notwendige Unterstützung des Ministeriums. Nach einem Plan von Minister Wangenheim sollten an der Universität Tübingen Staatswirtschaften gelehrt werden. Auch Friedrich List hatte sich in einer Schrift dafür eingesetzt, für künftige Verwaltungsbeamte einen eigenen universitären Ausbildungsgang zu schaffen, der nicht unbedingt eine Fakultät voraussetzte. Aber von Wangenheim schuf – ohne die Zustimmung des Akademischen Senats zu erbitten – eigenmächtig die erste Staatswirtschaftliche Fakultät in Deutschland. List bewarb sich um die Professur für Staatsverwaltungspraxis. Daneben wurden noch weitere vier Lehrstühle eingerichtet. Da Friedrich List eine Laufbahn als württembergischer Verwaltungsbeamter eingeschlagen hatte, konnte er zwar keine akademische Ausbildung vorweisen, seine Kandidatur wurde aber von Wangenheim beim König unterstützt, so daß er die Professur erhielt. In seinem neuen Amt hatte er es schwer, denn die Tübinger Professoren hatten Vorbehalte gegenüber dem

Nichtakademiker. Zudem galt er sowohl bei Studenten und Professoren als Günstling des Ministers. Hinzu kam noch, daß die Resonanz auf seine Veranstaltungen doch eher mäßig war, und er die Vorlesungen nicht als Podium für die Verbreitung seiner politischen Ideen nutzen konnte. Nach eineinhalb Jahren in Tübingen, am Ende des Wintersemesters 1819, brach er Anfang April zu einer „wissenschaftlichen" Reise nach Göttingen auf.

Während Lists Tübinger Zeit als Professor wurde in Stuttgart die politische Wende eingeleitet. Das alte Ministerium unter von Wangenheim und Karl von Kerner wurde im November 1817 entlassen. Das neue, angeführt von Paul Freiherr von Maucler, führte den notwendigen Ausgleich im dahinschwelenden Verfassungsstreit herbei. Von Maucler gelang es, einige führende Altrechtler auf seine Seite zu ziehen und mit diesen einen Kompromiß zu vereinbaren. Diese neue Konstellation setzte sich bei den Wahlen zum verfassunggebenden Landtag durch, die „Volksfreunde", die württembergischen Liberalen, waren darin allerdings kaum vertreten. Friedrich List hatte sich vergeblich um die Aufnahme in den verfassunggebenden Landtag bemüht. Er war zwar in Reutlingen zum Abgeordneten gewählt worden, doch nahm man Anstoß an seinem Wahlalter, da er das 30. Lebensjahr noch nicht vollendet hatte.

Vor der Wahl zum ersten Landtag befand sich List im Auftrag des deutschen Handels- und Gewerbevereins, den er auch mitbegründet hatte, auf Reisen. An der entscheidenden letzten Phase des Verfassungskampfs konnte er deshalb nicht teilnehmen und verlor damit fast alle Chancen, die Forderungen der Liberalen zur Geltung zu bringen. Als er Ende 1820 nach zwei vergeblichen Versuchen in den Landtag einzog, war es eigentlich schon zu spät. Die Würfel waren gefallen, besonders als sich mit den Karlsbader Beschlüssen die

Reaktion in den Staaten des Deutschen Bundes durchzusetzen begann.

In Württemberg hatten sich also doch die maßgebenden Kräfte, König und Stände, geeinigt, die Liberalen waren ohne großen Einfluß geblieben. List selbst gab sich aber noch nicht geschlagen. Allerdings muß man es als einen Zufall ansehen, daß er überhaupt noch in den Landtag einziehen konnte. Da der Reutlinger Abgeordnete Wunderlich am 16. November 1820 starb, war eine Nachwahl fällig, bei der List sich durchsetzen konnte. In den Sitzungen trat er für die Förderung des Handels und der Gewerbe ein. Jedoch stellte er sehr schnell fest, daß der Landtag nur über sein Budgetbewilligungsrecht Einfluß auf die Regierung nehmen konnte, da er ja nicht über das Recht zur Gesetzesinitiative verfügte. Er konnte die Regierung nur durch eine Petition bitten, eine Gesetzesvorlage einzubringen.

Finanzminister Ferdinand August Weckherlin brachte in dieser Sitzungsperiode den Haushalt des Landes für die nächsten drei Jahre ein. List forderte, zuerst zu prüfen, ob in der augenblicklichen Situation der Bevölkerung diese Belastung zuzumuten sei, bevor man den Haushalt billige. Darüber kam es zwar zu heftigen Auseinandersetzungen, List scheiterte mit seinem Antrag, und die Kammer wurde am 20. Dezember in die Weihnachtsferien geschickt.

Ein interessanter Brief Lists vom 27. Dezember 1820 an Julius Graf von Soden gibt uns teilweise Aufschluß über den Inhalt seiner politischen Ziele: „Möglich wäre denn doch der Fall, daß wir die Unfähigkeit des jetzigen Ministeriums dem König begreiflich machen könnten, und dann wäre der rechte Zeitpunkt, jenen Plan auszuführen, von welchem ich Ihnen früher geschrieben habe." List schreibt nichts über den Inhalt des Plans, aber aus diesem Brief geht klar hervor, daß er mit dem Ministerium unzufrieden war, und daß der König dazu gebracht werden sollte, es zu entlassen. Die Veröffentlichungen in der Presse, die den Volksfreunden nahe stand, belegten die Bildung einer „Opposition" im Landtag. Reutlinger Bürger hatten am 18. Dezember List eine Denkschrift überreicht, die in 17 Einzelpunkten die wichtigsten Probleme aufwies. Man beschloß, eine Petition an die Ständeversammlung einzureichen und List bot sich an, diese in die geeignete Form zu bringen. Er selbst hatte aber ganz andere Pläne. Die sogenannte „Reutlinger Petition" sollte nicht nur in Reutlingen verbreitet werden, sondern als Flugschrift im ganzen Land. Wie sonst wäre eine Vervielfältigung von mehreren hundert Exemplaren bei der Druckerei Carl Ebner in Stuttgart nötig gewesen? Außerdem war für die Ortsangabe, also für den Absender, eine Lücke frei gelassen worden, in der sich dann die jeweilige Bürgerschaft hätte eintragen können.

Die Reutlinger Petition und die Folgen

Die Reutlinger Petition besteht aus einem allgemeinen Eingangsteil, der die inneren Verhältnisse Württembergs anprangert, und vierzig Einzelforderungen, die größtenteils zusammenhängen und ein Konzept erkennen lassen. Friedrich List forderte die Selbstverwaltung der Gemeinden. Statt die Magistrate durch den Staat ernennen zu lassen, sollten diese von der Bürgerschaft gewählt werden, ebenso sollten die Gemeinderichter von ihr kontrolliert werden. Sollte die Bürgerschaft es mit zwei Drittel Mehrheit verlangen, müßte man sie entlassen können. Nachdem auf der Ebene der Oberämter Justiz und Verwaltung getrennt worden waren, verlangte List dies auch auf der Ebene der Gemeinden. In wichtigen Angelegenheiten hatte die Bürgerschaft sogar das Recht, selbst darüber abzustimmen, ein Element der direkten Demokratie also. Eine Besonderheit, die vor allem praktische Gründe hatte, ist

Lists „Rotteneinteilung" der Bürgerschaft in größeren Städten. Sie sollte die Gesamtbürgerschaft in kleineren Einheiten auch unter gemeindewirtschaftlichen und polizeilichen Aspekten organisieren.

Er forderte auch die Abschaffung der Stadt- und Amtsschreibereien; deren Aufgaben sollten Notare übernehmen, die durch die jeweilige Amtsversammlung gewählt wurden. Bisher setzten sich die Amtsversammlungen aus den jeweiligen Schultheißen der Gemeinden zusammen; seine Forderung war nun die Wahl dieser Deputierten durch Gemeinderat und Bürgerausschuß. Vorsitzender der Amtsversammlung war der Oberamtmann; dieses Amt sollte seiner Meinung nach wegfallen. Statt dessen sollte für je fünf Oberämter ein Obervogt bestellt werden. Für jeden Oberamtsbezirk wäre auf Vorschlag der Amtsversammlungen ein von der Regierung ernannter Revisor für die Rechnungsrevisionsgeschäfte zustän- dig, für die allgemeinen Geschäfte ein von der Amtsversammlung gewählter Landrat. List sprach sich auch für die Änderung des Instanzenwegs bei den Gerichten aus, wobei er die Abschaffung des Obertribunals verlangte. In Kriminalsachen forderte er die öffentliche Rechtspflege und Geschworenengerichte. Das ganze Abgabensystem war ihm zu kompliziert. Für jede Abgabe gab es spezielle Verwaltungen, für deren Aufhebung er sich ebenfalls aussprach. Anstelle der vielen indirekten Steuern sollte eine einzelne für alle Stände und Klassen der Staatsbürger gleiche direkte Steuer treten. Der Staatsaufwand sollte eingeschränkt werden, so daß hier Einsparungen möglich waren, welche die Bürger entlasteten. Im letzten Punkt trat er für die jährliche Steuerbewilligung und für die jährliche Abhaltung eines Landtags ein, statt wie bisher für drei Jahre.

Das waren grundlegende Reformen auf den unteren Ebenen der Verwaltung. List hatte sich in früheren Schriften schon

Der in Reutlingen geborene Nationalökonom Friedrich List wurde wegen seiner Kritik an der oberamtlichen Verwaltung auf dem Hohenasperg inhaftiert.

dafür ausgesprochen, daß der Demokratisierung auf Staats-
ebene durch die Ständeversammlung auch eine Demokratisierung auf den unteren Verwaltungsebenen folgen müßte,
sonst würde der Landtag ohne Unterbau bleiben und die
bürgerliche Freiheit wäre nicht zu realisieren. Sein Vorschlag
zielte auf zwei radikale Änderungen: erstens die Beseitigung
der Amts-und Stadtschreibereien und zweitens die der Ober-
amtmänner bei Erhaltung der Oberamtsbezirke. List vollen-
dete mit seinen Forderungen die Trennung von Justiz und Verwaltung auch auf der untersten Ebene und demokratisierte
die Oberamtsebene mit der Wahl der Oberamtsversammlung
durch Gemeinderat und Bürgerausschuß.

Die nüchterne Formulierung dieser vierzig Punkte steht im
krassen Gegensatz zur Sprache im Eingangsteil. List versteht
es, recht förmlich und emotionslos zu beginnen. Aber schon
bald fallen die vernichtenden Sätze über Württembergs Beamtenschaft, um dann aber wieder mit einer trockenen Formulierung zu enden: „Dies ist ein kurzer, aber getreuer Abriß
unserer Verwaltung." Er versteht es, die Emotionen heraus-
zunehmen, weil er sich danach mit der gegenwärtigen Regierung und der Person des Königs beschäftigen will. Der am-
tierenden Regierung wird nicht die Schuld für die Irrtümer
von Jahrhunderten gegeben, und dem König wird für die Verfassung gedankt. Nun gelte es aber, die Freiheit der Bürger
durch entsprechende Beschlüsse der Abgeordnetenkammer,
die diese gemeinsam mit der Regierung fassen solle, zu verwirklichen. Dazu müßten alle ihre Privatinteressen zurück-
stellen, um dem Vaterland und dessen Bürgern zu dienen.
Rhetorisch geschickt vermeidet es List, Reformen anzumah-
nen und beschließt den Eingangsteil mit der Forderung nach
dem alten, guten Recht.

Die Reutlinger Petition war als Flugblatt gedruckt und sollte
nun verbreitet werden, als sich am 21. Januar 1821 die Polizei

bei List meldete. Von einem Mitarbeiter der Druckerei hatte diese am 20. Januar einen Hinweis und ein Exemplar der Petition erhalten. Darauf beschlagnahmte das Stadtoberamt die ganze noch vorhandene Auflage in der Druckerei. List wurde aufgefordert, zu einer Untersuchung ins Amtslokal des Kriminalamts zu kommen. List weigerte sich wegen seines schlechten Gesundheitszustandes, dieser Vorladung zu folgen. So erschien die Polizei zum Verhör wieder in seiner Wohnung. List war empört, berief sich auf die Paragraphen des Preßgesetzes, machte Anspielungen auf die Unabhängigkeit der Gerichte, und wie es seine Art war, veröffentlichte er die Flugschrift „Aktenstücke und Reflexionen", in der er die Öffentlichkeit über den bisherigen Vorgang des Verfahrens gegen ihn informierte. Auch die Reutlinger Petition wurde in der Flugschrift publiziert. List ist hier sehr unvorsichtig vorgegangen, denn er handelte sich mit seinem Verhalten neue Anklagepunkte ein. Die neue Flugschrift wurde ebenfalls beschlagnahmt, da sie ja die verbotene Reutlinger Petition enthielt. Man kann sich Lists Verhalten nur durch seine große Empörung erklären, offensichtlich war er sich keiner Schuld bewußt. Nach seinem Verständnis der Pressefreiheit hielt sich die Reutlinger Petition in vollem Umfang an die Einschränkungen, die das Preßgesetz verlangte.

Das Stuttgarter Kriminalamt wandte sich an den Gerichtshof in Esslingen, der am 3. Februar entschied, die Untersuchung gegen List fortzusetzen. Justizminister von Maucler wurde informiert. Dieser wandte sich in einem vom 4. Februar 1821 datierten Bericht an den König und setzte diesem die Rechtslage nach der Verfassungsurkunde auseinander. Nach seiner Auslegung war die Ständeversammlung dazu verpflichtet, List aus dem Landtag auszuschließen, da der Paragraph 135, Nr. 2 bestimme, daß niemand Mitglied der Ständeversammlung sein könne, der in eine Kriminaluntersuchung verwickelt sei.

Am nächsten Tag erging ein königliches Reskript, das am 6. Februar in der ersten Sitzung der Ständeversammlung verlesen wurde. List nahm in einer Rede dazu Stellung und verteidigte seine Position.

Am folgenden Tag kam es zu einer Aussprache im Landtag, List ergriff erneut das Wort, und der Landtag beschloß, eine Kommission zur Begutachtung des königlichen Begehrens einzusetzen. In dieser Kommission saßen in der Mehrheit die Anhänger Lists. Zu Beginn der Verhandlungen über das königliche Reskript schien es so, als würde die Kammer List nicht ausschließen. Darauf griff von Maucler am 12. Februar zum erstenmal in die Debatte ein und erklärte, daß das Gericht List nicht nur einen Verstoß gegen das Preßgesetz vorwerfe, sondern ihm auch unterstelle, die bestehende Staatsverwaltung verleumdet und ein Staatsverbrechen begangen zu haben. Gegen diese Rede verteidigte sich List am 17. Februar. Am 21. Februar erstattete der Abgeordnete Ludwig Uhland der Kommission Bericht. Diese war in ihrer Mehrheit zu dem Entschluß gekommen, List weder zu suspendieren noch aus dem Landtag auszuschließen. Es gab allerdings eine Minderheit in der Kommission, die vorschlug, List solle provisorisch austreten und dann wieder aufgenommen werden, wenn sich das Verfahren als unbegründet erwiesen habe. List hatte inzwischen beim Obertribunal in Stuttgart Rekurs gegen die Entscheidung des Esslinger Gerichtshofs eingelegt. Darüber gab es eine Debatte, die zu einem Antrag über ein weiteres Gutachten führte, das über die rechtlichen Auswirkungen des Rekurses berichten sollte. Es ging darum, ob List sich jetzt noch im Zustand der Kriminaluntersuchung befinde oder nicht. Damit wurde aber die Abstimmung über den Antrag der Kommission verhindert. Am 23. Februar stand dieser Bericht auf der Tagesordnung des Landtags; auch Justizminister von Maucler war zugegen. Einen Tag vorher hatte sich der Geheime Rat zu dieser Frage in einem Gutachten geäußert. Darin kommt zum Ausdruck, daß die Regierung nicht mehr länger hingehalten werden könne. Es spiele gar keine Rolle, wie die Entscheidung des Obertribunals ausfalle. List befinde sich in Kriminaluntersuchung, egal wie das Gericht entscheide. Deshalb empfahl der Geheime Rat, die Stände aufzufordern, der Verfassung Folge zu leisten, und zwar so, daß kein Zweifel daran aufkommen könne, daß bei einer Weigerung die Kammer aufgelöst werde.

Uhland erstattete am 23. Februar dem Landtag den Bericht der Kommission und empfahl die Aussetzung des Beschlusses, bis das Obertribunal über den Rekurs entschieden habe. Danach machte Justizminister Maucler der Kammer unzweideutig klar, was bei einer längeren Aufschiebung geschehen würde: Falls sich die Untersuchung als unbegründet erweise, könne List ja wieder eintreten. Damit war den Abgeordneten der Weg aus dieser verzwickten Lage aufgezeigt. Am nächsten Tag wurde über den Antrag über Lists Ausschluß aus der Kammer abgestimmt. Mit 56 zu 36 wurde der Ausschluß bestätigt. Dieses Ergebnis zeigte, daß die Mehrheit der Abgeordneten ihr eigenes Mandat nicht riskieren wollte, daß sie die offene Konfrontation mit der Regierung scheute, auch wenn dadurch allen klargeworden war, daß es für die Regierung sehr einfach war und auch in Zukunft sein würde, sich unliebsamer Mitglieder des Landtags zu entledigen.

Nach dem Ausschluß begann für List eine sehr unangenehme Zeit. Er mußte sich bis August 1821 langwierigen Verhören unterziehen. Da das Gerichtsverfahren nicht öffentlich war, hat List auch nicht daran teilgenommen. Am 11. April wurde ihm das Urteil durch den Kriminalrichter Cless mitgeteilt. Er wurde vom Kriminalsenat des Königlichen Gerichtshofs für den Neckarkreis in Esslingen der ihm angelasteten Vergehen für schuldig befunden und zu zehnmonatiger Festungsstrafe

mit angemessener Beschäftigung innerhalb der Festung verurteilt. Hinzu kamen noch elf Zwölftel der Untersuchungs-
kosten, für die er aufzukommen hatte.

Nach seiner Flucht schrieb er am 15. März 1822 seiner Frau
Karoline einen Brief aus Straßburg. Er hatte sich also entschlossen, die Strafe nicht anzutreten. Doch in Frankreich
wurden seine Schritte von den Behörden überwacht. Der französische Innenminister wies den Präfekten des Unterelsaß an,
List bei der kleinsten Unruhe aus dem Königreich auszuwei-
sen. Man wollte wissen, was List in Frankreich zu tun hatte
und mit wem er Kontakt aufnahm. Ende Juni 1822 wurde das
Stuttgarter Kriminalamt aktiv. Über das Straßburger Bürgermeisteramt wurde List ein kriminalamtliches Dekret eröffnet,
in dem er aufgefordert wurde, innerhalb einer Woche nach
Stuttgart zurückzukehren. Da er dieser Aufforderung nicht
folgte, erging an das Bürgermeisteramt Straßburg nach einem
Monat die Aufforderung, List auszuliefern. Inzwischen hatte
dieser Rekurs gegen das Urteil eingelegt, und somit gab es
noch die Möglichkeit der Stellung einer Kaution von 3 000
Gulden, die sicherstellen sollte, daß er sich dem Vollzug des
Urteils der Rekursinstanz nicht entziehen würde. Der Bürgermeister von Straßburg lehnte deshalb die Auslieferung ab,
da dies einer Amtsüberschreitung gleichkomme, und verlangte eine Verständigung der beiden Regierungen. Ob diese
Aufforderung dazu beigetragen hat, List aus Frankreich aus-
zuweisen, kann nur vermutet werden. List wurde offensichtlich auch auf Anweisung des französischen Innenministeri-
ums beobachtet, da ein Geheimagent namens Hoffmann dem
Innenminister Corbière über die Ereignisse in Straßburg berichtete. Danach halte List Kontakte zu Personen der Opposition und stehe im Verdacht, die „Neckarzeitung" zu redi-
gieren, ein in den Augen des Agenten ehrloses Blatt, dessen
Beschlagnahme er bewirken werde. Weiterhin sei List vom

Präfekten des Niederrheins wegen öffentlicher Äußerungen gegen das augenblickliche System aufgefordert worden, die Stadt innerhalb von 24 Stunden zu verlassen. Offensichtlich geschah das nicht in der Absicht des Agenten, aber es sei nicht mehr rückgängig zu machen gewesen, so daß ihm nur noch übriggeblieben wäre, List weiter zu überwachen.

List war nicht nur aus der Stadt ausgewiesen worden, sondern auch aus Frankreich. Er begab sich nach Kehl, dann im April mit seiner Familie nach Basel. Doch auch dort konnte er nicht lange bleiben; weiter ging es nach Aarau. Da er keinen Heimatschein besaß, mußte er nach den gesetzlichen Bestimmungen eine Kaution von 1600 Franken entrichten. Erst im September 1823 entschied die Regierung des Kantons Aargau, daß List das Niederlassungsrecht erhielt. Während dieser Zeit stand List ununterbrochen in Verhandlungen mit Württemberg. Am 28. Dezember 1822 war sein Rekurs vom Obertribunal in Stuttgart verworfen worden. Alle weiteren Anstrengungen und Versuche Lists schlugen fehl. Sein Vermögen und seine Bibliothek waren beschlagnahmt worden. Seine finanzielle Situation verschlechterte sich immer mehr, weil er nicht das nötige Einkommen hatte. List mußte dazu noch erkennen, daß sich allgemein die Reaktion in Europa immer mehr auszubreiten begann.

Im März 1824 reiste er nach Paris und London. In Paris traf er den berühmten General des amerikanischen Unabhängigkeitskrieges, Marie Joseph Lafayette, der ihn zu einer Reise nach Amerika einlud. Das wäre für List eine Perspektive gewesen, doch Lafayette mußte ohne ihn fahren, denn List hatte sich dazu entschlossen, nach Stuttgart zurückzukehren. Warum? Er hätte im Gefolge Lafayettes ohne große Kosten die Überfahrt antreten können. Aber er hatte auch Rücksichten auf seine Familie und die Verwandtschaft seiner Frau zu nehmen. Dazu hegte er noch Hoffnungen auf die Begnadigung durch den König oder wenigstens auf ein mildes Urteil; dies war völlig unbegründet, wie sich bald herausstellen sollte. Er mag wohl selbst Bedenken gegen einen solchen weitreichenden Schritt einer Amerika-Reise gehabt haben, zumal sein Vermögen konfisziert worden war.

Lists Haft auf dem Asperg

Unerkannt von den Behörden kehrte List Ende Juli 1824 über Schaffhausen und Tuttlingen nach Stuttgart zurück. Dort hielt er sich einige Tage auf und nahm Kontakt mit seinem Mittelsmann auf, dem Verleger Johann Friedrich von Cotta, den er am Abend des 3. August in dessen Haus traf. Daraufhin setzte sich von Cotta mit Justizminister von Maucler in Verbindung, um diesem mitzuteilen, daß List sich in Stuttgart befände und um Rat bäte. Maucler antwortete in einem Brief, daß List, wenn er in Stuttgart bliebe, seine Strafe antreten müsse; also am besten die Stadt sofort verlassen solle, wenn er nicht verhaftet werden wolle. Es sei möglich, daß ihm ein Teil seiner Strafe auf dem Gnadenwege erlassen werde. Das hörte sich nicht mehr so positiv an, hatte List doch insgeheim auf Begnadigung gehofft. Von Cotta riet ihm, sich verhaften zu lassen, und so wurde List am 6. August in Gewahrsam genommen und gleich auf den Asperg gebracht.

Als die Prozeßakten in der Zeitschrift „Themis" veröffentlicht wurden, verdächtigte man List, diese der Zeitschrift überlassen zu haben. Mitte August begann daher eine neue Untersuchung gegen ihn, die ihn natürlich verunsichern mußte. Im Namen seiner Frau verfaßte er ein Begnadigungsgesuch an den König, das am 27. August eingereicht wurde. Zwar teilte Wilhelm seinem Justizminister schon am 1. September mit, daß er dem Gnadengesuch nicht entsprechen wolle, doch Lists Frau erfuhr von diesem abschlägigen Bescheid erst am 2. Oktober mündlich durch den Kriminalrichter von Cless. Es sah also nicht nach Begnadigung aus. Hinzu kam jetzt noch, daß List Zwangsarbeit leisten sollte, wogegen er sich bisher unter Hinweis auf sein Gnadengesuch gewehrt hatte. Am 9. September schrieb er von Cotta einen wichtigen Brief, in dem seine Hoffnungslosigkeit klar zum Ausdruck kam. Er fürchtete wohl, noch einmal verurteilt zu werden. List bat nun von Cotta um Rat, wie er sich in Zukunft verhalten solle. Um der Zwangsarbeit zu entgehen, unterbreitete er den Vorschlag, seine Strafe in ewige Verbannung umzuwandeln und bat von Cotta, davon den Justizminister in Kenntnis zu setzen. Damit war ein folgenschwerer Vorschlag getan, der offensichtlich auch dem Justizminister nicht ungelegen kam. Zwar besitzen wir kein Zeugnis, in dem von Cotta List aufforderte, Zwangsarbeit zu verrichten; doch hat List diese Zwangsarbeit geleistet. Aus seinem Tagebuch erfahren wir, daß er von Justizminister Maucler dazu gezwungen worden sei. Das geschah Anfang November.

List verfaßte am 5. November eine Mitteilung an das Oberamt Reutlingen, in dem er seine Auswanderungsabsicht erklärte und hierfür den erforderlichen Bürgen, den Rechtskonsulenten Fetzer aus Reutlingen, benannte. Zwei Tage später richtete List einen Brief an Justinus Kerner, in dem er seine Absicht erklärte, Europa zu verlassen. Der Hauptgrund für seine Auswanderung sei die Rücksicht auf seine Kinder, für deren Erziehung Württemberg nicht der geeignete Ort sei.

Nun saß List schon vier Monate auf der Festung; er begann unruhig und ungeduldig zu werden, das belegen die Briefe vom 8. und 21. November an von Cotta. Für den ersten Moment erstaunlich nannte List als Ursache für sein Drängen den möglichen Verlust von 2 000 Gulden, falls er nicht vor Jahreswechsel freikomme. Deshalb sei er auch nach Stuttgart zurückgekommen. Um sein Vermögen zurückzuerhalten, habe er sich den Behörden ausgeliefert. Er betonte, daß für die Abwicklung dieser Geschäfte seine persönliche Anwesenheit notwendig sei. Es sei gerade diese Summe, die ihm für sein Unternehmen noch fehle, ohne dieses Geld betrachte er die Ausführung seines Unternehmens als „eine blanke Torheit". Doch von Maucler ließ sich nicht unter Druck setzen. List verbrachte das Weihnachtsfest und auch Neujahr noch auf dem Asperg. Im Dezember erhielt er Besuch von seinem noch nicht ganz fünf Jahre alten Sohn Oskar, der einige Wochen bei ihm auf dem Asperg verbrachte. List durfte Besuche empfangen und sich auch auf dem Gelände der Festung aufhalten. Die Haftbedingungen waren also sicherlich angenehmer als in einem Zuchthaus. An Neujahr erhielt er Besuch von einem gewissen Karl, wahrscheinlich seinem Stiefsohn, der bis zum 2. Januar blieb.

Einige Tage später wurde List nach Stuttgart gebracht; er dachte, jetzt wäre er frei, doch vor seiner Tür stand eine Polizeiwache. List schrieb darauf am 5. Januar einen Brief an von Cotta, in dem er diesem seine Verwirrung über die augenblickliche Situation mitteilte. Aus zwei weiteren Briefen vom 8. und 9. Januar an von Cotta können wir eine weitere Irritation bei List feststellen, als ihm Kriminalrichter von Cless mitteilte, daß er wieder auf den Asperg zurückgebracht werden solle. Vermutlich hatte der Kriminalrichter keine Ahnung davon, was im Justizministerium über List beschlossen worden war. Ihm war gesagt worden, daß List vorübergehend nach Stuttgart gebracht werde, um das Verhör wegen der „Themis"-Sache zu beenden. In Wirklichkeit sollte List die Möglichkeit gegeben werden, seine finanziellen Angelegenheiten zu regeln, damit man ihn möglichst schnell loswürde. Lists Gesuch, nach Reutlingen und in das Oberamt Besigheim zu reisen, wurde entsprochen. Nach zwei weiteren Aufschüben verließ List am 27. Januar Stuttgart in Richtung Karlsruhe, nachdem er auf sein württembergisches Staatsbürger- und Untertanenrecht verzichtet und einen Paß erhalten hatte.

Dieser Ablauf der abschließenden Formalitäten scheint zu belegen, daß man sehr an Lists rascher Abreise interessiert war. Vielleicht fürchtete man, daß sich die Mainzer Untersuchungskommission für den Fall List interessieren könnte. Das hätte einen Eingriff in die inneren Angelegenheiten und in die staatliche Souveränität bedeutet, was König Wilhelm I. sicherlich mißfallen hätte. Auf jeden Fall hatte man von der Regierungsseite erreicht, was man wollte. List würde in Zukunft für ein öffentliches oder politisches Amt nicht mehr in Frage kommen.

Die Zeit in Amerika

Als List frei war, reiste er nach Straßburg, um sich dort nach einem Haus für seine Familie umzusehen; er hatte zunächst die Absicht, sich in Frankreich niederzulassen. Die württembergische Regierung, die ihn beobachten ließ, hatte damit gerechnet und forderte ihn auf, seine Reise durch Frankreich fortzusetzen. List konnte die französischen Behörden allerdings davon überzeugen, daß er noch einmal nach Baden zurückgehen müsse, um seine Familie zu treffen. Spätestens jetzt mußte ihm und auch seiner Frau klargeworden sein, daß es keinen anderen Ausweg als die Emigration nach Amerika gab. Als der Reisepaß endlich eingetroffen war, reiste man durch Frankreich nach Le Havre, um das Schiff nach New York zu erreichen. Am 26. April lief der Dampfer aus, und nach über vierzig Tagen bei einer stürmischen Überfahrt erreichte man am 9. Juni 1825 New York.

Seine Familie nahm vorerst Quartier in Philadelphia, List kehrte nach New York zurück. Dann reiste er mit dem Dampfboot den Hudson hinauf nach Albany, dort traf er General

Lafayette, der ihn nochmals zur Reise durch die Vereinigten Staaten einlud. Für List war diese Beziehung von großem Nutzen, denn er lernte im Gefolge des Generals nicht nur die führenden Männer des Landes kennen, sondern konnte auch von der Reputation des Freiheitskämpfers profitieren.

Die Reise verlief erfolgreich, doch danach sorgte sich List um seine Zukunft. Wie viele andere Neuankömmlinge beschloß List, Farmer zu werden; im November 1825 kaufte er in der Nähe von Harrisburg eine Farm. Da er aber für diesen Beruf nicht geeignet war, wurde er 1826 Chefredakteur einer deutschsprachigen Zeitung, des „Readinger Adlers". Er siedelte mit seiner Familie nach Reading über, wo er bis 1830 wohnte.

Nachdem List von den reichen Kohlevorkommen in der Nähe von Pottsville gehört hatte, beschloß er, ein Unternehmen zu gründen. Er entdeckte Kohlelager in den Blue Mountains. Der Transport der Kohle an den Verbrauchsort sollte mit der Eisenbahn von Tamaqua nach Port Clinton geschehen; von dort sollte die Kohle dann auf dem Kanalweg nach Philadelphia gebracht werden. List gewann Isaac Hiester, den Neffen des Gouverneurs von Pennsylvania, für den Landkauf bei den Eigentümern, unter deren Besitz sich die Kohlevorkommen befanden. Sie schlossen spezielle Verträge mit diesen Eigentümern des Bodens, in denen sich List und Hiester zum Bau einer Eisenbahn verpflichteten.

Für die Finanzierung des Unternehmens konnte ein Finanzmakler in Philadelphia, Thomas Biddle, gefunden werden. Am 23. April 1829 kam es zur Gründung der „Little Schuylkill Navigation, Railroad and Coal Company". Hiester und List brachten die Kohleminen gegen Kapitalanteile in die Gesellschaft ein. Als man einen geeigneten Ingenieur für den Bau der Bahn gefunden hatte, begannen die Arbeiten. Ende 1831 wurde die Eisenbahnlinie feierlich eröffnet, doch List befand sich gerade auf einer mehrmonatigen Europareise. Das war Lists größte bisherige Unternehmung überhaupt gewesen. Natürlich betätigte er sich weiterhin auch als Schriftsteller und Publizist. Hier sind vor allem die „Outlines of American Political Economy" zu nennen, mit dener er sich einen Namen als amerikanischer Nationalökonom machte. Am Anfang hatte die Gesellschaft mit Schwierigkeiten zu kämpfen. List hinterlegte 1830 bei Thomas Biddle & Co einen Teil seines Aktienpakets als Sicherheit für einen Kredit, 1832 verpfändete er weitere 535 Aktien. 1836 bat er Hiester um weitere 1 000 bis 1 500 Dollar. Da das Bankhaus Biddle 1837 in Konkurs ging, verlor List sein ganzes dort hinterlegtes Vermögen.

Lists Rückkehr nach Europa

Friedrich List unterstützte im Wahlkampf um das Präsidentenamt der Vereinigten Staaten 1828 den Kandidaten Andrew Jackson gegen den bisherigen Präsidenten John Quincy Adams. Der Herausforderer gewann die Wahl, daher war es nicht verwunderlich, daß der neue Präsident Jackson List seine Dankbarkeit zeigen wollte, als sich dieser im Oktober 1830 um das Konsulat für Sachsen, Bayern, Hessen-Kassel und das Elsaß bewarb, allerdings war diese Stelle derzeit nicht frei; doch der Präsident sagte ihm einen Konsulatsposten zu, sobald es sich ergeben sollte. List wollte dabei keinen Gewinn aus dem Amt ziehen, ihm ging es nur um den Diplomatenstatus. Am 27. Oktober 1830 wurde ihm das amerikanische Bürgerrecht verliehen, das er erst am 2. desselben Monats beantragt hatte.

Obwohl Lists Aufenthalt in Amerika überaus erfolgreich gewesen war, wollte er zurück. Zahlreiche Briefe belegen Lists Heimweh. In einem Brief an August Campe hoffte List, Gerechtigkeit zu erfahren, da er nie den konstitutionellen Weg verlassen habe. Neben diesem Heimweh ging ihm immer wieder ein Plan durch den Kopf, den er in einem Brief seinem Freund Ernst Weber mitteilte. Darin schrieb er von einem Eisenbahnsystem für Deutschland. Neben dem wirtschaftlichen Fortschritt zielte dieser Plan auch auf die Vereinigung Deutschlands ab: „Ein eisernes Band würde dadurch um alle Ländchen geschlungen. Der materiellen Vereinigung folgt aber immer auch die geistige." In den kommenden Jahren reiste List durch die Staaten des Deutschen Bundes, um für diese Ideen zu werben. Dabei ging es ihm besonders auch um die Linienführung der neuen Eisenbahn. Ein diplomatischer Status sollte es ihm ermöglichen, sich in Deutschland frei bewegen zu können. Doch hing seine Anerkennung als Konsul ja nicht nur vom amerikanischen Senat ab, sondern auch von der Regierung des Staates, in dem er die Vereinigten Staaten vertreten sollte. Zuerst wurde er zum Konsul für Hamburg ernannt. Sowohl der Senat in Washington als auch der der Hansestadt lehnten ihn ab. List war aber schon nach Europa abgereist, um in Frankreich einen Absatzmarkt für amerikanische Anthrazitkohle zu gewinnen, so erfuhr er von der Ablehnung des amerikanischen Senats, deren Ursachen nicht genau bekannt sind, erst durch ein Schreiben des Secretary of State, Martin Van Buren. Der Hamburger Senat lehnte List wegen seiner politischen Vergangenheit in Württemberg ab. Damit begannen erneut die Schwierigkeiten mit der Reaktion in Deutschland. Daß diese Schwierigkeiten von allerhöchster Stelle ausgingen, sollte vor allem seine Bewerbung um das Konsulat für die Stadt Leipzig zeigen.

Inzwischen war List nach seinem eher erfolglosen Aufenthalt in Frankreich nach Amerika zurückgekehrt, wo er sich erneut um ein Konsulat in Deutschland bemühte. Er erhielt die Stelle eines Konsuls für Baden. Damit war der Weg frei für die Rückkehr nach Deutschland. Man bezog wegen des ernsten Gesundheitszustands seiner Frau vorerst eine Wohnung in Hamburg. Im Juni 1833 zog die Familie nach Leipzig um.

Leipzig sollte einer der Knotenpunkte des künftigen deutschen Eisenbahnsystems werden. List verfaßte einige Schriften, die sich für ein sächsisches Eisenbahnsystem einsetzten, vor allem für den Bau einer Linie von Leipzig nach Dresden. Er war sehr stark in die Gründung einer Leipzig-Dresdener Eisenbahngesellschaft involviert, da er aber kein Leipziger Bürger war, wurde er nur als außerordentliches Mitglied in deren Komitee aufgenommen. Lists Antrag um Aufnahme als Schutzverwandter der Stadt Leipzig wurde zweimal abgelehnt. Deshalb bewarb er sich im April des Jahres 1834 um die Stelle eines Konsuls in Leipzig und die eines Vertreters der Vereinigten Staaten beim Deutschen Zollverein, der am 1. Januar 1834 in Kraft getreten war.

List erhielt das Konsulat für Leipzig, und damit begannen seine Schwierigkeiten erst recht. Nachdem die sächsische Regierung am 29. September eine amtliche Nachricht für die Leipziger Zeitungen veröffentlichte, in der sie den für die Stadt Leipzig ernannten Handelskonsul Friedrich List anerkannte, drückte der österreichische Staatskanzler Metternich in einem Brief an den österreichischen Geschäftsträger in Berlin, von Kast, seine Unzufriedenheit mit dieser Entscheidung der sächsischen Regierung aus. Interessant sind dabei die Informationen, die Metternich über Lists Vergangenheit besaß. Danach habe sich List der entehrenden Kriminalstrafe durch Flucht entzogen, sein Verhältnis zu Württemberg sei also das eines entsprungenen Sträflings. Metternichs Absicht war es, mit Preußen zusammen bei der sächsischen Regierung zu intervenieren, um die Tätigkeit von Vizekonsuln in den einzelnen Städten Sachsens zu verhindern und die Aktivitäten Lists kontrollieren zu lassen.

Endgültiges Ziel war es natürlich, von der sächsischen Regierung die Zurücknahme des bereits erteilten Exequatur zu erreichen. Da dies aber schwierig war, begann ein Intrigenspiel gegen List. Zahlreiche Berichte kursierten zwischen Berlin, Stuttgart, Wien, Frankfurt und Dresden. Dabei ging es um die Erhellung der Umstände des Verfahrens gegen List wegen der Reutlinger Petition, um die Haft und vor allem, ob er vom Asperg geflüchtet sei oder ob er mit einem von der württembergischen Regierung ausgestellten Paß das Land hatte verlassen dürfen. Dabei wird deutlich, daß die Information, List sei geflüchtet, nur von württembergischen Regierungsstellen in Umlauf gebracht worden sein kann.

Aus einer Stellungnahme des württembergischen Außenministers Graf von Beroldingen geht hervor, daß List die Gelegenheit ergriffen habe, sich aus Württemberg zu entfernen. Diese Formulierung ist zwar nicht ganz eindeutig, doch die Initiative geht auch hier wieder von List aus. Da nun aber vor allem die sächsische Seite ein sehr starkes Interesse zeigte, die Sache aufzuklären, wurde die württembergische Regierung noch einmal um eine Stellungnahme gebeten. Von Beroldingen hatte nach dem Bericht des sächsischen Geschäftsträgers in Stuttgart, Freiherr von Wirsing, in einer mündlichen Unterredung bereits zugegeben, daß man List habe entwischen lassen. Man drängte deshalb auf eine schriftliche Erklärung, die dann als Beweis für die Interventionsmächte Österreich und Preußen dienen konnte. Hier mußte dann von Beroldingen zugeben, daß List ein Reisepaß von der württembergischen Regierung ausgestellt worden war. Als Begründung für diese Aktion gab von Beroldingen an, daß man darin ein Mittel sah „einer Erneuerung der verwerflichen Umtriebe nach erfolgtem Abflusse der dem p. List zuerkannten Festungsstrafe vorzubeugen und denselben somit unschädlich zu machen".

Damit war zwar Metternich die Möglichkeit genommen, die Abberufung Lists zu erreichen, aber auch der sächsischen Regierung schien es notwendig, Lists Tätigkeit zu überwachen. Eines ist deutlich geworden: die württembergische Regierung hat eine zentrale Rolle bei der Flucht Lists aus Württemberg gespielt, dies wollte sie aber nicht zugeben. Da die württembergische Regierung List nicht weiterhin auf dem Hohenasperg lassen wollte, kann ihr Handeln und vor allem das ihres Justizministers nur so verstanden werden, daß man List einfach lossein wollte. Man fürchtete dessen politische und publizistische Fähigkeiten, die ja nach seiner Entlassung wieder zu erneuten, unliebsamen Umtrieben hätten führen können. Die Haft auf dem Hohenasperg wirkte sich für List bei allen seinen Unternehmungen zum Nachteil aus.

Man erkennt an der Ablehnung des Hamburger Senats und den Schwierigkeiten, die List nach der Erteilung des Exequaturs durch die sächsische Regierung hatte, die Vorbehalte gegen seine Person. Von staatlicher Seite wußte man über seine Vergangenheit Bescheid, sie eilte ihm praktisch immer voraus, egal wohin er in Deutschland auch kam. List fühlte sich vor allem vom württembergischen Staat verfolgt, was besonders drastisch in einem Brief an Robert von Mohl vom Februar 1846 deutlich wurde: „Bis gegen das Ende v. J. wurde ich von dem K.(önig) v.(on) W.(ürttemberg) noch immer bis auf den Tod verfolgt; sein Gesandter in Wien wirkte während meiner dortigen Anwesenheit gegen mich, als hätte ich meine Adresse nur 14 Tage zuvor verfaßt".

Die Gründe der württembergischen Regierung waren für List klar. Man wollte nicht, daß er sich gegen seine Verfolger wenden konnte. List fühlte in diesem Jahr seinen Mißerfolg immer stärker und suchte wohl dafür einen Schuldigen. Da List hinter den Schwierigkeiten die württembergische Regierung vermutete, versuchte er im April 1836 mit einer Eingabe an den

württembergischen König, seine Rehabilitierung zu erreichen. List war im Januar 1836 in Privatgeschäften nach Stuttgart gekommen, so sagte er es wenigstens aus, als er durch
den Stadtdirektor von Klett über seine Verhältnisse zu Württemberg aufgeklärt wurde. Das stimmt zwar teilweise, List
wollte aber wohl eher erkunden, wie es um seine Person in
Württemberg stand: wie dachten vor allem der König und die
Minister über ihn? Von ihnen würde ja seine Rehabilitation
entscheidend abhängen. Er führte viele Gespräche, unter anderem auch mit Justizminister von Maucler und Johannes von
Schlayer, einem Freund aus Tübinger Tagen, der jetzt Innenminister war. In einem Brief an seine Frau zeigte er sich zwar
über die herzliche Aufnahme, die ihm in Stuttgart bereitet
worden war, zufrieden, aber gleichzeitig schien auch seine
Skepsis durch: „Aber im ganzen merkt man wohl, daß der König noch nicht versöhnt ist und daß alle die, welche unmittelbar mit ihm umgehen, ängstlich sind." Trotzdem reichte List
zwei Monate später ein Gnadengesuch beim König ein. Er hatte in Baden für sein Eisenbahnprojekt geworben und machte
sich Hoffnungen auf eine Anstellung, dasselbe galt für Württemberg. Er wußte aber sehr genau, daß die Voraussetzung für
eine Anstellung die Begnadigung durch den König war, und
daß die württembergische Regierung nichts mehr in den Staaten des Deutschen Bundes gegen ihn unternahm.
Wilhelm I. zeigte sich jedoch nicht versöhnt. List wurde nicht
rehabilitiert. Er war als amerikanischer Staatsbürger anzu-
sehen und deshalb als Ausländer zu betrachten, der sich nur
„auf Wohlverhalten und unter polizeilicher Aufsicht" im Königreich aufhalten durfte. Somit hatten sich seine Hoffnungen, in Württemberg oder in Baden eine Anstellung zu finden,
zerschlagen. Friedrich List kehrte ernüchtert nach Leipzig
zurück. Seine wirtschaftliche Basis war nicht sonderlich groß,
er zehrte von seinem Vermögen aus den Vereinigten Staaten.

Lists Engagement erstreckte sich vor allem auf die Herausgabe des „Eisenbahnjournals" und die Mitarbeit am Staatslexikon von Rotteck-Welcker. Wie es seine Art war, entwikkelte er ständig neue Projekte. Er schlug zum Beispiel Georg von Cotta, dem Sohn des 1832 verstorbenen Verlegers Johann Freiherr von Cotta, die Errichtung einer Fabrik zur Herstellung von Zucker aus Runkelrüben nach einer neuen Produktionsmethode auf dessen Besitzungen bei Heilbronn vor.

Er zog sogar eine Rückkehr nach Amerika in Betracht. Im Oktober 1836 bemühte er sich ein weiteres Mal um seine Rehabilitation in Württemberg. Lists Unsicherheit über seine Situation war deutlich zu erkennen. Im Juni 1837 war in ihm der Entschluß bereits so weit gereift, Deutschland zu verlassen. Er teilte Georg von Cotta mit, daß er seine Aktien an der Leipzig-Dresdener Eisenbahngesellschaft verkaufen wolle, um noch im Sommer nach London oder Paris zu gehen. List hatte sich vergeblich um eine freigewordene Direktorenstelle bei der Leipzig-Dresdener Eisenbahngesellschaft bemüht. Im August schied List aus deren Ausschuß aus und beendete damit sein Engagement. Für sein Leipziger Konsulat stellte er einen Konsular-Agenten an, mit dem er einen Vertrag über seine Vertretung in Leipzig abschloß.

Das Jahr 1837 war nicht nur das Jahr, in dem List seine Hoffnungen vorerst aufgab, in Deutschland eine Anstellung zu finden, sondern es war auch das Jahr des Verlusts seines in den Vereinigten Staaten erworbenen Vermögens. Damit wurden die Zwänge für List noch größer. Im September 1837 traf er in Belgien Gustav Kolb, einen seiner Studenten aus der Tübinger Zeit, der zur selben Zeit auf dem Hohenasperg gewesen war wie er. Kolb war erster Redakteur der „Allgemeinen Zeitung", die bei Cotta verlegt wurde. Von diesem Zeitpunkt an begann List, regelmäßig für diese Zeitung Artikel zu schreiben. Natürlich versuchte er sich weiterhin als Experte in Eisenbahnfragen. Etwas Erfolg schien er dabei in Frankreich zu haben, als er vom belgischen König Leopold ein Empfehlungsschreiben an König Louis Philippe von Frankreich erhalten hatte. Zunächst schien sein französisches Engagement aussichtslos, zumal sich List auch dann mehr für ein Preisausschreiben der „Académie des sciences morales et politiques" interessierte. Zwar gewann er keinen Preis, jedoch wurde seine Arbeit lobend erwähnt.

Aus diesem Zufall ergab sich jedoch der Plan, ein Buch über politische Ökonomie zu schreiben. List arbeitete daran in Paris, wo er sich seit August 1837 aufhielt. Es wurde im Mai 1841 bei Cotta unter dem Titel „Das Nationale System der politischen Ökonomie" veröffentlicht. Obwohl List selbst zu seinen Lebzeiten noch zwei weitere Auflagen erlebte und das Buch sich gut verkaufen ließ, wurde er nicht reich damit. Jede Auflage umfaßte 1000 Exemplare und List erhielt als Honorar etwa 900 Gulden pro Auflage. Seine journalistische, schriftstellerische und publizistische Arbeit hielt ihn zwar über Wasser, sie erlaubte ihm jedoch nicht, eine Vorsorge für das Alter zu treffen. Gegen Ende seiner Pariser Zeit erhielt List ein Angebot des französischen Ministers Adolphe Thiers, in französische Dienste zu treten; er lehnte es ab und kehrte Anfang Mai 1840 nach Leipzig zurück.

Was die Eisenbahn-Angelegenheiten betrifft, so hatte List wieder neuen Mut geschöpft. Er setzte sich jetzt für den Bau einer Eisenbahn in den thüringischen Herzogtümern ein. Doch auch hier hat man ihn nur als Initiator benützt und ihn mit Versprechungen hingehalten. Als es später um die Verteilung der Posten ging, war für List nichts außer Ehrungen und einer kleinen Abfindung für seine Dienste übriggeblieben. Im Frühjahr 1841 zog er nach Augsburg um. Die Zusammenarbeit mit dem Verleger Georg von Cotta wurde immer enger und gipfelte in der Herausgabe des „Zollvereinsblatts", dessen erste Ausgabe am 1. Januar 1843 erschien. Allerdings ergab sich diese enge geschäftliche Verbindung erst, als List die Hoffnung aufgegeben hatte, in württembergische oder bayerische Dienste treten zu können. Sowohl in Württemberg als auch in Bayern wurden die Pläne konkreter, Eisenbahnen zu bauen. List war selbstverständlich zur Stelle und setzte sich dafür ein. Diese Privatinitiativen waren natürlich mit der Absicht verbunden, eine feste Anstellung zu erhalten. Am 3. Mai verfaßte er eine Eingabe an König Ludwig I. von Bayern mit der Bitte um Verwendung im bayerischen Eisenbahndienst. Sowohl diese Eingabe als auch die Bewerbung in Württemberg scheiterten.

Im Mai 1841 hatte List eigentlich nach Mailand reisen wollen, um dort seine Familie zu treffen. Seine kranke Schwiegermutter hatte ihn aber gebeten, nach Stuttgart zu kommen. Diesem Wunsch war er gefolgt. Er wollte eigentlich seine Reise wieder fortsetzen, aber dann brach er sich bei einem Badeausflug nach Berg Anfang Mai das Bein. Am 26. Juni konnte er zum erstenmal das Bett verlassen. Die Ärzte rieten ihm, zur gänzlichen Wiederherstellung nach Wildbad zu gehen. Dort hielt er sich bis Ende August auf. Danach fuhr er nach Stuttgart, wo man schon damit beschäftigt war, die Festlichkeiten für das 25jährige Regierungsjubiläum des Königs vorzubereiten. List wich diesem Trubel aus und fuhr nach Karlsruhe und Mannheim, kehrte danach aber wieder nach Stuttgart zurück. Aufgrund dieses Regierungsjubiläums hatte sich der König entschlossen, allen politisch Verfolgten, zu denen ja auch List gehörte, Amnestie zu gewähren. Damit war seine Ehre wiederhergestellt. List machte sich sofort wieder Hoffnungen, in den württembergischen Staatsdienst zurückzukehren. Schlayer, der Innenminister, war sein Jugendfreund. Auf ihn richteten sich seine Hoffnungen. Doch die Minister schoben die Verantwortung hin und her. List wartete den ganzen Ok-

tober und den ganzen November und auch noch einen Teil des
Dezembers.

In dieser Zeit erhielt er auch ein Angebot der Herren Oppen-
heim, Schramm und Fay, die Stelle eines Chefredakteurs einer
politischen Zeitschrift, die in Köln erscheinen sollte, zu übernehmen. List lehnte ab. Zwar hatte er den Beinbruch glücklich überstanden, wie er seiner Tochter Karoline am 22. August 1841 schrieb: „Die Schmerzen im Fuß haben sich fast ganz
verloren und sie kommen nur etwas, wenn ich mich beim
Gehen anstrenge, was ich daher vermeide. Ich gehe jetzt mit
Leichtigkeit auf der Straße und bedarf nur geringer Unterstützung durch den Stock. (...) Im ganzen war der Bruch leichter und ungefährlicher Art, da er gar keine Splitter hatte. Er
wird daher auch nicht die geringste Spur zurücklassen. Ich
kann jetzt gottlob den ganzen Unfall als glücklich überstanden betrachten." Trotzdem war seine allgemeine Gesundheit
angegriffen. List litt unter Arbeitsunlust, ein Zustand, der in
den nächsten Jahren wiederholt auftreten sollte. Damit war
aber auch die Stelle des Chefredakteurs für ihn verloren. Möglicherweise hat er den Posten abgelehnt, damit er sich weiter
um seine Rehabilitation bemühen konnte. Hier hielt ihn aber
die irrationale Hoffnung, die Sehnsucht nach einer ehrenhaf-
ten Wiedereinstellung fest. Eine Stellung im württembergischen Staatsdienst wäre wohl eine Art Wiedergutmachung an
seiner Person gewesen, denn nach wie vor war er fest davon
überzeugt, daß ihm Unrecht geschehen war. Er erhielt zwar
keine abschlägige Antwort, aber man wollte ihn einfach nicht.
Im Frühjahr 1842 kehrte er nach Augsburg zurück. Die nächsten Jahre sollte er hauptsächlich mit dem „Zollvereinsblatt"
beschäftigt sein. Dazu kamen Reisen, die ihn durch ganz Europa führten. Wichtig für sein persönliches Schicksal jedoch
wurde das Verhältnis zu Georg von Cotta, das immer schlech-
ter wurde. Da dieser das Zollvereinsblatt verlegte, nahm er für

sich das Recht in Anspruch, die einzelnen Ausgaben vor ihrer Drucklegung durchzusehen. Er tat dies unter dem Hinweis auf die Zensur. Darüber gab es heftige Auseinandersetzungen. List schrieb am 18. September 1844 in einem Brief an von Cotta: „Ihre Privatzensur hemmt, ärgert, demütigt, erniedrigt mich – um so mehr, als Sie nicht dazu berechtigt sind." Dazu kamen noch einige andere Differenzen, die die Mitarbeit Lists an der „Allgemeinen Zeitung" betrafen. Mit der Zeit wurden diese Differenzen unüberbrückbar. Es kam zum Bruch. Von Cotta und List einigten sich schließlich darauf, das „Zollvereinsblatt" ab 1. Juli 1846 völlig in das Eigentum Lists übergehen zu lassen.

Neben dem Interesse für das „Zollvereinsblatt" zogen die Ereignisse in England die ganze Aufmerksamkeit Lists auf sich. Im Herbst 1845 war aufgrund einer Kartoffelkrankheit eine große Hungersnot in Irland ausgebrochen. Darauf sah sich die englische Regierung unter Robert Peel veranlaßt, Maßnahmen zur Abmilderung der Katastrophe zu ergreifen. Diese mündeten in der Aufhebung der Getreide-Zollgesetze im Mai 1846, worauf List offensichtlich schon lange gewartet hatte. In einem Briefentwurf an den bayerischen Innenminister von Abel legte List seine Pläne dar. Voraussetzung für Lists Plan war die Änderung des bisherigen englischen Handelssystems. In diesen Plan hat List seine ganzen Hoffnungen gesetzt, doch noch die moralische und auch materielle Anerkennung zu erhalten, die ihm seiner Meinung nach zustand. Er glaubte aber nicht, daß sie ihm von seinen Landsleuten zukäme, sondern von den Engländern. Was List vorschwebte, war eine Eisenbahn von Ostende nach Bombay, von der er sich grundlegende Veränderungen der wirtschaftlichen und politischen Verhältnisse in Europa versprach. Diese Linie sollte über Frankfurt, Nürnberg, Augsburg und München führen, dann in zwei weiteren durch den Balkan, um sich am Euphrat wiederzuvereinen und von dort auf der linken Seite des Persischen Golfs nach Bombay gehen. Diese Bahn sollte drei- bis viermal so schnell sein wie ein Dampfschiff, das um Afrika fahren müsse. Dadurch würde das Interesse Englands an der Entwicklung Deutschlands geweckt und somit auch eine politische Annäherung möglich werden, um gemeinsam Rußland und Frankreich im Zaum zu halten. Im Interesse Englands sollten die Gebiete der europäischen Türkei von Griechenland und Österreich übernommen werden. Das war natürlich ein atemberaubender Plan. Nur wie sollte er verwirklicht werden? Da in den Augen Lists die Zustimmung des englischen Ministeriums hier entscheidend war, mußte dort für diesen Plan geworben werden.

List war von diesem Plan so fasziniert und auch davon überzeugt, in England Erfolg zu haben, daß er diese Reise im Sommer 1846 unternahm. Finanziert wurde sie aus seinem eigenen Portefeuille, obwohl es eine Sammlung privater Industrieller, Kaufleute und Grundbesitzer gegeben hat, die aber wohl zur Zeit der Abreise Lists noch nicht beendet war. Dieses Unternehmen wurde ein völliger Fehlschlag. Robert Peel, der ehemalige britische Premierminister, antwortete auf ein Mémoire Lists, daß er zwar eine enge Verbindung Englands und Deutschlands befürworte, sich aber nicht mit der Art und Weise anfreunden könne, wie sie List vorschwebe. England würde es nicht akzeptieren, selbst keine Zölle für Importe aus Deutschland zu erheben, während Deutschland seine Zölle beibehalte. Er sei im Interesse des Freihandels für die beiderseitige Senkung der Zölle.

Völlig niedergeschlagen kam List zurück. „Ich befinde mich seit beinahe drei Monaten in einem Zustand, in dem ich mich schon einmal befunden habe, seitdem ich wegen eines schweren Beinbruchs drei Monate lang hatte auf dem Rücken liegen müssen und jedesmal um diese Jahreszeit. Nervenabspan-

nung, fast gänzliche Unfähigkeit zur Arbeit, weil mich Kopf-
weh befällt, sobald ich die Feder ergreife, Lebensüberdruß
und alle Übel von Unterleibsbeschwerden plagen mich." So
schildert List am 24. Oktober in einem Brief an Anton Bach-
maier seinen bedenklichen Gesundheitszustand. Da er nicht
arbeiten konnte, machte er sich natürlich große Sorgen um das
Erscheinen des Zollvereinsblatts. In einem Brief vom 25. November an seine Frau Karoline hatte List vor, einige Wochen
nach Meran zu fahren, um sich zu erholen. List kam aber
gar nicht bis nach Meran, sondern drehte wegen schlechten
Wetters wieder um. Seine Verfassung besserte sich nicht. Was
nun geschah, ist nur aufgrund seiner angegriffenen Gesundheit, der vermeintlichen Aussichtslosigkeit seines weiteren
Lebens und der Einsamkeit erklärbar. Während eines Spaziergangs in der Nähe von Kufstein hat er sich am 30. November 1846 mit einer Pistole das Leben genommen. In einem
Abschiedsbrief, den er noch auf den 1. Dezember vordatiert
hatte, kamen die Beweggründe für diese erschreckende Tat
zum Ausdruck. List verzweifelte an der Vorstellung, aufgrund
seines Gesundheitszustandes nicht mehr arbeiten zu können.
Da er kein Vermögen besaß, wollte er seiner Familie nicht zur
Last fallen. Ob List wirklich organisch krank war, oder ob er
ein psychosomatisches Leiden gehabt hatte, ist nicht bekannt.
Die Medizin der damaligen Zeit diagnostizierte bei List Me-
lancholie, eine Krankheit, die auf organische Ursachen zu-
rückgeführt wurde. Deshalb war er nicht als Selbstmörder zu
betrachten und konnte auf dem Kufsteiner Friedhof beerdigt
werden.

Bei vielen Häftlingen mag die Haft dem beruflichen Fort-
kommen nicht geschadet haben. Bei Friedrich List ist das, wie
wir gesehen haben, anders gewesen. Er kam nach dieser Haft,
die ihn ja auch seiner Ehre beraubte, in Deutschland für ein
öffentliches Amt nicht mehr in Frage. Ob die Festungshaft auf

dem Hohenasperg für sein tragisches Ende verantwortlich gemacht werden kann, ist nicht beweisbar, die Ursachen hierfür sind wohl verschiedener Art. Sicherlich aber haben die vielen persönlichen Niederlagen an seinem Selbsvertrauen genagt, List hätte möglicherweise in den Vereinigten Staaten oder auch in Frankreich eine berufliche Zukunft gehabt. Gerade in den Vereinigten Staaten besaß er durch die Bekanntschaft zu General Lafayette glänzende Referenzen, die ihm sicherlich genützt haben, und dort spielte seine Vergangenheit keine oder nur eine geringe Rolle.

Das Heimweh, der Anspruch auf Rehabilitation und sein Eisenbahnprojekt haben List nach Deutschland zurückgetrieben. Dazu kamen auch familiäre Gründe, denn seine Frau vertrug das Klima in Amerika nicht. Er fühlte sich Deutschland so sehr verbunden, daß er das Angebot des französischen Ministers Thiers ausgeschlagen hat, um im Kriegsfall nichts gegen die Interessen seines Heimatlandes Deutschland unternehmen zu müssen, denn im Jahr 1840 bestand eine latente Kriegsgefahr. List hätte im Oktober 1841 Chefredakteur der „Rheinischen Zeitung für Politik, Handel und Gewerbe" werden können, doch davon hielt ihn die Hoffnung auf Rehabilitation und Anstellung im württembergischen Staatsdienst ab. List ist eben auch ein Opfer seines eigenen Wesens, das so wenig in seine Zeit gepaßt hat, und seiner Grundsätze geworden.

Literatur

Beckenrath, Erwin von (Hg.): Friedrich List. Werke: Schriften, Reden, Briefe. 9 Bde. und Index. Berlin 1927–1935.

Brinkmann, Carl: Friedrich List. Berlin 1949.

Gehrig, Hans: Friedrich List und Deutschlands politisch-ökonomische Einheit. Leipzig 1956.

Gehring, Paul: Friedrich List. Jugend- und Reifejahre 1789–1825. Tübingen 1964.

Goeser, Karl: Der junge Friedrich List, 1914.

Häusser, Ludwig (Hg.): Friedrich Lists gesammelte Schriften /3 Bde., 1850/51; Bd. 1: Biographie Lists.

Henderson, William: Friedrich List. Der erste Visionär eines vereinten Europas. Eine historische Biographie. Reutlingen 1989.

Meissinger, Carl: Friedrich List, der tragische Deutsche. Leipzig 1930.

Reutlingen, Stadtverwaltung (Hg.): Friedrich List und seine Zeit. Nationalökonom–Eisenbahnpionier–Politiker–Publizist. 1789–1846. Katalog zur Ausstellung anläßlich des 200. Geburtstags. Reutlingen 1989.

Thomas Keil

Muße auf dem Hohenasperg

Theobald Kerner:
Arzt, Dichter und Revolutionär

Es ist Nacht. In einer der Gefangenenzellen auf dem Hohenasperg brennt noch Licht. Ein junger Mann sitzt dort
am Schreibtisch und hat einen Brief begonnen. Der Schein
einer Kerze verbreitet ein mildes Licht. Die Wände sind
schmucklos und kahl, nur einzelne Utensilien sind an Schnü-
ren und Nägeln aufgehängt: eine Schere, eine Tabakspfeife
und ein Kalenderblatt. Verschiedene Hefte und Bücher liegen
über den Tisch verteilt. Durch die Fenstersprossen sieht man
die Gefängnisgitter. Dazwischen schaut die pechschwarze
Nacht herein.

Der junge Mann hat sich in einen weiten dunklen Mantel
gehüllt. Die hohe Stirn unter dem dunkelbraunen zurück-
gekämmten Haar verrät den Denker. Die Augen hält er kon-
zentriert auf das Blatt Papier gerichtet, über das der lange
Gänsefederkiel geht. Sieht so ein Revolutionär aus? So hat er
sich jedenfalls selbst porträtiert, während seiner Haft auf dem
Hohenasperg 1850/51: Theobald Kerner, der Sohn des
berühmten schwäbischen Dichterarztes Justinus Kerner.

Wie ist es dazu gekommen, daß er zu einer zehnmonatigen
Haftstrafe auf dem Hohenasperg verurteilt worden war? Im
folgenden soll das Leben Theobald Kerners vor allem unter
diesem Gesichtspunkt betrachtet werden.

Geboren wurde Theobald Kerner am 14. Juni 1817 in Gaildorf,
sein Vater war dort als Amtsarzt tätig. Gegen Ende des Jahres
1818 wechselte Justinus Kerner als Oberamtsarzt nach Weinsberg. Auf einem Grundstück, das die Gemeinde Weinsberg

1822 dem beliebten Arzt schenkte, ließ Justinus Kerner ein Haus erbauen, das „Kernerhaus". Hier verbrachte Theobald eine unbeschwerte Kindheit und empfing durch das literarische Umfeld seines Vaters die ersten prägenden Jugendeindrücke.

In dem gastfreundlichen Haus der Eltern verkehrten nicht nur bedeutende Dichter, sondern auch hochgestellte Fürstlichkeiten. Auf dem bekannten Stahlstich „Im Garten bei Justinus Kerner" für die „Gartenlaube", nach einem verschollenen Ölgemälde von H. Rustige, sehen wir den Vater Justinus in der Runde seines literarischen Freundeskreises; der Hausherr thront in der Mitte, um ihn herum sind seine Gäste versammelt: Nikolaus Lenau, etwas schwermütig und in sich gekehrt, Gustav Schwab und Ludwig Uhland, die beide in dicken Büchern blättern, hinter Uhland steht Varnhagen von Ense, hinter Justinus Kerner erkennen wir Alexander von Württemberg und den Gelegenheitspoeten Karl Mayer. Justinus' Frau Friederike bringt den Versammelten Wein in einer gläsernen Karaffe. Und Theobald? Er nimmt die Rolle des interessierten Beobachters ein, gehört aber nicht zum eigentlichen Gesprächskreis. Auf dem Stahlstich ist der junge Mann mit den energischen und scharf geschnittenen Gesichtszügen in einiger Distanz zu den Versammelten abgebildet. Er gehört einer anderen Generation an.

Nachdem Theobald die Lateinschule in Weinsberg besucht hatte, wechselte er auf das Gymnasium in Heilbronn. Schon während seiner Schulzeit verfolgte er die politischen Ereignisse mit großem Interesse. 1835 nahm er das Studium der Medizin in Tübingen auf, das er in München, Würzburg und Wien fortsetzte. Danach unterstützte er den Vater, der seit 1840 unter fortschreitender Abnahme seiner Sehkraft litt, in dessen ärztlicher Praxis in Weinsberg, bis ihn die Ereignisse des Jahres 1848 in ihren Bann zogen.

Zwischen Vater und Sohn kam es zu Meinungsverschieden-
heiten in ihren politischen Ansichten. Auch literarisch orientierte sich Theobald Kerner an anderen Vorbildern als sein Vater, zum Beispiel an den Dichtern des sogenannten „Jungen
Deutschland". Er kritisierte das Biedermeiertum und die Ro-
mantiker, die in konventionellen, oft abgegriffenen Bildern
dichteten. Seine eigene Dichtung hingegen war von einem
harten und klaren Ton.

Doch der erste Konflikt mit dem Vater ergab sich bereits als
Theobald seine Heirat mit Marie von Hügel, geborene von
Uexküll-Gyllenband durchsetzte. Der Vater wollte die Heirat
verhindern, weil er einen gesellschaftlichen Skandal befürchtete: Marie von Hügel war noch verheiratet, als sie Theobald,
der sie in der väterlichen Praxis behandelte, kennenlernte.
Außerdem war sie sechs Jahre älter und adliger Herkunft. Die
Kerners aber gehörten zum bürgerlichen Stand. Marie ließ
sich 1843 scheiden, und sie heirateten ein Jahr später.

Eine Gelegenheit zu der lang ersehnten politischen Tätigkeit
bot sich Theobald Kerner mit dem Ausbruch der Februar-
revolution in Frankreich und der Ausrufung einer Republik.
Das Echo in Deutschland ließ nicht auf sich warten. In Süd-
deutschland kam es zu Bauernaufständen. Forderungen nach
Abschaffung der Feudallasten wurden laut. Auch das Bürgertum sah die Stunde für seine Forderungen gekommen. Die
Führer der liberalen Opposition in den Abgeordnetenhäusern
stellten sich an die Spitze der politischen Bewegungen.

Eine badische Volksversammlung am 27. Februar 1848 bei
Mannheim forderte Pressefreiheit, Schwurgerichte, Vereins-
freiheit, Volksbewaffnung und ein deutsches Parlament.
Überall wurden Volksversammlungen abgehalten, Resolutio-
nen verabschiedet und in den Tageszeitungen abgedruckt,
kurz gesagt, die gesamte Öffentlichkeit wurde gegen die alten
Mächte mobilisiert.

Aber die Revolution verlief ohne einheitliche Führung. Die Ziele der Revolutionäre waren verschiedenartig. Endlich konnte auch Theobald Kerner all seine Ideen und Wünsche zu einer politischen Neuordnung an die Öffentlichkeit bringen. Ende März wählte man ihn in Weinsberg zum Stadtrat. Wie auch anderswo hatte man die alten Gemeinderäte zum Rücktritt gezwungen. Bei einer Volksversammlung auf dem Weinsberger Marktplatz am 16. April 1848 hielt Theobald Kerner vor mehreren tausend Zuhörern eine Rede:

„Willkommen in Weinsberg, ihr Freunde von fern und nah, die ihr euch heute so zahlreich zu unserer Volksversammlung eingefunden habt. Hier auf dem Markte, im Angesicht der alten Kirche, dort der gebrochenen Mauern und Türme läßt es sich gut sprechen. Laßt mich aus alter Vergangenheit ein Bild vor euch aufrollen, ein blutiges Bild. Und sind auch drei Jahrhunderte seitdem verflossen, noch immer steht es unverwischt und hoch da als blutige Warntafel vor mißverstandener Freiheit."

Er schilderte dann die blutigen Ereignisse des Bauernkrieges, der auch in Weinsberg mit schrecklichen Greueltaten einhergegangen war. Dieser Ausführungen bediente er sich nun, um seine Zuhörer vor einer ähnlichen Gewaltanwendung zu warnen:

„Die helle Morgensonne schien über Weinsberg, aber auf eine blutige Stätte. Weinend wandte sich der Genius der Freiheit (...) Jetzt ist das Jahr 1848. Wieder wie 1525 ist das deutsche Volk zur Freiheit erwacht, wieder wie damals schlägt die Brandung der Freiheit donnernd an die Paläste. Doch die Elemente sind friedlicher gestaltet; beim ersten Flügelschlage der Freiheit ist die Adelsherrschaft gebrochen; kein Jäcklein aus Böckingen oder Gruppenbach darf es mehr wagen, die blutige Fahne der Zügellosigkeit, der Gesetzlosigkeit aufzustecken; frei und freudig sieht der Bürger die rasche Entwicklung

Dieses Selbstporträt von Theobald Kerner entstand während der Haft auf dem Hohenasperg.

der gesetzlichen Freiheit. Doch wie damals darf eines, eines nicht vergessen werden, wollen wir nicht der jungen Freiheit bald wieder ins Grab sehen, die Einheit, Einheit auf Bürgertugend und Vaterlandsliebe gegründet. Einheit unserem Deutschland zulieb.

Meine Freunde! Der alte Geschichtsschreiber Crusius rief einst aus: O Württemberg, quae es terra Pharisaearum et scribarum! O Württemberg, Du Land der Pharisäer und Schreiber! Gottlob, auch die Schreiberherrschaft in unserem Württemberg ist vorbei und keine Klosterpfaffen dürfen mehr unser Volk wie damals verdummen; wahr und freudig ruf ich jetzt dagegen aus: O Württemberg, Du Land der freien Bürger, der braven Weingärtner! Ja sie, die im Schweiße ihres Angesichtes ihr karges Brot verdienen und doch manches Herrlein, das Gesetzlosigkeit und Aufruhr predigt, durch ihre Rechtschaffenheit, ihre treue Anhänglichkeit an Gesetz und Ordnung beschämen, unsere Weingärtner, die braven, die fleißigen, die treuen – sie leben hoch!"

Auffallend an dieser Rede von Theobald Kerner ist die Zurückhaltung und die Betonung der Rechtmäßigkeit, die er von seinen Zuhörern fordert. Von Aufruhr und Revolution spricht er nur in bezug auf die historischen Ereignisse des Bauernkrieges von 1525. Die Verwirklichung von Freiheit und Bürgerrechten erwartet er in Verkennung der Lage wie selbstverständlich.

Auch der Vater Justinus unterstützte zunächst die neuen politischen Kräfte der Zeit. So sprach er sich auf einer weiteren Versammlung in Weinsberg am 24. April 1848 für die Wahl des demokratischen Schlossermeisters Ferdinand Nägele aus Murrhardt zum Abgeordneten für den Wahlbezirk Weinsberg–Backnang in der Nationalversammlung zu Frankfurt am Main aus. Seine Wahlempfehlung schloß Justinus Kerner mit dem Vierzeiler:

Nicht Doktors, nicht gelehrte Geister!
Wir wählen diesen Schlossermeister!
Er schwingt die Hämmer klein und groß,
Schlag Deutschland seine Fesseln los!

Seine Parteinahme für Nägele begründete Junstinus Kerner mit den Worten: „Ich wünsche des Volkes wegen, daß aus dieser Versammlung nicht Männer aus dem Volke und besonders nicht solche ausgeschlossen bleiben, die durch ein ihnen angeborenes Volksrednertalent auf das sie umgebende Volk von großem Einfluß waren und dadurch eine das Volk leitende Macht sich errangen."

Ebenso brachte der Dichter seine Befürchtung zum Ausdruck, daß ein nur aus Gelehrten bestehendes Parlament rasch den Kontakt zum einfachen Volk verlieren könnte: „Fehlt es aber an solchen Männern aus dem Volke in jener Versammlung zu sehr, und ist das, was dort geschaffen wurde, nicht nach dem Sinne des Volkes, so wird dasselbe mit dem alten Vorwurfe kommen: ›Die gelehrten Herren haben uns nie Gutes gelandtaget‹."

Auch Theobald beteiligte sich an dem ganz neuartigen Wahlkampf. Im Weinsberger Tal empfahl er auf Volksversammlungen die Wahl des Schlossermeisters aus Murrhardt, in Heilbronn engagierte er sich für seine demokratischen Gesinnungsfreunde. Die bis dahin oppositionellen Demokraten gewannen in den Oberämtern Backnang und Weinsberg und im Wahlbezirk Heilbronn die Mandate.

Justinus Kerner freilich war über die radikale Einstellung des Sohnes ziemlich besorgt. In einem Brief an Uhland, der in Tübingen das Mandat für die Nationalversammlung gewann, vertraute der Dichterarzt dem Freund seine Sorgen an: „Dagegen liefere ich einen Sohn der Welt, welcher es mit der roten Republik und Herrn Hecker hält."

Friedrich Hecker, Rechtsanwalt in Mannheim, hatte mit dem Aufruf zum gewaltsamen Umsturz in Baden und dem – bei Kandern gescheiterten – „Heckerzug" den „gesetzlichen Weg" einer Veränderung verlassen. Theobald Kerner hoffte jedoch nach wie vor, daß eben dieser „gesetzliche Weg" dank der Beschlüsse der neuen Nationalversammlung den gewünschten demokratischen Staat hervorbringen werde. In den Zielen war sich Theobald Kerner mit Friedrich Hecker einig, nicht aber in den Methoden des Kampfes. In seinen Reden berief sich Theobald Kerner allerdings wiederholt auf Hecker. In einem Brief erläuterte er dies:

„Ich sah mit poetischer Lust, wie die Bauern von meinen Worten aus ihrem Phlegma erwachten und ordentlich leichter wurden. Schade, daß es nur so wenig Anhaltspunkte gab, an denen ich ihren Geist aufzerren konnte. Mit der Erinnerung an Hecker, der ihnen immer mehr wie ein Heiliger erschien, konnte man sie noch am besten fanatisieren, sein Name durchzuckte sie elektrisch. Dieses Zeichen von geistigem Erwachen aus früherer Starrheit war mir schon viel wert. Ich freute mich darob wie ein Arzt, der das erste schwache Lebenszeichen eines Totgeglaubten sieht."

Theobald Kerners politisches Engagement beschränkte sich nicht auf die Rhetorik. Er wollte die Öffentlichkeit auch über seine schriftstellerische Tätigkeit erreichen. In den Monaten Mai bis Juni 1848 veröffentlichte er wiederholt politische Gedichte in der satirischen Wochenzeitung „Eulenspiegel" seines Freundes Ludwig Pfau.

Im Sommer 1848 brachen in Deutschland erneut die politischen Leidenschaften aus. Grund dafür war die ungelöste Schleswig-Holstein-Frage. Als am 26. August der zwischen Preußen und Dänemark geschlossene Waffenstillstand von Malmö das deutsche Schleswig-Holstein den Dänen auslieferte, wurden überall Volksversammlungen veranstaltet, um durch Entschließungen und Adressen auf die Regierungen einzuwirken.

Zu einer Volksversammlung in Heilbronn (am 10. September) lud man als Redner auch den populären Theobald Kerner ein. Über seinen Auftritt berichtete die konservative „Süddeutsche Politische Zeitung":

„Hervorleuchtend unter den letzten Rednern war Theobald Kerner aus Weinsberg, ein hübscher, phantastisch aussehender Junge, den die hübsche Tracht des Weinsberger Freikorps vortrefflich kleidet, übrigens ein Radikaler von reinstem Wasser. Er überbot den Redner Bruckmann noch in Lobpreisungen des Dr. Friedrich Hecker, des Mannes, der zwölf Jahre für die Freiheit des Volkes gekämpft und nun in der Verbannung für dasselbe leide, strafte die Anwesenden mit Verachtung über den Mangel an Mut, den sie während der Erhebung dieses Mannes gezeigt, feuerte zu Taten an."

Seine Rede wurde im Heilbronner „Neckar-Dampfschiff" und in der „Schwäbischen Chronik" abgedruckt. Da hieß es:

„Meine Freunde und auch ihr, die ihr nicht meine Freunde seid! Laßt mich die plumpe Fahne der Ehrlichkeit aufpflanzen! Nicht mit schönen glatten Worten will ich den Jammer, der uns droht, übertünchen; Furcht vor nahendem Unglück macht feig, die Gewißheit aber, daß es da ist, gibt Entschlossenheit und Verzweiflungsstärke. O seid so ehrlich wie ich, und gesteht auch offen, das Unglück ist da, wir sind betrogen, durch uns selbst betrogen, uns helfen keine Worte, keine schönen Reden, keine Adressen mehr. Ja, wenn Worte so schwer wiegten wie Taten, die deutsche Freiheit verkümmerte nicht in Tatenarmut, während wir in Freiheitsreden schwelgen; ja, wenn Worte so schwer wiegten wie Taten, die deutsche Freiheit, vor der im März der Purpur der Könige erbleichte, o sie müßte jetzt nicht wieder als untertänige Bettlerin um die Paläste schleichen, als Bettlerin durch unsere Schuld. Nicht andere wollen wir der Reaktion anklagen, wir, wir selbst tragen in uns die Reaktion. Wir, wir hatten die Begeisterung für die Freiheit, ja warum nicht auch den Mut, für sie zu kämpfen? Mut hatten die, die auf den Barrikaden von Wien und Berlin die Fahnen der Empörung schwangen. Mut hatten die belgischen Demokraten, die, als man ihnen das Todesurteil verkündete, nur eine Antwort dafür hatten, ›hoch lebe die Republik!‹ Mut, Mut hatte der, der für des deutschen Volkes Sache zwölf Jahre seines Lebens geopfert hat und gelitten, der für das Volk Verbannung trug und Spott und der jetzt an dem feigen Volk verzweifelnd sich im freien Amerika ein besseres Vaterland sucht. Doch wir, was haben wir? Wir haben den traurigen Mut, ihm nachzusehen, ohne uns zu Tode zu schämen; wir, wir haben viele, viele schöne Worte, eine Faust im Sack und keine, keine Taten. (...) Wenn der Freiheitssturm sich wieder erheben sollte, o versprecht mir, nein nicht mir, versprecht es euch selbst, bei allem, was euch heilig ist, dann keine vielen Worte, keine langen Reden mehr, dann eine rasche, mutige Tat! Und soll ja etwas dabei gesprochen sein, dann seien es die unerschrockenen, ehrlichen Worte Brentanos: „Der, den man Hochverräter nennt, der ist mein Freund!"

Die Rede blieb nicht ohne Widerhall. Schon in der Nacht zum 11. September kam es zu Straßenkrawallen und Zusammenstößen mit der Polizei. Vom 18. September an war die Stadt jede Nacht in Aufruhr, so daß man bald von den „Heilbronner Septemberkrawallen" sprach.

Eine Woche später wiederholte Theobald Kerner in Schwäbisch Hall vor einer großen Menschenmenge fast wortgleich seine Heilbronner Rede. Die Behörden reagierten nach dem Abdruck des Heilbronner Redetextes ziemlich rasch. Der Besigheimer Gerichtsaktuar Rueff sollte die Angelegenheit gerichtlich untersuchen. Am 28. September erließ der Kriminalsenat des Kreisgerichtshofes in Esslingen einen Haftbefehl

gegen Theobald Kerner. Da der Beschuldigte aber brieflich vor
der Justizaktion gewarnt worden war, verließ er seine württembergische Heimat und floh über das badische Kehl nach
Straßburg. Wenige Tage später folgte ihm seine Frau mit dem
Kind nach. In Württemberg suchte man den Entflohenen
steckbrieflich mit folgendem Text:

„Der Dr. med. und Stadtrat Theobald Kerner von Weinsberg
ist wegen Verdachts der Vorbereitung zum Hochverrat in Untersuchung zu ziehen; hat sich jedoch der Einleitung derselben durch die Flucht entzogen. Sämtliche Gerichts- und Polizeibehörden werden ersucht, auf Kerner zu fahnden und ihn
im Betretungsfalle an das Königliche Oberamtsgericht Besigheim abliefern zu wollen. Den 4. Oktober 1848. Der Untersuchungsrichter: Gerichtsaktuar Rueff."

Eine Personenbeschreibung Theobald Kerners wurde hinzu-
gefügt: „Alter 31 Jahre; Größe 5 Schuh 9 Zoll (1,68 m); Statur
hager; Haare braun und ziemlich lang; Augenbrauen und Augen braun; Bart sehr schwach, nur wenig am Kinn; Stirne mit-
telhoch, etwas gewölbt; Nase spitzig; Mund ziemlich klein mit
schmalen Lippen; Zähne schön und ohne Mangel. Bei seiner
Flucht war er bekleidet mit einem runden schwarzen Schlapphut, buntroter Halsbinde, kurzem dunkelgrünem Überrock,
grauer Weste und Beinkleidern von derselben Farbe, Stiefeln
und braunem Mantel."

In Straßburg konnte Theobald Kerner bei Freunden wohnen.
Wie nervlich angespannt die Kerners die neue Situation erlebten, zeigt eine Episode, die Theobald in einem Brief an seinen Vater vom 24. Oktober erwähnt: „Gestern Nacht kam Marie, als sie vom Briefeschreiben eben ins Bett wollte, in einen
possierlichen Schrecken. Es rumpelte fürchterlich durch unsere Straße. Marie sah zum Fenster hinaus und stürzte zu mir
herein: Um Himmels Willen, es muß eine Revolution sein; ich
habe deutlich Pulverwägen und Kanonen gesehen. Und sie

186

halten hart neben unserem Haus auf dem St. Petersplatz! Ich sah auch hinaus; wir hörten lange nur unbestimmtes Getöse, endlich sagte unten einer: Hast du geladen? – Ich habe geladen! Wir warteten angstvoll, was daraus werden soll. Auf einmal setzten sich die Pferde wieder in Bewegung, und es rumpelten der Marie ihre Kanonen und Pulverwägen wieder mit entsetzlichem Gestänke (aber nicht nach Pulver!) unter unserem Fenster vorüber. Es waren lange Abtrittwägen, die in der Nacht allerdings mit Pulverwägen viel Ähnlichkeit hatten."

Insgesamt beurteilte Theobald Kerner von Straßburg aus seine Lage recht zuversichtlich. In einem Brief schrieb er: „Wäre es nicht besser, lieber Vater, man würde wenigstens einen Monat sich ruhig verhalten und den Gang der Untersuchung abwarten? Sie dauert gewiß nicht lange, da von allen Seiten die Kammer auf Beschleunigung drängt und es werden unzweifelhaft Schwurgerichte jetzt eingeführt. Die Kautionsstellung könnte leicht einen Vorwand abgeben, und ich kann gewiß auch ohne sie bald ins Land. Jetzt zurückkehren, könnte jedenfalls leicht sehr unklug sein, da es um Martini herum beim Steuerzahlen leicht wieder Unruhen gibt und dies den Beamten eine Ausrede sein kann, mich zu verdächtigen und in neue Untersuchungen hineinzuziehen, auch wenn ich mich ganz still verhalte. Je mehr die Untersuchung aufhellt, desto eher wird man mich auch ohne Kaution wieder ins Land lassen."

Die Zuversicht des Sohnes teilte der Vater nicht. In einem Brief schrieb Justinus Kerner am 9. November: „Wir haben viel Trauriges erlebt durch Theobalds grenzenlosen Leichtsinn. Nun sitzt er mit Frau und Kind in Straßburg. Gott weiß, wie lange, und mit vielen Kosten, während ich hier ganz verlassen bin. Meine Augen sind so, daß ich kaum mehr zu schreiben vermag."

Inzwischen gingen die Ermittlungen gegen Theobald weiter. Es wurde die Beschlagnahme seines Vermögens verfügt, gegen die er von Straßburg aus protestierte, da er doch kein Vermögen besitze, alles Vermögen gehöre vielmehr seiner Frau, mit der er in Gütertrennung lebe. Am 16. Dezember wurde die Vermögensverwaltung daher aufgehoben.

Die Kerners bemühten sich, das Beste aus ihrem Exil zu machen. In einem Brief Marie Kerners heißt es: „Endlich haben wir sogar unser Asyl liebgewonnen, denn die unangefochtene Ruhe inmitten dem Treiben einer großen Stadt hatte für uns beide viel Wohltuendes. Auch fand ich eben kein Mittel zweckdienlicher, um mein verirrtes Freiheitskind wieder ins Gleichgewicht zu bringen und das dämonische Fieber zu heilen als neue Anschauungen und geistige Anregungen, wie sie hier im Umgang gediegener Männer zu finden waren. Ich versichere Sie, mein kleiner Freiheitsheld aus dem armseligen Kesselflickerstädtchen Weinsberg hat hier die Politik gänzlich vergessen. Vor allem hat er eifrig französisch gelernt, um die Kollegien verstehen zu können, die er dann gewiß nicht ohne Nutzen gehört hat, und ein weites Feld des Studiums waren ihm dann die großartigen Spitäler, welche er täglich besuchte. Der Kunst und Ästhetik waren unsere Abende geweiht, kurz, seine Zeit war bisher immer befriedigend ausgefüllt."

Der Vater bat Theobald immer eindringlicher, zurückzukehren und sich den Behörden zu stellen. Wegen einer schweren Erkrankung seiner Schwester entschloß sich Theobald schließlich doch noch zur Rückkehr. Justinus Kerner leistete am 28. März eine Kaution von 1 000 Gulden, um sicherzustellen, daß Theobald nicht gleich nach seiner Ankunft verhaftet würde, sondern als freier Mann seinem Verfahren entgegensehen könnte. Am Abend des 6. April kam Theobald in aller Heimlichkeit in Weinsberg an. Bereits am nächsten Tag reiste er mit seinem Vater nach Esslingen, um sich dem Königlichen Gerichtshof zu stellen. Der Steckbrief und der Haftbefehl wur-

den zwar ausgesetzt, doch ein langwieriges Untersuchungs-
verfahren mit vielen Vernehmungen blieb ihm nicht erspart.
Am 13. März 1850 fand eine sechsstündige Vernehmung Theobalds durch Gerichtsaktuar Rueff statt. Die Fragen, die man
ihm stellte, behandelten die Heilbronner und die Haller Rede,
die er knapp und klar beantwortete, ohne seine wahre Gesinnung verbergen zu wollen. Er wollte nichts beschönigen oder
abstreiten.

Bei dieser Vernehmung sollte Theobald Kerner vor allem den
Sinn seiner Reden von Heilbronn und Schwäbisch Hall erläu-
tern. Auf seine Bitte hin las man ihm den Text vor, der in den
Zeitungen gedruckt worden war. Er bestätigte, daß der Abdruck mit dem gesprochenen Text übereinstimme. Sein Manuskript habe er selbst dem Redakteur des „Neckar-Dampfschiffs" gegeben.

Auf Rueffs Frage, ob er die Gewaltanwendung des ganzen
Volkes gegen das System befürwortet hätte, antwortete der
Beschuldigte: „Ja, nach meiner Überzeugung war der Weg
der Gewalt das einzige Mittel, die Ehre Deutschlands zu
retten." Als man ihm vorhielt, daß er seine aufreizende Rede
in einer äußerst angespannten Lage gehalten habe, deren Ge-
fährlichkeit er hätte erkennen und bedenken müssen, sagte
Theobald Kerner: „Ich hielt eine gewaltsame Erhebung in
Deutschland, nicht bloß in Württemberg, für durchaus notwendig, und deshalb habe ich in der Weise, wie ich es getan,
gesprochen."

Als Rueff behauptete, Theobald hätte für die Errichtung einer
Republik gesprochen, stritt er das ab. Er hätte den Hallern
zwar zugerufen: „Ihr seid mir schöne Republikaner", doch
hätte er damit nicht zur Errichtung einer Republik aufgerufen. Auf die Nachfrage Rueffs verlor er sich im Ungefähren:
„Ich glaube nicht, daß ich mich für die Republik ausgesprochen habe, wie gesagt, ich kann mich des Inhalts meiner Re-

de nicht mehr erinnern." Als Rueff ihm aber den Widerspruch vorführte: „Wie mochten Sie aber in Ihren beiden Reden für die Unterstützung des Heckerschen Unternehmens sprechen, das, auf Einführung der Republik gerichtet, durchaus verbrecherischer Natur war?" bekannte Theobald Kerner: „Ich glaube, es wäre besser gewesen, es wäre gegangen, wie Hecker gewollt hat, es stünde jetzt besser, als es wirklich der Fall ist."

Bis zum Prozeß vor dem Geschworenengericht in Ludwigsburg vergingen nach diesem Verhör noch mehrere Monate. Kerner unterstützte in dieser Zeit seinen Vater in der Arztpraxis. Am 7. September 1949 erging das Urteil. Es entsprach dem Antrag der Staatsanwaltschaft: zehn Monate Festungshaft und Bezahlung der Prozeßkosten wegen „Aufforderung zum Hochverrat". Bei Bezahlung einer Kaution von 1 000 Gulden blieb der Verurteilte vorläufig auf freiem Fuß.

Mit diesem, wie er es empfand, harten Urteil hatte Theobald Kerner nicht gerechnet. Wegen der Schwangerschaft seiner Frau bat er sogleich um Strafaufschub, den das Gericht gewährte. Zwei Tage nach seiner Verurteilung kam Georg, der Sohn von Marie und Theobald zur Welt, benannt nach dem ältesten Bruder von Justinus Kerner, dem Hamburger Armenarzt und einstigen, jakobinisch gesinnten Hohen Carlsschüler Georg Kerner.

Am 1. November 1850 mußte Theobald Kerner seine Haft auf dem Hohenasperg antreten. Auf seine Bitte sah man von einem Transport durch Landjäger ab. Statt dessen wurde er nur von seinem Freund und politischen Weggefährten, dem Weingärtner und Stadtrat Karl Schnepple, begleitet. Mit der Eisenbahn fuhren beide bis nach Asperg, wo sie zu Fuß den Weg zur Festung hinaufstiegen. Während seiner Haftzeit durfte sich Theobald Kerner auf der Festung zwar nicht frei bewegen, war aber auch nicht in sein Zimmer eingeschlossen, wie härter bestrafte Gefangene.

Wie sein Selbstporträt aus dieser Zeit zeigt, hatte er auch persönliche Dinge in seiner Zelle. Die Zeit vertrieb er sich mit Schreiben und Zeichnen. In einem Brief an seinen Freund Varnhagen von Ense beschreibt er seine Haftzeit: „Auf der Festung suchte ich die Einsamkeit und den Jammer zu Haus (meine Frau bekam aus Alteration das Nervenfieber, mein Sohn Georg war zweimal auf den Tod krank) durch angestrengte Arbeit so gut als möglich zu vergessen. Beifolgendes Bilderbuch ist eine meiner Festungsarbeiten. Da ich aufs Zimmer gebannt, keine Blume sehen konnte und die Natur, die sonst mein Alles war, entbehren mußte, so suchte ich mir die Blumen so gut als möglich zu denken und eine Art Blumenaptheose zu schreiben."

Bei dem Bilderbuch, von dem er in seinem Brief berichtet, handelt es sich um „Prinzessin Klatschrose", ein Blumenbilderbuch für Kinder. Es erschien 1851 in Stuttgart und wurde ein großer Erfolg. Im Vorwort der zweiten Auflage von 1893, diesmal trat zu dem deutschen Text auch eine französische und englische Textversion hinzu, erinnert er an die Umstände der Entstehung:

„Es sind über vierzig Jahre; ich saß – so gibt's Widersprüche im menschlichen Leben! – weil ich die Freiheit allzu lieb hatte, als politischer Gefangener auf Hohenasperg. Nach einem langen, traurigen Winter nahte der Frühling. Ja, der Lenz ist gekommen, seufzte ich, denn ich war gefangen, jetzt schlägt die Natur ihr großes Bilderbuch auf und läßt groß und klein ihre Wunder schauen, wie schön muß es jetzt außen sein! Überall junges Leben, freudiges Blühen! Traurig wandte ich mich vom Fenster ab, wie kahl und kalt erschienen mir die Wände meines Zimmers! Doch halt! Liegt auf dem Tisch hier nicht Bleistift und Papier? Ich will mein ganzes Kindergedächtnis zusammennehmen und versuchen, die Figuren zu zeichnen, wie ich sie einst als Kind gemacht habe. Und so zeichnete ich und malte und vergaß darüber die böse Gegenwart und ich paßte die Figuren zu einem Märchen zusammen und dichtete dazu einen kleinen Text – und mein Bilderbuch ›Prinzessin Klatschrose‹ war fertig."

Theobald Kerners Hauptsorge während der Zeit seiner Festungshaft galt der Familie, vor allem dem wiederholt erkrankten Säugling. Einmal erreichte er durch eine Eingabe, daß man ihm einen sechstägigen Urlaub gewährte, um den kleinen Sohn ärztlich versorgen zu können. Das Verhältnis zum Vater Justinus hatte sich inzwischen wieder gebessert, der Großvater wachte nicht weniger besorgt am Bett des kleinen Georg als der Vater. Immer noch hoffte Justinus Kerner, daß der Sohn durch einen Gnadenerweis vorzeitig freikäme und gar nicht mehr auf den Hohenasperg zurückkehren müsse. Als die erhoffte Begnadigung ausblieb, richtete Justinus Kerner an König Wilhelm I. ein poetisches Gnadengesuch.

An meinen König

Darf ich in diesen heil'gen Tagen,
Wo Gott getilgt der Menschen Schuld,
An Dein Herz eine Bitte wagen?
Gestützt auf dieses Herz und Huld

Bitt ich für einen, der voll Reue
Schmerzvoll in seinem Innern fühlt,
Daß einst auch er mit Bürgertreue
In jener wirren Zeit gespielt.

Ich, der in jener Zeiten Harme
Mein Lied gewidmet nur dem Thron,
Ich breite bittend meine Arme
Nach Dir, – um ihn –, es ist mein Sohn.

Befrei' ihn aus des Kerkers Banden,
Und fühlen wird gerührt er dann,
Wie Freiheit, die er mißverstanden,
Allein ein König geben kann.

Nicht zürnend nur wirst Du ermessen,
Wie's Vaterherz betrübt noch liebt,
Und ein Verzeihen und Vergessen
Auch Gott so gern am Menschen übt."

Auch Theobald wandte sich, nachdem er die Hälfte seiner Haftstrafe verbüßt hatte und noch immer keine Amnestie gewährt worden war, in einem persönlichen Brief an König Wilhelm I.

„Hohenasperg, April 1851

Königliche Majestät,
in der Überzeugung, daß nur das edle Herz königlicher Majestät, das ich gewiß nie mißbrauchte, und keine Gerichte mir Vergebung und Gnade verleihen können, wage ich, mich geradezu an Eure Königliche Majestät in tiefer Reue mit der Bitte zu wenden:
Es möchte Königliche Majestät die Gnade haben, mich nun, nachdem ich die Hälfte der mir von den Gerichten auferlegt wordenen Strafzeit, nämlich fünf Monate Gefängnis auf Hohenasperg, erstanden habe, meiner trauernden Familie und meinem Berufsgeschäft als praktischem Arzt wiederzuschenken. Königliche Majestät dürfen die feste Überzeugung haben, daß mich diese Gnade zum gerührtesten Dank gegen Eure Königliche Majestät verbinden und meinem künftigen Leben nur die Richtung von Anhänglichkeit und Verehrung gegen Eure Königliche Majestät verleihen würde.

Gott segne Eure Königliche Majestät
der ich in tiefer Ehrfurcht ersterbe
Eurer Königlichen Majestät
alleruntertänigster
treugehorsamster

Dr. Theobald Kerner"

Am 28. April 1851 wurde Theobald Kerner vorzeitig aus der Haft entlassen. Die Erfahrungen jener Zeit hatten seine politischen Überzeugungen jedoch nicht verändern können. Er blieb stets ein Demokrat und Republikaner, der immer wieder Kritik am Machtstaat äußerte. Rasch fand er wieder in ein bürgerliches Leben zurück.

Nachdem sein Vater pensioniert worden war und nicht mehr der Unterstützung des Sohnes bedurfte, ließ sich Theobald Kerner als Arzt in Stuttgart nieder. Er spezialisierte sich auf dem Gebiet der Neurologie. 1856 eröffnete er eine „galvanomagnetische Heilanstalt in Cannstatt", in der er später auch den württembergischen König Wilhelm I. behandelte. Die ärztlichen Leistungen des ehemaligen Festungshäftlings würdigte der König im Jahr 1857 durch die Auszeichnung mit dem Titel „Hofrat".

Nach dem Tod des Vaters kehrte Theobald Kerner 1862 ins Kernerhaus nach Weinsberg zurück und praktizierte dort wieder als Arzt. Das von Justinus Kerner einst konzipierte, inzwischen schon berühmte Haus blieb auch weiterhin ein Treffpunkt von Literaten und demokratischen Gesinnungsfreunden Theobald Kerners. Mit dem Buch über „Das Kernerhaus und seine Gäste", das Theobald Kerner 1894 publizierte, schuf er seinem Vater und dessen Freunden ein vielbeachtetes Denkmal. Am 11. August 1907 verstarb der Neunzigjährige beim Mittagsschlaf.

Literatur

Archivalien: Deutsches Literaturarchiv Marbach. Bestand A: Theobald Kerner.

Staatsarchiv Ludwigsburg: Strafsache gegen Dr. Theobald Kerner.

Hauptstaatsarchiv Stuttgart.

Krauß, Rudolf: Schwäbische Literaturgeschichte, 2 Bände, Tübingen 1897/99.

Maier, Ulrich: „Wer Freiheit liebt . . ." Theobald Kerner. Dichter, Zeitkritiker und Demokrat. Weinsberg 1992.

Karl Moersch

Julius Haußmann und das demokratische Prinzip: Die Anfänge der Volkspartei

Am 4. Februar 1852 verkündete Gustav Pfaff, der Vorsitzende Richter des Schwurgerichts im Ordenssaal des Ludwigsburger Schlosses, die Urteile, die die drei Berufsrichter aufgrund des Wahrspruchs der zwölf Geschworenen für angemessen hielten. Eine größere Zahl der Angeklagten wurde freigesprochen, nachdem sogar Graf Leutrum als Vertreter der Anklage am Ende eingestehen mußte, daß die Beweise für eine stafbare Handlung – Hochverrat, Aufforderung zur Gewalt, Teilnahme an einer Verschwörung – nicht ausreichten. Der Angeklagte, der dem insgesamt acht Monate dauernden Prozeß seinen Namen gab, August Becher – Rechtsanwalt und Landtagsabgeordneter, im Sommer 1849 noch für kurze Zeit Mitglied der fünfköpfigen Reichsregentschaft –, hatte zwar nicht den Staatsanwalt, wohl aber die zwölf Geschworenen im Verlauf der öffentlichen Verhandlungen davon überzeugt, daß ihm keine Verletzung des geltenden Rechts nachzuweisen sei.

Das in Ludwigsburg tagende Gericht verhängte nur gegen wenige der rund 80 anwesenden Angeklagten – über 60 Personen von den 147 gegen die Anklage erhoben wurde, waren in die Schweiz, nach Frankreich oder Amerika geflohen – eine Freiheitsstrafe, die auf der Festung Hohenasperg zu verbüßen war.

Die Höchststrafe lautete auf zweieinhalb Jahre Festungshaft. Sie traf Julius Haußmann, einen der Wortführer und Organisatoren der demokratischen Volksvereine, den Jugend- und Studienfreund August Bechers. Als Haußmann das Urteil gehört hatte, schrieb er noch im Gerichtssaal einen Brief an seine Braut, Josephine Stoffel, die Tochter des „Engelwirts" im schweizerischen Arbon am Bodensee. Er hatte sie ein knappes Jahr zuvor verlassen und war aus dem Exil nach Württemberg zurückgekehrt, weil er den erkrankten Vater in Blaubeuren nicht im Stich lassen wollte.

Was Julius Haußmann im Gerichtssaal notierte, ist von seinen Nachkommen oft zitiert worden, vor allem von Wolfgang Haußmann, dem ehemaligen Justizminister in der Regierung des Landes Baden-Württemberg. Die Nachricht an Julius Haußmanns spätere Ehefrau, die Mutter der Zwillingsbrüder Conrad und Friedrich Haußmann, lautete:

> *„Mein Schatz,*
> *Mich hat's.*
> *Laß mich wandern,*
> *Nimm einen andern."*

Diesen Rat befolgte Josephine Stoffel keineswegs. Sie besuchte ihren Bräutigam zweimal auf dem Hohenasperg. Im Frühjahr erließ man Haußmann nach über zweijähriger Inhaftierung und einer nicht angerechneten siebenmonatigen Untersuchungshaft den Rest der Strafe. Eine von König Wilhelm I. unterzeichnete Verfügung sorgte für die Freilassung. Julius Haußmann hatte gegen den Rat der Justizbehörden kein Gnadengesuch eingereicht, sondern nur um einen kurzen Hafturlaub gebeten, weil sein Vater und seine Schwester, die diesen pflegte, erkrankt waren.

Die Heirat mit der Tochter des Arboner Wirts, der den Flüchtling nach dem Scheitern der Revolution von 1848/49 aufgenommen hatte, fand am Jahresende 1855 statt. Man gründete in Stuttgart einen Hausstand; bis zu seinem Tod im Jahr 1889 blieb Julius Haußmann ein Bürger der Landeshauptstadt und ein politisch engagierter „Volksmann".

In einem Brief, den Julius Haußmann einen Tag nach dem Ludwigsburger Urteilsspruch nach Arbon schickte, stellte er die Gründe für seine Verurteilung so dar:

„Der Angeklagte Friedrich Julius Haußmann, ist nach dem Wahrspruch der Herren Geschworenen schuldig:

der Aufforderung zum Aufruhr	tut	8 Monate
dto. zum Hochverrat	tut	1 Jahr
dto. dto. gegen Baden	tut	10 Monate
	in Summa	2 Jahre 6 Monate

So lautete das Rechenexempel, das gestern endlich der Staatsanwalt vorgelegt und heute der hohe Gerichtshof revidiert und – bestätigt hat."

Der damals 36 Jahre alte Haußmann verbarg hinter dieser Mitteilung seine Bitternis und tiefe Enttäuschung darüber, daß ihm Staatsanwaltschaft und Gericht die freiwillige Rückkehr aus dem Exil in der Schweiz – Haußmann hatte sich in Friedrichshafen den württembergischen Behörden gestellt – nicht als mildernden Umstand berücksichtigt hatten. Die Tatsache, daß der Prozeß von der Anklagebehörde schlecht vorbereitet war, nützte manchem von Haußmanns Gesinnungsfreunden, bei ihm jedoch legte man einen ziemlich strengen Maßstab an. Es schien, als habe Haußmann auch für einige seiner abwesenden Freunde und Weggefährten zu büßen, zum Beispiel für Carl Mayer oder für Ludwig Pfau, die das Gericht in Abwesenheit aufgrund der Vorwürfe, die in der Anklageschrift aufgelistet waren, zu langen, zwanzigjährigen Strafen verurteilte. Zum Verhängnis wurde Julius Haußmann vor allem eine Formulierung, zu der er sich vor Gericht als Urheber bekannte. Sie ist in einem Aufruf enthalten, den eine 64köpfige Delegation veröffentlichte, nachdem sie dem Justizminister Friedrich Römer in Stuttgart ohne Erfolg die Forderungen der Reutlinger Pfingstversammlung der Volksvereine vorgetragen hatte. Der Zutritt zum Halbmondsaal des Landtags war der Delegation verwehrt worden.

Julis Haußmann, in Reutlingen einer der Initiatoren der Entsendung einer Delegation, hatte in dem Aufruf an die demokratischen Gesinnungsfreunde formuliert: „Wir sind entschlossen, unser feierliches Versprechen zu halten, den Bruderstämmen nicht mit Worten, sondern mit Tat zu helfen und erwarten von Euch, daß Ihr uns getreu zur Seite steht."

Die „Bruderstämme" – das waren in erster Linie die Badener und die Pfälzer, die in jenen Tagen gegen die Übermacht der preußischen Truppen kämpften. Haußmann selbst ging nach der Auflösung des Stuttgarter Rumpfparlaments am 18. Juni 1849 durch die Regierung Römer ebenso wie seine Freunde August Becher, Carl Mayer und Ludwig Pfau nach Baden, genauer gesagt nach Freiburg, wo sich der in Stuttgart gewählte Reichs-Regentschaftsrat versammelt hatte.

In Haußmanns Lebenslauf, der sich aus den nachgelassenen Briefen und Dokumenten rekonstruieren läßt, ergibt sich, daß der Regentschaftsrat auf Vorschlag Bechers am 27. Juni 1849 in Freiburg beschlossen hatte, Julius Haußmann das Amt des „Reichskommissars für künftige Volksbewaffnung in Württemberg" zu übertragen. „Künftige Volksbewaffnung", das hieß, der Regentschaftsrat rechnete immer noch damit, daß eine spontane Volkserhebung in Deutschland stattfände, bei der ein großer Teil des Militärs nicht bereit sein würde, einem Schießbefehl gegen die eigenen Landsleute zu folgen.

In einer Darstellung der Haußmannschen Familiengeschichte, die der Bonner Historiker Dr. Friedrich Henning publiziert hat – Julius Haußmanns Enkel Wolfgang stellte Henning Unterlagen zur Verfügung –, wird über eine Episode berichtet, die verständlich macht, daß August Becher den tatkräftigen und organisatorisch talentierten Julius Haußmann für das

Amt eines württembergischen „Reichskommissars" empfohlen hat. Haußmann soll damals in Erwartung einer allgemeinen Volkserhebung dafür gesorgt haben, daß auf den Höhen rund um Stuttgart und anderswo in Württemberg Holzstöße aufgeschichtet wurden, die als Signalfeuer dienen sollten, wenn die Stunde der Volkserhebung gekommen sei.

Im Ludwigsburger Urteil gegen Haußmann ist davon freilich nichts zu finden. Julius Haußmann selbst machte zu seiner Verteidigung ausdrücklich geltend, daß er sich in Reutlingen bei der Pfingstversammlung bemüht habe, dem Ansinnen eines bewaffneten großen Zuges nach Stuttgart zu widerstehen. Statt dessen habe er die Entsendung einer Delegation unterstützt, die bei Regierung und Landtag die Forderungen der Volksvereine mit Nachdruck vertreten sollte.

Die Vorgänge bei der Reutlinger Pfingstversammlung erschienen der Anklagebehörde im Ludwigsburger Prozeß von Anfang an ziemlich verworren. Der wichtigste Sprecher des Landesausschusses der Volksvereine, der Esslinger Fabrikant Carl Mayer – Sohn des Juristen und Lyrikers Carl Mayer d.Ä., Freund Ludwig Uhlands und Justinus Kerners – konnte die Geschworenen nicht aufklären, weil er – anders als August Becher und Julius Haußmann – nicht aus der Schweiz zurückgekehrt war, um auf der Anklagebank Platz zu nehmen. Immerhin sorgte der demokratische „Beobachter" im Verlauf des Prozesses für Aufklärung durch eine Artikelserie, in der aus der Sicht der Demokraten gründlich über den Verlauf der Reutlinger Pfingstversammlung berichtet wurde.

Im „Beobachter" war noch einmal nachzulesen, daß Julius Haußmann nicht dem von Carl Mayer geleiteten „Wehrausschuß" angehörte. Am Ende nützte solche Entlastung dem Hauptangeklagten im Ludwigsburger Prozeß nur insofern, als ihn zwar eine relativ hohe Strafe traf, aber doch keine solche, die auch nur entfernt mit der 13jährigen Haft

zu vergleichen gewesen wäre, die das Schwurgericht des
Schwarzwaldkreises in Rottweil gegen Gottlieb Rau verhängt
hatte.

Ein wenig könnte es Haußmann zum Nachteil gereicht haben,
daß er schon am Anfang der 48er-Revolution in Esslingen bei
einer von Carl Mayer einberufenen Versammlung einen wichtigen Part gespielt und die Gruppe der Gemäßigten heraus-
gefordert hatte. Mit einem Antrag forderte Carl Mayer die Versammlung auf, einer Satzung zuzustimmen, in der es hieß, die
„entschiedene Durchführung des demokratischen Prinzips in
den Einrichtungen des Staates" müsse erreicht werden. Nicht
wortgleich, aber ähnlich las man es schon in der von über tausend Tübinger Bürgern unterschriebenen Eingabe, die Ludwig Uhland am 2. März 1848 bei einer öffentlichen Versammlung vorgelegt hatte.

Der in Esslingen zunächst noch kaum bekannte Julius Haußmann wollte den von Carl Mayer vorgelegten Text noch ein
wenig verdeutlichen. Er beantragte deshalb ein „Amendment", also einen Zusatz anzufügen, in dem es hieß, das „demokratische Prinzip" müsse sowohl „in der Republik als auch
in der konstitutionellen Monarchie" gelten. Das hatten die
„Liberalen" oder „Gemäßigten" weder erwartet noch gewollt.
Eine deutsche Republik war nicht ihr Ziel, so radikal wollten
sie die deutschen Verhältnisse, schon gar nicht die württembergischen, verändern. Was „Haußmann aus Blaubeuren" da
beantragte, gehörte nicht zur Wunschliste der Liberalen.

Man widersprach dem jungen Antragsteller heftig. Mit vielen
Zurufen zeigten jedoch nach Esslingen geeilte Anhänger der
Volksvereine, daß sie mit Haußmanns Antrag einverstanden
waren. Der Versammlungsleiter, Repräsentant eines „Vaterländischen Vereins", verlas Haußmanns Zusatzantrag und
kommentierte ihn dann mit den Worten: „Aber Herr Haußmann, dann müssen wir ja aufhören, an den Debatten teilzu-

nehmen." Julius Haußmann, ein Mann von hoher Gestalt, erhob sich darauf von seinem Platz und antwortete: „Das wollen wir ja gerade." Eine Minderheit im Saal schwieg betreten, die meisten Anwesenden aber quittierten Haußmanns Antwort mit Beifall und Gelächter. Die Abstimmung bestätigte, daß die „Demokraten" oder „Volksfreunde" bei der Esslinger Versammlung über eine große Mehrheit verfügten. Der erfolgreiche „Haußmann aus Blaubeuren" hatte erreicht, was er beabsichtigt hatte: „das Grenzzeichen zwischen Demokratie und Liberalismus" war markiert. Die „Volksvereine" bildeten nun einen eigenen Landessausschuß und vollzogen damit die Trennung von den „Vaterlandsvereinen".

So akzentuiert wie in Haußmanns Esslinger „Amendment" findet man die republikanische Idee in späteren Verlautbarungen der „Volksfreunde" und der württembergischen „Volksvereine" nicht mehr. Das mag mit einem Zwiespalt zusammenhängen, den auch ein Julius Haußmann, ein Carl Mayer oder ein August Becher nicht beseitigen konnten: die württembergischen Anhänger einer republikanischen Staatsform dachten in erster Linie an eine solche für das ganze Deutschland. Wie sie über die Verfassung der Gliedstaaten dachten, in diesem Fall also an die von Württemberg, das blieb im Ungewissen. Sicher ist nur – und das gilt auch für Ludwig Uhland, dem eher bedächtigen Senior der „Volksfreunde" und „Volksmänner" –, daß man sich ein parlamentarisches, durch freie, gleiche und geheime Wahlen legitimiertes Regierungssystem wünschte, vergleichbar etwa den britischen Verhältnissen, sich jedoch zumindest für Württemberg eine konstitutionelle Monarchie durchaus vorstellen konnte.

Damals wußte jeder im Königreich Württemberg, daß Wilhelm I. von einer parlamentarischen Demokratie nichts wissen wollte und sich als Herrscher verstand, nicht nur als gekrönter Landesrepräsentant. Anders als viele andere deutsche

Fürsten besaß Wilhelm I. eine hohe Intelligenz und war zur Leitung eines Staatswesens befähigt. Man achtete diesen König, auch wenn er kein Talent zur Leutseligkeit besaß. Wenig geachtet, ja oftmals verhaßt, waren jedoch in Württemberg die Leute in den Amtsstuben, die auch nach der Gründung des Königreichs an die Tradition des wenig beliebten altwürttembergischen Schreibertums erinnerten. Unter Mitbestimmung im Staat, unter Demokratie verstanden nicht wenige Anhänger der „Volksvereine" vor allem eine volksnahe, bürgerfreundliche Verwaltung in Gemeinden und Oberämtern.

Diese weitverbreiteten allgemeinen Wünsche des „gemeinen Mannes" hatte sich Julius Haußmann schon im Jahr 1846 bei der Landtagswahl in Blaubeuren zunutze gemacht. Obwohl als Mitbesitzer einer Bleicherei und damit als Fabrikant zu den Honoratioren der Stadt zählend, überraschte Haußmann die Einwohner von Stadt und Oberamt, als er den bisherigen Abgeordneten, den Stadtschultheißen von Blaubeuren, mit einem Gegenkandidaten konfrontierte: Haußmanns Freund August Becher, der sich nach dem Jurastudium als Rechtskonsulent in Ravensburg niedergelassen hatte. Der von Haußmann organisierte Wahlkampf, bei dem sich er und Becher auch der wahlberechtigten Bevölkerung in den Dörfern annahmen, zeitigte einen überraschenden Erfolg. Becher gewann das Blaubeurer Mandat, der alte Lokalmatador wurde besiegt. Haußmanns Coup spaltete Blaubeuren und das ganze Oberamt in zwei Lager.

Besonders fair kann der Wahlkampf nicht gewesen sein. Die Gemüter waren so erhitzt, daß sich ein Gegner des jungen Fabrikanten zu einem Anschlag hinreißen ließ. Man lauerte dem verhaßten Haußmann, der mit seinem Pferdegespann über Land gefahren war, bei Nacht in einem Waldstück auf. Ein Attentäter sprang auf die Kutsche. Er glaubte, Haußmann an dessen Barttracht erkannt zu haben und stieß mit einem Messer zu. Der Angegriffene schützte sein Herz geistesgegenwärtig mit der rechten Hand. Das Messer verletzte zwar die Hand, traf aber nicht in die Brust. Es traf allerdings auch nicht Julius Haußmann, sondern einen, der mit der Wahl nichts zu tun hatte, aber wie Haußmann einen markanten Bart trug.

Der Vorfall, der ziemliches Aufsehen erregte, ereignete sich etwa ein Jahr vor dem Beginn der 48er-Revolution. Julius Haußmann wußte nun, wie gefährlich es sein würde, die etablierten Kräfte herauszufordern. Seine politische Einstellung und sein politisches Engagement änderte dies nicht. Es mag sein, daß er schon als Kind im Ludwigsburger Elternhaus von der Politik und von Politikern fasziniert gewesen war: Julius Haußmann wurde 1816 als Sohn des Hofapothekers Karl Friedrich Haußmann in Ludwigsburg geboren und wuchs am Holzmarkt auf. Seine Mutter war die Tochter des Marbacher Oberamtmanns Kausler. Nach dem Ende der Verfassungsberatungen 1819 im nahen Ludwigsburger Schloß trafen sich immer wieder Angehörige der altwürttembergischen Ehrbarkeit im Haus des Hofapothekers. Mit einigen der bekannten Familien waren die Haußmanns und die Kauslers verwandt. Zu den Gästen gehörte auch Ludwig Uhland.

Nur wenige Häuser von der Hofapotheke entfernt war Friedrich Theodor Vischer aufgewachsen, auch die Familien von Eduard Mörike, David Friedrich Strauß und Justinus Kerner wohnten ganz in der Nähe. Als man den zehnjährigen Julius, das vierte von sieben Kindern des Apothekerpaares Haußmann, nach Stuttgart ins Eberhard-Ludwigs-Gymnasium schickte, nahm ihn dort ein Bekannter der Familie in Kost und Logis: der Studienprofessor Schmid. Er vertrat im Landtag das Oberamt Heilbronn und zählte zu den „Freisinnigen". Das Haus dieses Lehrers war ein Treffpunkt der Gleichgesinnten. Der Gymnasiast Julius Haußmann erhielt durch Schmid auch Gelegenheit, an Landtagssitzungen teilzunehmen.

Zu den Besonderheiten im Lebenslauf Julius Haußmanns gehört, daß er zwar bis ins Alter – er starb mit 73 Jahren – in der Politik aktiv geblieben ist, sich aber nie um ein Parlamentsmandat beworben hat. Nach der Rückkehr der alten Weggenossen Carl Mayer und Ludwig Pfau aus dem Exil gründete Julius Haußmann im Jahr 1864 die württembergische Volkspartei, zunächst als eine Art Dachorganisation der – nach einem Verbot in den fünfziger Jahren – wiedererstandenen Volksvereine. Haußmann hatte nach der Entlassung aus der Festungshaft seine Braut, die Schweizerin Josephine Stoffel, geheiratet. Er arbeitete in Stuttgart als Angestellter einer Magdeburger Maschinenfabrik und betätigte sich als Finanzmakler.

Allem Anschein nach hielt Haußmann bei der Maklertätigkeit engen Kontakt zu Freunden, die er während seines Aufenthalts in der Schweiz als Gesinnungsgenossen kennengelernt hatte. Einige von ihnen widmeten sich beruflich dem Aufbau und der Finanzierung des Eisenbahnwesens und traten als Gründer von namhaften Industriebetrieben und von Banken hervor.

Das Vermögen, das sich Julius Haußmann als Geschäftsmann erwarb, ermöglichte ihm in den sechziger Jahren die Sanierung des notleidenden „Beobachter". Er betätigte sich als dessen Verleger und verhinderte die Umwandlung von einer Tageszeitung in ein Wochenblatt. Als Redakteure arbeiteten vor allem die Freunde Carl Mayer und Ludwig Pfau. Die Redaktionssitzungen, an denen Julius Haußmann regelmäßig teilnahm, fanden oft in einer Stuttgarter Gastwirtschaft statt. Nach Berichten von Zeitgenossen soll bei diesen Redaktionsbesprechungen manchmal lautstark diskutiert worden sein.

Als Journalist war Julius Haußmann kaum weniger talentiert als Mayer und Pfau. Er habe die Kunst des knappen Formulierens wie kein anderer beherrscht, selbst Ludwig Pfau habe bei der Abfassung von Wahlaufrufen oder Programmsätzen seinem Mitstreiter Haußmann oftmals den Vortritt gelassen, heißt es in den Erinnerungen von Zeitgenossen.

Das Schreibtalent Julius Haußmanns war schon in der Schule aufgefallen. Wegen seiner herausragenden schulischen Leistungen saß der Ludwigsburger Apothekersohn im Eberhard-Ludwigs-Gymnasium bald schon in der ersten Bank – die Sitzordnung war in jener Zeit streng nach Leistung abgestuft. Als Jura-Student verbrachte er viel Zeit mit der Lektüre der deutschen, der europäischen und der antiken Klassiker. Man rühmte später seine bemerkenswerten literarischen Kenntnisse.

Während der langen Haft auf dem Hohenasperg nutzte Haußmann seine Sprachkenntnisse, indem er sich an die Übersetzung der Shakespeareschen Sonnette heranwagte. Leider sind diese Übersetzungen, von deren Existenz man aus der Familien-Überlieferung weiß, nicht mehr aufzufinden. Mitarbeiter des „Beobachter" scheinen einst die stilkritischen Anmerkungen Julius Haußmanns gefürchtet zu haben. Er verlangte sprachliche Disziplin. Die hohen Anforderungen, die er an andere stellte, ließ er auch für sich selbst gelten: die im „Beobachter" aus seiner Feder erschienenen Beiträge – meist mit „J. H." gezeichnet – beweisen es.

Präzision und Qualität waren kennzeichnende Merkmale der journalistisch-literarischen Arbeiten Julius Haußmanns. Während der Untersuchungshaft und der anschließenden Festungshaft beschäftigte er sich aber nicht nur mit anspruchsvollen Übersetzungsarbeiten; er betätigte sich auch als Schreiner. So entstanden in jener Zeit kleine Möbelstücke, darunter auch Einlegearbeiten, die noch lange Zeit nach Haußmanns Tod in den Haushalten der Nachkommen zu bewundern waren. Ein Stuttgarter Schreinermeister soll diese Erbstücke einmal begutachtet und gemeint haben, dieser Mann hätte auch ein erfolgreicher Schreiner werden können.

Den Zeitgenossen und seinen Gesinnungsfreunden ist Julius Haußmann als einer der drei wichtigsten Repräsentanten der württembergischen „Volksvereine" und der „Volkspartei" in Erinnerung geblieben, als ein Landsmann, der sich – wie auch seine Freunde Ludwig Pfau und Theobald Kerner – nie ganz mit einem Deutschen Reich abfinden wollte, das vom obrigkeitsstaatlichen preußischen Königreich geprägt und beherrscht wurde und in dem die Demokraten-Flagge Schwarz-Rot-Gold amtlicherseits verpönt war.

In der Reihe der württembergischen „Volksmänner", die mit Ludwig Uhland begann, zählte Julius Haußmann, ausgestattet mit einer staatlichen „Nobilitierung" durch die lange Haft auf dem Hohenasperg, zu den herausragenden Gestalten.

Wilhelm Binder:
Streiter für die Volksrechte

Wilhelm Binder war zwei Jahre auf dem Hohenasperg inhaftiert, nicht etwa wegen aktiver Beteiligung an einer zum Ungehorsam auffordernden Kundgebung oder gar wegen einer Teilnahme am badischen Aufstand, sondern lediglich wegen sogenannter „Pressevergehen". Die zweijährige Haftstrafe kam durch insgesamt sechs Verurteilungen zustande. Fünf dieser Urteilssprüche fällte das in Ludwigsburg tagende Schwurgericht des Neckarkreises, das sechste Urteil mußte Wilhelm Binder in Esslingen vom dortigen Kriminalsenat des Kreisgerichtshofs hinnehmen.

Aus den Akten erfährt man nur wenig über diesen radikalen Demokraten, der im Jahr 1849 beim Heilbronner „Neckar-Dampfschiff" mitgearbeitet und nur wenig mehr als ein halbes Jahr als verantwortlicher Redakteur des 1842 gegründeten, dem Fortschritt verpflichteten Blatts gezeichnet hat.

Geboren wurde Wilhelm Binder am 26. Oktober 1803 in Waiblingen. Sein Vater ist in den Waiblinger Akten als Chirurg und zugleich als „Ratsverwandter" verzeichnet, gehörte also allem Anschein nach zu den einflußreichen Bürgern der Stadt. Als Wilhelm Binder in die Redaktion des „Neckar-Dampfschiffs" eintrat, lebte er mit seiner Familie in Wimpfen am Neckar. Dort hatte der gelernte Kaufmann am 29. September 1833 geheiratet: Die Braut war Luise Jakobine Ernst, Tochter eines Wimpfener Kaufmanns.

Will man den Anmerkungen des Heilbronner Oberamtmanns Mugler an das württembergische Innenministerium in Stuttgart trauen, dann hatte Wilhelm Binder als Geschäftsmann einmal Bankrott gemacht, ehe er mitten in der Zeit der Revolution von 1848/49 in die Redaktion des Heilbronner Demokratenblatts gelangte.

In einer Untersuchung über diese Zeitung, verfaßt von Ute Fuchs, veranlaßt und herausgegeben vom Stadtarchiv Heilbronn, bescheinigt die Autorin dem ehemaligen Insassen des Festungsgefängnisses Hohenasperg, daß er „leidenschaftlich" gewesen sei und „kompromißlos gehandelt" habe. Eine „aufrichtige Gesinnung" habe ihn ausgezeichnet. Dieses Urteil wird untermauert durch eine Schrift, die Wilhelm Binder nach seiner Haftentlassung im Selbstverlag publiziert hat: „Meine Verbrechen und meine Strafen" überschrieb er die Erinnerungen an Württembergs bekanntestes Gefängnis.

Die kurze Tätigkeit als Zeitungsmann begann für Binder offiziell am 3. Januar 1849 in Heilbronn. Der Verleger, Drucker und Redakteur Heinrich Güldig, ein gebürtiger Stuttgarter, der das „Neckar-Dampfschiff" im Jahr 1849 von dessen Gründer August Ruoff erworben hatte, bot Binder eine dauerhafte Beschäftigung als Redakteur an, nachdem dieser bemerkenswerte, gut geschriebene Beiträge zur Revolution eingereicht hatte. Es handelte sich dabei um „drei Sendschreiben an Dr. Friedrich Hecker". Ob Hecker von diesen Sendschreiben je erfahren hat, ist fraglich, befand er sich doch nach dem Scheitern des nach ihm benannten Zuges im Gefecht bei Kandern längst außerhalb Deutschlands.

Binder begann seine redaktionelle Tätigkeit sogleich, wie es in einem der zahlreichen Berichte des Oberamtmanns Mugler heißt, mit „groben Ausfällen gegen die königlichen Ministerien". Der Verfasser dieser Angriffe sei, so der Heilbronner Oberamtmann, „ein verdorbener Kaufmann", aber er sei „württembergischer Staats-Angehöriger". Mit diesem Hinweis sollte wohl auf Binders Wohnsitz im hessischen Wimpfen angespielt werden. Binders Attacken im „Neckar-Dampfschiff" galten seiner Ansicht nach in erster Linie den „volksfeindlichen Beschlüssen der Mehrheit des Frankfurter Parlamentes".

Nach dem Erscheinen der scharfen Kritik an dem Verhalten der Frankfurter Parlamentsmehrheit und den Seitenhieben auf das württembergische, von Friedrich Römer geleitete Ministerium, erging ein Haftbefehl gegen Wilhelm Binder. Am 3. Juni 1849 – fünf Tage vor Auflösung des Rumpfparlaments in Stuttgart – holten ihn vier bewaffnete Soldaten in der Redaktion ab und brachten ihn zur Kaserne. Binder hatte die Aktion wohl erwartet und sich entsprechend gekleidet. Als sich Soldaten und Unteroffiziere in Erwartung des schlimmen Demokraten am Kaserneneingang versammelten, sahen sie den festgenommenen Journalisten mit dem Heckerhut, einem großen, schwarzen Schlapphut. Binder trug den Rock der Wimpfener Bürgerwehr, geschmückt mit einem schwarz-rot-goldenen Band, ergänzt durch eine Quaste. Diese Quaste wies ihn als Unteroffizier der Bürgerwehr aus. Besonderen Eindruck scheint im übrigen Binders mächtiger, schwarzer Vollbart gemacht zu haben. Die Versammelten staunten und begrüßten die einrückende Eskorte mit dem Ruf: „Jetzt haben wir den Rechten!"

Der Aufenthalt in der Heilbronner Kaserne dauerte einige Tage, dann brachte man den Untersuchungshäftling per Eisenbahn nach Asperg und vom dortigen Bahnhof auf die Festung. Im Haftbefehl wurde das strafwürdige Verhalten Binders mit den Worten umschrieben: „Aufreizung zum Aufruhr und zum Ungehorsam gegen die Königliche Staatsregierung durch die Presse".

Die Untersuchungshaft auf dem Hohenasperg dauerte bis zum 1. August 1849. Als ein Schwager Binders eine Kaution von 300 Gulden bezahlte, konnte der weiterhin von einer staatsanwaltlichen Anklage Bedrohte zu seiner Familie und in die Heilbronner Redaktion zurückkehren.

Vom 1. September 1849 an zeichnete Wilhelm Binder anstelle seines Verlegers Heinrich Güldig als verantwortlicher Redak-

Meine Verbrechen

und

meine Strafen.

Von

W. Binder,

Redakteur des Neckardampfschiffs, (Heilbronner Zeitung.)

Auf Kosten des Verfassers.

▶▶▶▶◀◀◀◀

Tübingen.
Druck der E. Riecker'schen Buchdruckerei.
1850.

Wilhelm Binder hat seine Erinnerungen an die Haftzeit auf dem Hohenasperg in Buchform herausgebracht.

teur der Zeitung. Binders Freiheit dauerte allerdings nur wenige Wochen. Bereits im September 1849 mußte er sich vor
dem Esslinger Kriminalsenat wegen einer Sache verantworten, für die er seiner Meinung nach rechtlich nicht hätte belangt werden dürfen. Noch zur Zeit Heinrich Güldigs als verantwortlicher Redakteur des „Neckar-Dampfschiffs", war ein
Beitrag aus der Feder des Ulmer Redakteurs J. Maute abgedruckt worden; es handelte sich dabei um eine Übernahme
aus der demokratischen Ulmer „Schnellpost". Statt Güldig anzuklagen, wie es nach allgemeiner Ansicht rechtens gewesen
wäre, mußte Binder auf der Anklagebank in Esslingen Platz
nehmen, der Zeitungsherausgeber Güldig aber wurde als
Zeuge vernommen. „Acht Wochen Haft" lautete das Urteil,
anzutreten zu einem späteren Zeitpunkt. Am 21. Janaur 1850
rückte Wilhelm Binder dann wieder in das ihm bereits bekannte Asperger Festungsgelände ein. Der Ulmer Redakteur
Maute – Urheber des ärgerniserregenden Beitrags – war inzwischen ebenfalls verurteilt worden. Er mußte die Strafe am
gleichen Tag wie Binder antreten; man sperrte beide zusammen ein.

Binders achtwöchige Haft sollte sich schließlich erheblich
verlängern. Am 21. Februar begleiteten ihn Landjäger (Gendarmen) ins Ludwigsburger Schloß, wo im Ordenssaal das
Schwurgericht des Neckarkreises tagte. Diesmal betraf das
gegen Binder angestrebte Verfahren den ersten Beitrag, den
er im Januar 1849 nach dem Eintritt in die Redaktion des
Heilbronner Demokratenblatts unter dem Titel „Der deutsche
Erbkaiser" veröffentlicht hatte. „Beleidigung der Nationalversammlung durch die Presse" lautete – kurzgefaßt – die Anklage. Die Geschworenen erkannten auf „schuldig", die Richter verhängten eine zehnwöchige Festungshaft.

Sieben Tage nach diesem Urteil fand – wieder vor dem
Schwurgericht – das nächste Verfahren gegen Binder statt.

Erneut ging es um eine angebliche Beleidigung der Frankfurter Nationalversammlung, die inzwischen gar nicht mehr existierte. Der strafwürdige Text aus Binders Feder war am 9. Mai 1849 unter dem Titel „Was soll geschehen?" gedruckt worden. „Drei Monate Festungshaft" lautete diesmal das Urteil nach einer kurzen Verhandlung und einer ebenso kurzen Beratung der Geschworenen. Schon am Nachmittag des 28. Februar 1850 erlebten die Zuhörer im Ordenssaal erneut eine Verurteilung Wilhelm Binders. Diesmal ging es um eine württembergische Affäre, nämlich „die Beleidigung der Staatsregierung durch die Presse". Das Urteil: sechs Wochen Haft und 20 Gulden Geldstrafe.

Eine weitere Woche danach begann die nächste Verhandlung gegen Binder. Wie im Fall des Beitrags von Maute handelte es sich wieder um ein Delikt, für das man den verantwortlich zeichnenden Zeitungsherausgeber Güldig hätte anklagen müssen, nämlich den Abdruck eines Beitrags von Bernhard Schifterling, ebenfalls Redakteur in Ulm, im „Neckar-Dampfschiff" vom 31. Mai 1849. Die Anklage lautete auf „Majestätsbeleidigung und Aufforderung zum Aufruhr". Das verhieß nichts Gutes, und so kam es auch: Binder, obwohl weder der Verfasser des Beitrags noch der verantwortliche Redakteur, wurde zu zehn Monaten Haft verurteilt. Nicht zuletzt wegen der Aussage des Verlegers und Herausgebers Güldig galt Binder dem Gericht als der eigentliche Sünder.

In einem anderen Verfahren mußte dann Güldig doch noch eine Strafe auf sich nehmen. Es handelte sich dabei um einen Artikel, in dem „die Religion herabgewürdigt" worden sein sollte. Dafür verurteilte man den als verantwortlich zeichnenden Güldig zu acht Wochen Haft.

Die Liste der Anklagen, die sich auf Beiträge im „Neckar-Dampfschiff" bezogen, endete für Wilhelm Binder am 27. Mai 1850 mit dem Urteil über 14 Tage Gefängnis und 15 Gulden

Geldstrafe. Das Vergehen bestand in der Übernahme eines Aufsatzes aus der „Volkswehr", einem Stuttgarter Blatt.

Binder hatte das Pech, daß die württembergische Justiz damals nicht das in späterer Zeit übliche Verfahren praktizierte, bei dem mehrere Einzelstrafen zu einer Gesamtstrafe zusammengezogen werden, die deutlich unter der Summe der Einzelstrafen liegt. So mußte der Redakteur des „Neckar-Dampfschiffs" zwei ganze Jahre auf dem Hohenasperg bleiben.

Als im April 1850 ziemlich sicher war, daß die Festungshaft lange dauern werde, schrieb Wilhelm Binder in ein Notizbuch: „Meine Existenz ist ruiniert, meine Familie ihres Ernährers beraubt, aber mein Muth ist nicht gebeugt, denn mich stärkt das Bewußtsein meiner Unschuld und Recht und Wahrheit werden an den Tag kommen, wenn sie auch noch so lange durch trübe Wolken verhüllt sind."

In einem nachgelassenen Gedicht bekannte Wilhelm Binder, daß er in seines Herzens Grund stets „die Hoffnung bess'rer Zeiten trug". In seinem Rückblick auf die Jahre der Unfreiheit liest man Binders Bekenntnis: „Wer am Volksrechte festhält, hat eine Leuchte, welche niemals verlöscht, und ihm stets den richtigen Weg zeigt."

Heinrich Schweickhardt:
Senior unter den Häftlingen

Unter den vielen Dutzend Demokraten, die nach der gescheiterten Revolution von 1848/49 auf dem Hohenasperg inhaftiert waren, nimmt Heinrich Schweickhardt in zweifacher
Weise eine Sonderstellung ein: Er gehörte als Zweiund-
fünfzigjähriger zu den wenigen, noch im 18. Jahrhundert geborenen politischen Häftlingen, und er hinterließ ein ziemlich
umfangreiches Asperger Tagebuch. Darin notierte er eigene
Erlebnisse sowie Vorkommnisse, die er als Gefangener beobachtet hatte, und er schrieb nieder, was ihm zu den politischen Verhältnissen durch den Kopf ging. Seiner Familie und
seinen Nachkommen hinterließ er damit wertvolle Moment-
aufnahmen.

Andere Häftlinge, wie etwa Wilhelm Binder oder, am Ende
der zwanziger Jahre, der Theologe Karl August von Hase,
Dozent in Tübingen, der als Burschenschafter eine längere
Haft auf dem Hohenasperg verbüßen mußte, haben zwar
ebenfalls über ihre Gefangenschaft Rechenschaft gegeben,
aber dies geschah nicht in Form von Tagebucheinträgen,
sondern in rückschauenden Betrachtungen und somit in
einem zeitlichen Abstand. Das bewirkt, wie jeder weiß, der
Erfahrungen in Haft oder Gefangenschaft sammeln mußte,
daß man die schlimmen Teile der Erinnerungen oft weniger
deutlich wiedergibt als die heiteren oder erfreulichen Erlebnisse.

Aus Schweickhardts Notizen kann man entnehmen, daß er
sich während der 18 Monate seiner Strafhaft mehr und mehr
bedrängt gefühlt hat, zumal er gegenüber den erst dreißigjährigen Mitgefangenen zunehmend in eine Isolierung geraten war und unter seiner Vereinsamung litt. So wurde er zu
einem fleißigen Leser von politischen und philosophischen

Schriften. Aus der Gefangenenbibliothek lieh er sich unter anderem Bücher von Wilhelm von Humboldt aus. Von seiner Familie wurde er mit Werken aus der Feder zeitgenössischer Autoren versorgt, darunter auch mit Schriften von Friedrich Engels.

Einfach war es nicht für ihn, einen ruhigen und gut beleuchteten Platz zum Lesen zu finden. Man hatte die Zellen für die politischen Häftlinge ursprünglich für jeweils zwei Personen konzipiert. Als aber im Staatsgefängnis Hohenasperg immer mehr Untersuchungsgefangene und Verurteilte untergebracht werden sollten, erhöhte man die Belegung auf drei Personen. Dadurch war es in den Zellen ziemlich eng geworden. Ein Gefangener wie Heinrich Schweickhardt, der als erfolgreicher und vermögender Geschäftsmann an einen gewissen Wohnkomfort gewöhnt war, fühlte sich unter solchen Umständen einer Art Martyrium ausgesetzt. Diesen Eindruck vermittelt jedenfalls die Lektüre der Tagebuchblätter, die später von den Nachkommen Schweickhardts dem Tübinger Stadtarchiv übergeben und damit der Geschichtsforschung zugänglich gemacht worden sind.

Immer wieder hat Heinrich Schweickhardt in seinem Tagebuch über Ärger mit Zellengenossen berichtet. Ein Hauptgrund für Reibereien war seine Gewohnheit, als Gefangener ebenso früh aufzustehen, wie er es sich zu Hause angewöhnt hatte. Wenn er sich morgens um halb sieben Uhr von seinem Lager erhob, einer Holzpritsche mit Strohsack, fühlten sich die anderen Zellenbewohner in ihrem Morgenschlaf gestört.

Mit dem Heidenheimer Rechtskonsulenten Carl Freisleben, den man wegen Hochverrats verurteilt hatte, kam es deshalb bald zu einem heftigen Streit und zu einem dauerhaften Zerwürfnis. Schließlich erreichte Schweickhardt seine Verlegung in das Dachgeschoß des Gefangenenbaues. Dort aber gab es wiederum Reibereien, und zwar mit Julius Haußmann, dem

Ludwigsburger Apothekersohn, der später zu den Gründern der württembergischen Volkspartei gehörte.

Der temperamentvolle Haußmann hatte die Angewohnheit, sich am späten Abend mit anderen Gefangenen auf dem Flur des Dachgeschosses zu treffen und dabei eine lautstarke Diskussion zu entfachen. Es muß sich angehört haben, als fände da ein Fortbildungskurs in Politik statt, und zwar zu einer Tageszeit, in der Schweickhardt als Frühaufsteher gerne schon geschlafen hätte. Als Schweickhardt gegenüber Haußmann, dem Hauptverursacher der abendlichen Störung, seinem Ärger Luft machte, hatte dies eine seltsame Konsequenz: die sogenannte „Lesegemeinschaft" löste sich auf, die die Gefangenen im Dachgeschoß gebildet hatten, um eine Tageszeitung – den „Beobachter" oder den „Schwäbischen Merkur" – gemeinsam und somit kostengünstig zu beziehen. Am Ende mußte Schweickhardt den Bezug des „Beobachter" allein finanzieren. Über Haußmann hatte er sich im übrigen auch geärgert, weil dieser in der „Lesegemeinschaft" für sich das Recht in Anspruch nahm, die von allen inzwischen gelesenen Zeitungsblätter zum Aufbewahren zu bekommen. Später wurde Julius Haußmann übrigens Finanzier und Verleger eben dieses, von ihm während seiner Haft so begehrten Demokraten-Blattes.

Die auf dem Hohenasperg entstandenen Animositäten zwischen den beiden württembergischen Demokraten Heinrich Schweickhardt und Julius Haußmann haben sich allem Anschein nach eigenartigerweise auf die nächsten Generationen vererbt. Als bei der Reichstagswahl 1903 die beiden Haußmann-Söhne, Conrad und Friedrich, in den Wahlkreisen Balingen-Tuttlingen und Hohenlohe erfolgreich für das deutsche Parlament kandidierten, bewarb sich im Wahlkreis Tübingen auch der Schweickhardt-Enkel Heinrich für die Volkspartei um ein Mandat und wurde gewählt. Ein Freund dieses Heinrich Schweickhardt, der 1946 an der Wiederbegründung einer „Volkspartei" beteiligt war, erinnerte sich damals, daß in all den vielen Jahren, in denen ein Haußmann und ein Schweickhardt der Berliner Fraktion der „Volkspartei" oder der „Freisinnigen Vereinigung" angehörten, zwischen diesen Landsleuten ein distanziertes Verhältnis bestanden habe.

Heinrich Schweickhardt gehörte, anders als Julius Haußmann und die meisten anderen Mithäftlinge auf dem Hohenasperg, nicht von Anfang an zu den aktiven Mitgliedern der demokratischen Bewegung im Königreich Württemberg. Zwar saß sein Bruder, Dr. Eduard Schweickhardt, der auch als Universitätsdozent tätig war, als Abgeordneter der „guten Stadt" Tübingen schon seit Beginn der revolutionären Unruhen von 1848 im Stuttgarter Landtag; Heinrich jedoch, der zusammen mit seinem Bruder Eduard eine Kunstmühle betrieb und sich im Getreide- und Lebensmittelhandel engagierte, beschränkte sein öffentliches Wirken auf den kommunalen Bereich. Einige Jahre lang diente er seiner Heimatstadt Tübingen als ehrenamtlicher Stadtpfleger, der über die Finanzen zu wachen hatte, zugleich war er Obmann des Bürgerausschusses. Das Hauptinteresse Heinrich Schweickhardts galt der Umwandlung des immer noch ziemlich armen, von der Landwirtschaft bestimmten Württemberg in ein Land mit moderner Industrie. Nur so ließ sich in Zukunft die Auswanderung seiner Landsleute vermeiden.

In Tübingen galt der ziemlich vermögende Heinrich Schweickhardt als ein Verfechter der volkswirtschaftlichen Thesen und Empfehlungen Friedrich Lists. Mit einem Ferdinand Nägele oder mit einem Gottlieb Rau, der zur gleichen Zeit wie Heinrich Schweickhardt auf dem Hohenasperg seine Strafe verbüßte, war sich der Tübinger Unternehmer stets darin einig gewesen, daß ein modernes, industrialisiertes Württemberg nur entstehen könne, wenn man im ganzen Königreich den Geist der Kleinmütigkeit überwinde und einer, von der altwürttembergischen Schreibertradition geprägten Bürokratie Einhalt gebiete.

Unpolitisch war Schweickhardt also auch in der Zeit des Vormärz nicht, aber sein Eingreifen in die Politik des Landes begann erst, als Schweickhardt beim großen Prozeß im Ordenssaal des Ludwigsburger Schlosses zu Protokoll gab: er habe den Eindruck gewonnen, das Ministerium Römer und König Wilhelm I. würden die für das Königreich Württemberg in Kraft gesetzten Grundrechte der Reichsverfassung und die Reichsverfassung selbst nicht genügend respektieren, sondern in wichtigen Fällen sogar ignorieren. Notfalls, so Heinrich Schweickhardt, müßten die von der Frankfurter Nationalversammlung – als dem vom deutschen Volk bestellten Gesetzgeber – verkündeten Rechte mit Waffengewalt verteidigt werden. Nach Schweickhardts Ansicht hätte die württembergische Regierung den Badenern und den Pfälzern „aktiv beispringen" müssen, als diese ihren Kampf für die Reichsverfassung ausfochten.

An der Reutlinger Pfingstversammlung der Volksvereine im Jahr 1849 nahm Heinrich Schweickhardt zwar teil, war aber nicht als gewählter Vertreter des Tübinger Volksvereins gekommen, sondern als interessierter Beobachter. Zwei Missionen, die Heinrich Schweickhardt im Auftrag des Tübinger Vereins unternahm, bildeten schließlich den Hauptpunkt der Anklage beim Prozeß. In beiden Fällen sollte Schweickhardt in Horb, Freudenstadt, Nagold, Altensteig und Calw herausfinden, wie es mit der Bereitschaft der besonders unruhigen Schwarzwälder Volksfreunde stehe, den badischen Verteidigern der Reichsverfassung in ihrem Kampf gegen die aus dem Rhein-Main-Gebiet und aus dem Nahe-Gebiet vorrückenden preußischen Truppen zu helfen. Schweickhardt mußte erleben, daß die ursprünglich auch in Tübingen vorhandene Kampfeslust nach kurzer Zeit schon verebbt war. Konkrete Ergebnisse seiner Erkundung konnte er nicht vorweisen.

Als Adolph Schoder, Schweickhardts Verteidiger im Ludwigsburger Prozeß, die Geschworenen in seinem brillant formulierten und, wie Prozeßbeobachter registrierten, ebenso brillant vorgetragenen Plädoyer darauf hinwies, daß der Angeklagte Heinrich Schweickhardt gar nicht zum Aufruhr aufgerufen, sondern nur die Situation erkundet habe, verhinderte dies den Schuldspruch am Ende doch nicht. Die vom Gericht verhängte 18monatige Haft blieb aber um neun Monate unter dem Strafmaß, das Julius Haußmann zudiktiert wurde.

Schweickhardt, der die Auflösung des „Rumpfparlaments" durch die Regierung Römer für eine „schreckliche Tat" hielt, war nach dem Ende des Traums von einem freien Volksstaat unsicher, was mit ihm geschehen würde, wenn er in Tübingen bliebe. Ebenso wie andere Demokraten ging er deshalb zunächst in die Schweiz. Die Entwicklung im Königreich wollte er aus der Distanz beobachten. Nach seiner Rückkehr stellte er sich den Behörden. Das nun beginnende Verfahren zog sich bis zum Jahr 1851 hin. Nach der Entlassung aus der Untersuchungshaft rechnete Heinrich Schweickhardt mit einem für ihn günstigen Ende des Prozesses. Seine Hoffnungen erfüllten sich jedoch nicht.

Während der ganzen Zeit seiner Inhaftierung machte sich Heinrich Schweickhardt große Sorgen um sein Mühlen- und Handelsunternehmen. Seit 1848 stagnierten die Geschäfte. In zahlreichen Briefen gab der Gefangene seiner Familie, insbesondere dem inzwischen 18 Jahre alten Sohn Heinrich, Anweisungen für die Leitung der Firmen. Die Weiterführung des Mühlenbetriebs und der Handelsunternehmen kosteten viel Mühe. Es kam zwar nicht zum Bankrott, aber doch zu Ver-

mögensverlusten. Die Familie, unterstützt von einem rechts-
kundigen Verwandten, beschwor den Inhaftierten mehrfach,
er solle ein Gnadengesuch einreichen, um vorzeitig entlassen
zu werden. Aus dem Tagebuch geht hervor, daß Schweickhardt darüber gründlich nachgedacht hat, am Ende jedoch
überzeugt war, daß er nicht um Gnade bitten dürfe, sondern
seinen politisch-demokratischen Prinzipien treu bleiben müsse. Andernfalls verliere er die Achtung seiner Kinder.

Der Entschluß, sich mit dem Gnadengesuch nicht reumütig zu
zeigen, fiel Heinrich Schweickhardt während der zweiten
Hälfte seiner Haftzeit besonders schwer. Ein Teil der politischen Häftlinge hatte nämlich relativ kurze Strafen zu verbüßen. So brachte die Gefängnisleitung in Zellen, die ursprünglich mit politischen Straftätern belegt waren und nun
frei wurden, Kriminelle unter. Es sei schlimm, so notierte
Schweickhardt einmal, mit „Prellern und Betrügern" zusammenleben zu müssen.

Etwas anderes empörte den Inhaftierten schon am Anfang seiner Haftzeit: die Geldforderung, die die Justizbehörde von
vermögenden Verurteilten erhob. Zehn Kreuzer pro Tag sollte er für jene Zeit des Jahres, in der nicht geheizt wurde, als
Wohnungsmiete bezahlen. In der kalten Jahreszeit verlangte
der württembergische Staat sogar 20 Kreuzer pro Tag. Im
Stuttgarter „Beobachter" stieß diese Regelung auf scharfe Kritik – nicht so sehr wegen der „Miet-Zahlung" im allgemeinen,
sondern wegen der unangemessen hohen Forderung, liege
doch die staatliche Miethöhe, so das Demokraten-Blatt, sogar
noch über den Sätzen, die Stuttgarter Hausbesitzer ihren Mie-
tern abverlangen.

Heinrich Schweickhardt, der sich der Allgemeinheit im übrigen durch das Kopieren von Akten der Gemeindeverwaltung
Markgröningen nützlich machte, wollte nicht einsehen, daß
er für seine Haftzelle auch noch Miete bezahlen solle. Er ver-

weigerte die Begleichung der Rechnung mit dem Hinweis, daß ihm seine schwierig gewordenen wirtschaftlichen Verhältnisse keine derartige Leistung an die Staatskasse erlaubten. Gegen die amtliche Zahlungsaufforderung rief er gerichtlichen Beistand an. Schließlich mußte er sich gefallen lassen, daß ein von der Justiz bestellter Sachverständiger die Vermögensverhältnisse der Familie Schweickhardt prüfte, um herauszufinden, ob der Häftling tatsächlich zu jener Gruppe der mittellosen Verurteilten gehöre, von denen man keine Mietzahlung verlangte. Nach dieser Prüfung war allerdings klar, daß die Behörden eine Beschlagnahme Schweickhardtschen Eigentums verfügen würden, wenn die Miete nicht umgehend beglichen wurde. Um diesen schlimmen Fall zu verhindern, leistete der Tübinger Konditormeister Wilhelm Reichmann – mit der Familie Schweickhardt befreundet – eine Bürgschaft. Heinrich Schweickhardt mußte seinen Streit mit den Justizbehörden beenden; er bezahlte schließlich die geforderte Miete.

Zu den erfreulichen Episoden Heinrich Schweickhardts in den 18 Monaten seines Zwangsaufenthalts auf dem Hohenasperg gehörten Besuche seines Gesinnungsfreundes Preis – damals Schullehrer in Asperg. Regelmäßige Besuche von Familienangehörigen waren nichts Außergewöhnliches; sie wurden von der Gefängnisleitung auch ohne nennenswerte Einschränkungen erlaubt. Besuche eines Nicht-Verwandten bei einem politischen Häftling zählten jedoch zu den Ausnahmen. Wenn ein Mann, wie der Asperger Lehrer Preis, also ein Angehöriger des öffentlichen Dienstes, es wagte, einen verurteilten Demokraten zu besuchen, dann besaß er Zivilcourage. Die Gespräche mit dem mutigen Lehrer empfand der Gefangene denn auch als eine wichtige Bestätigung dafür, daß nach dem traurigen Ende der Revolution nicht alle Landsleute resigniert hatten.

Seinen Verteidiger Adolph Schoder schätzte Schweickhardt besonders. Als Abgeordneter des Wahlkreises Besigheim-Brackenheim hatte sich Schoder in der Frankfurter National-versammlung bei der Formulierung der Grundrechte und anderer Teile der Reichsverfassung große Verdienste erworben. Beim Ludwigsburger Prozeß verteidigte der im ganzen Land populäre Schoder mehrere Angeklagte. Wenige Monate nach dem Ende des Prozesses starb der Anwalt, erst 35 Jahre alt, betrauert von Heinrich Schweickhardt und vielen anderen württembergischen Demokraten.

Nach seiner Entlassung im Herbst 1853 widmete sich Heinrich Schweickhardt seinen geschäftlichen Unternehmungen nicht mehr so intensiv, wie er es in der Zeit vor 1848 gewohnt gewesen war. Die Haft habe ihn verändert, er sei grüblerisch geworden, meinten seine Freunde. Die Familie machte sich Sorgen um seine Gesundheit – mit Recht, wie sich bald schon zeigen sollte. Am 20. Juli 1855 starb der Siebenundfünfzig-jährige in seiner Heimatstadt Tübingen.

Literatur

Zu Julius Haußmann

Henning, Friedrich: Die Haußmanns. Gerlingen 1988.

Maier, Hans: Die Hochverratsprozesse gegen Gottlieb Rau und August Becher, nach der Revolution von 1848 in Württemberg. Pfaffenweiler 1992.

Außerdem: Angaben aus Gesprächen des Verfassers mit Dr. Wolfgang Haußmann in den sechziger und siebziger Jahren.

Zu Wilhelm Binder

Der Beitrag über Wilhelm Binder stützt sich auf Auskünfte des Stadt-archivs Waiblingen.

Fuchs, Ute: Das „Neckar-Dampfschiff" in Heilbronn. Kleine Schriftenrei-he des Archivs der Stadt Heilbronn, Nr. 16

Binder, Wilhelm: Meine Verbrechen und meine Strafen – Zwei Jahre auf dem Hohen-Asperg in den Jahren 1850 und 1851. o.O. 1868.

Zu Heinrich Schweickhardt

Sieber, Eberhard: Gefangenentagebuch vom Hohenasperg. Ludwigsburger Geschichtsblätter 23/1971.

Sieber, Eberhard: Stadt und Universität Tübingen in der Revolution 1848/49 (Diss.). Tübingen 1975.

Krause, Albrecht und Erich Viehöfer: Auf den Bergen ist Freiheit. Ausstellungskatalog. Stuttgart/Asperg 1998.

Cornelia Früh und Annette Nürk

Der Traum von der Südsee: Immanuel Hoch, Karl Reichenbach und der Otaheiti-Bund

Wie und wo leben wir gerne? – Frey und unabhängig, „los von den Fesseln fremden Zwanges, leben wir gerne (...)" – mit solch schwärmerischen Worten beginnt die Gründungsurkunde einer gesellschaftlichen Verbindung, die am 12. Februar 1806 von drei jungen Männern unterzeichnet wird. Die Urkunde betraf den Plan der Übersiedelung und Gründung einer Kolonie auf den Südseeinseln – auf Otaheiti. Die Gründer hatten äußerst lebhafte Vorstellungen von dem, was sie dort auf den Südseeinseln erwarten würde.

„Der Ostwind, unser bisheriger Begleiter hatte sich gelegt: ein vom Lande wehendes Lüftchen führte uns die erfrischendsten und herrlichsten Wohlgerüche entgegen und kräuselte die Fläche der See. Waldgekrönte Berge erhoben ihre stolzen Gipfel in mancherley majestätischen Gestalten (...). Vor diesen her lag die Ebene, von tragbaren Brodfrucht-Bäumen und unzählbaren Palmen beschattet, deren königliche Wipfel weit über jene empor ragten. (...) Die Leute, welche uns umgaben, hatten soviel Sanftes in ihren Zügen, als Gefälliges in ihrem Betragen." So las man es in Georg Forsters Werken.

Karl Reichenbach, einer der drei begeisterten jungen Männer, die den Geheimbund gründeten, bereitete sich 1806 in Stuttgart auf das Studium der Kameral- und Rechtswissenschaften vor. Durch das Lesen von Cooks Reisebeschreibungen war er von der Idee angesteckt worden, auf Otaheiti eine Kolonie nach platonischem Vorbild zu gründen. Seine zwei Freunde waren Karl Christian Wagenmann und Karl August Georgii. Diese Gruppe wuchs bis zum Sommer 1808 auf insgesamt 14 Mitglieder an.

Ursache der Schwärmerei, die in die Tat umgesetzt werden sollte, waren die damaligen Zustände sowohl im von Napoleon beherrschten Europa als auch in Württemberg selbst. Nach der Aufhebung der altwürttembergischen Verfassung ähnelte das Land einem Polizeistaat. König Friedrich regierte im Stil eines absolutistischen Herrschers: Diskussionen über politische Themen wurden untersagt, die Presse wurde von französischen wie auch württembergischen Behörden zensiert. Eine Flucht aus den „Fesseln" dieses Staates war nicht möglich, denn die Auswanderung wurde 1807 verboten. So blieb den Bürgern kaum noch die Möglichkeit, sich zu entfalten, manche flüchteten sich in eine Art „innere Emigration". Wie es das Beispiel des Otaheiti-Bundes zeigt, galten selbst Fluchtversuche, die nur in Gedanken stattfanden, als verdächtig.

Die Gründer des Otaheiti-Bundes beurteilten die Lage sehr negativ:

„Europa lebt darniedergedrückt von der Last tiefverwurzelter Convenienz falschen sittlichen Anstandes (...). Unglückliches Land, in welchen nur der, welcher sich zum Speichellecker seines Unterdrückers erniedrigt, einen Weg findet, sich Rang zu erwerben, in welchen nur der empor kommen kann, der, alles Seelenadels vergessen, es vermag den Niedrigkeiten und Verbrechen unseres schamlosen Zeitalters hülfreiche Hand zu leisten! – Schaudervolle Zukunft, die unsres jungen Lebens wartet!" Diesen bedrückenden Zuständen stellte man die ersehnte Zukunft im Südsee-Paradies gegenüber: „(...) unser Plan, er hat noch tausend Winkel, wo Freiheit und Zufriedenheit sich Tempel bauen können, wenn Europa ihnen zu enge wird. Tausend fruchtbare Thäler bieten die fernen Gestade von Neuholland uns an; tausend üppige Fluren lachen auf den Inseln der Südsee, auf den Freundschafts-Gesellschafts-Marquesas-Eilanden entgegen (...)" Dort hofften die Otaheiti-Mitglieder eine „elysische Natur und eine politische Lage, die uns auf Jahrhunderte treylich garantiert [sei]" vorzufinden.

Für die Realisierung des Traumes suchte man weitere 60 bis 100 gleichgesinnte junge Männer, die an der Unternehmung teilhaben wollten. Die besondere Aufmerksamkeit soll hier zwei Mitgliedern des Bundes gelten: dem Gründungsmitglied Karl Reichenbach und dem für die weitere Entwicklung der Gesellschaft wichtigen Magister Immanuel Hoch.

Karl Ludwig Reichenbach wurde am 12. Februar 1788 als Sproß einer traditionsreichen Familie geboren, seine Eltern waren Karl Ludwig Reichenbach und Beate Friederike, geb. Schweizer. Reichenbach war das älteste von vier Kindern, zwei Schwestern und einem Bruder. Die Familie war finanziell nicht gerade von Reichtum gesegnet. Da aber die Mutter mit Geschick und Erfindungsreichtum einen Waschservice für bessergestellte Personen unterhielt, konnte etwas Geld für die Ausbildung der Kinder beiseite gelegt werden. Karl Ludwig Reichenbach besuchte das Gymnasium in Stuttgart. Als Klassenprimus übte er sich früh in einer Führungsrolle, denn er hatte als „Rottenmeister" auf seine Mitschüler zu achten. Naturwissenschaften waren seine Leidenschaft. Nach der Schulzeit erwarb sich Reichenbach in Amtskanzleien Erfahrung als Schreiber. Der Wunsch, seine praktischen Kenntnisse mittels eines Studiums auszubauen und theoretisch zu fundieren, führte ihn dann am 12. 5. 1807 nach Tübingen. Dorthin verlegte man auch den Sitz des Otaheiti-Bundes.

Die entscheidende Rolle bei der Entdeckung des Otaheiti-Bundes sollte später der Stiftler Immanuel Hoch spielen. Er kam am 19. März 1788 in Bietigheim, als Sohn des Hafnermeisters Johann Peter Hoch und dessen Ehefrau Sibilla Catharina, geb. Wacker, zur Welt. Seine Eltern wünschten, daß er den Beruf des Pfarrers ergreifen solle. Nach dem Besuch der

Klosterschule Bebenhausen kam Immanuel Hoch im Jahr 1805 nach Tübingen, wo er ins evangelische Stift aufgenommen wurde. Er erwarb 1807 zunächst den Grad eines Magisters an der philosophischen Fakultät und ging dann zum Theologiestudium über.

Zurück zum Otaheiti-Bund. Den Studenten war klar, daß die Auswanderung und Übersiedlung nicht ohne sorgfältige Planung gelingen konnte. Eine gut gegliederte, handlungsfähige Organisation war nötig. Die Mitglieder des Bundes gaben sich eine Verfassung, in der die Ideale der Französischen Revolution – Freiheit, Gleichheit, Brüderlichkeit – verwirklicht werden sollten. Die einzelnen Bestimmungen wurden zu einem Gesetzbuch zusammengefaßt, das von jedem Studenten unterschrieben werden mußte. Dieses „Grundgesetz" beweist, daß die Studenten wußten, auf welche Weise Demokratie funktioniert.

Das Gesetzgebungsrecht lag in der Hand der Mitgliederversammlung. In unregelmäßigen Abständen wurden Sitzungen abgehalten, in denen sämtliche Angelegenheiten von gemeinschaftlichem Interesse erörtert wurden; jeder konnte seine Meinung frei äußern. Das Stimmrecht konnte auch auf einen Dritten übertragen werden. Um die gefaßten Beschlüsse ausführen zu können, benötigte man Exekutivorgane. Die Inhaber dieser Ämter wurden von der Versammlung gewählt, mußten ihr Amt nach einem Jahr niederlegen und Rechenschaft über ihre Amtshandlungen ablegen. Die Regelung der Finanzangelegenheiten lag in den Händen eines Kassiers. Er verwaltete das gemeinschaftliche Vermögen der Mitglieder, das angespart wurde, um Landkarten und Reisebeschreibungen kaufen zu können. Dieses Kapital setzte sich aus regelmäßig zu bezahlenden Beiträgen, deren Höhe jeder Student selbst bestimmen durfte, und aus Spenden der Mitglieder zusammen. Alle von der Gesellschaft erworbenen Gegenstände

befanden sich in einem Magazin, wo sie jedes Mitglied aus-
leihen konnte.

Zu den merkwürdigsten Einrichtungen der Gesellschaft
gehörte die Sittenpolizei. Ein Zensor bekam den Auftrag, das
Benehmen der Mitglieder zu überwachen. Die Studenten
scheinen von dem in Württemberg angewandten Überwa-
chungssystem schon so beeinflußt gewesen zu sein, daß sie es
unbewußt nachahmten.

Da den jungen Leuten in der geplanten Südseerepublik eine
Art „klassenlose" Gesellschaft vorschwebte, war es gleich-
gültig, welcher Religion, Gesellschaftsschicht oder National-
ität der Bewerber angehörte; jeder sollte gleichberechtigt sein.
Ziel war es, Mitglieder aus möglichst vielen verschiedenen
Ländern anzuwerben.

Die Gründung der Kolonie sollte nur mit Erlaubnis der Lan-
desregierung stattfinden, damit Auswanderern, denen das
Leben in der Südsee nicht zusagte, der Weg zurück immer
offenstand. Es bestand die Absicht, auch Handwerker und
Arbeiter zu gewinnen, deren Kenntnisse von Nutzen sein
konnten.

Die Mitglieder konnten die Verbindung jederzeit verlassen.
Im Falle des Austritts bekam der Betreffende seine freiwilli-
gen Spenden zurück, die regelmäßigen Monatsbeiträge ver-
blieben der Gesellschaft. Der Austrittswillige mußte sein
Ehrenwort geben, die Geheimnisse des Bundes nicht weiter-
zugeben. Grundsätzlich wurde den Mitgliedern untersagt,
mit Außenstehenden über die Pläne des Bundes zu sprechen
oder private Aufzeichnungen zu machen. Um Interessenkon-
flikte zu vermeiden, durfte kein Angehöriger des Bundes
einer fremden Verbindung oder Landsmannschaft beitreten.
Bei Zuwiderhandlung drohte eine Geldstrafe in Höhe eines
doppelten Monatsbeitrags. Schärfere Strafen gab es nicht,
denn man wollte eine Justiz schaffen, die sich von der realen

Justiz in Württemberg durch ihre Milde unterschied. Der Bund sollte durch diese Vorsichtsmaßnahmen vor der Entdeckung durch die Polizei geschützt werden. Im Fall einer äußeren Bedrohung wurde einem Anführer „gleich einem römischen Diktator" die legislative und exekutive Gewalt übertragen. Es bedurfte dazu lediglich der Erklärung: „Die Gefahr ruft, ich habe die Gewalt des Anführers in meine Hand genommen."

Die Auflösung des Bundes wurde ebenfalls durch das Gesetzbuch geregelt. Sie konnte mit Zweidrittelmehrheit der Mitglieder beschlossen werden, wenn sich nicht genügend Leute zur Auswanderung bereit erklären würden oder sich dem Vorhaben unüberwindliche Hindernisse entgegenstellten. Dann sollte das Gemeineigentum im Verhältnis des eingebrachten Vermögens unter den Studenten verteilt werden. Doch zu einer Selbstauflösung der Gesellschaft kam es nicht mehr. Die Gefahr kam nicht von außen, sondern von innen.

Im Juni 1808 suchte Immanuel Hoch den Staatsminister Graf Normann-Ehrenfels auf und informierte ihn über die geheimen Pläne des Otaheiti-Bundes. Der Minister verlangte eine schriftliche Darlegung. Ohne Zögern schrieb Hoch dann am 27. Juni 1808 einen Brief an den Staatsminister, in dem er detaillierte Angaben über die geheime Gesellschaft machte und die Namen der Mitglieder verriet. Da er anscheinend befürchtete, daß man die Sache nicht ernst nehmen würde, wies er auf die – angebliche – Entschlossenheit der Studenten hin: „Ihre Excellenz mögen sich vielleicht bei dieser Erzählung des Lächelns nicht enthalten können. Aber ich kann versichern, das Werk wird nicht mit der Einbildungskraft, sondern mit dem Verstande betrieben, nicht mit jugendlichem Enthusiasm[us], (...) sondern mit kalter Reflexion." Er bat darum, bei einer polizeilichen Untersuchung wie die anderen Mitglieder behandelt zu werden, allerdings nicht etwa aus Edelmut, son-

dern viel mehr aus Feigheit: „(...) um nicht als Angeber erkannt, und ihrem Todthaß ausgesezt zu werden." Hoch nannte in dem Brief auch die Gründe, die ihn dazu bewogen hatten, seine Kameraden zu denunzieren: zum einen geschehe
dies in der Hoffnung, durch eine Selbstanzeige könnten er
und seine Kommilitonen mit Nachsicht rechnen, was bei einer Aufdeckung des Geheimbundes durch die Behörden nicht
der Fall sein würde. Zum anderen habe ihn sein Pflichtgefühl
gegenüber dem Staat dazu veranlaßt: „Überdies werden
durch solche Negotiationen [ein Geheimbund] die Geister an
unpatriotische Projecte gewöhnt, der Eifer, der mit Talent verbunden dem Vaterland fruchten könnte, wird dem Besten des
Vaterlands entzogen, und an Fremdartiges verschwendet."
Ausschlaggebend für Hochs Verrat dürfte aber die Tatsache
gewesen sein, daß er Schulden in Höhe von 200 Gulden hatte
und sich eine Belohnung erhoffte, wenngleich er dem Staatsminister wiederholt versicherte, er handle nicht aus Eigen-
nutz.
Der Staatsminister leitete sogleich eine polizeiliche Untersuchung gegen die Mitglieder des Otaheiti-Bundes ein. Er bezweifelte immer noch, daß die abenteuerlichen Ideen einiger
Studenten den Staat gefährden könnten, hielt es aber für angebracht, geeignete Maßnahmen zu ergreifen, da Studenten-
verbindungen schon seit längerem verboten waren. Überdies
war er der Ansicht, daß die jungen Leute durch derartige Aktivitäten von ihrem Studium abgehalten werden könnten. Es
kam zur Verhaftung der Mitglieder, allen voran Reichenbach,
Georgii und Wagenmann, bei letzterem fand man die Dokumente der Gesellschaft (Grundurkunde, Gesetzbuch) und
Bücher. Die Tübinger Polizei begann dann mit den Verhören.
Reichenbach räumte bei der Befragung durch die Oberpoli-
zeidirektion ein, daß er noch andere, geheime Pläne gemacht
hatte. So hoffte er, durch erfolgreiche Anlegung einer Indigo-

Plantage und dem damit verbundenen Export nach Europa zu Reichtum kommen zu können. Er gestand, „(...) daß der wahre Zweck der Gesellschaft und Verbindung ein anderer sey; er gab solchen dahin an, daß sein Plan als Stifter der Gesellschaft eigentlich gewesen sey: eine Pflanzung für Indigo unter Zustimmung und Beistand des Staats-Oberhaupts von Württemberg auf Othahidi zu versuchen, welche Absicht [er] aber den Gliedern der Gesellschaft bisher verborgen gehalten habe."

König Friedrich hielt es für geboten, eine Sonderuntersuchungskommission einzusetzen; sie sollte möglichst zügig ein Ergebnis präsentieren und so die Angelegenheit aufhellen. Anfang September wird dann bezüglich der neun auf dem Schloß inhaftierten Personen empfohlen, „(...) daß Reichenbach zu zweymonatlichem und Georgii zu ein-monatlichem Festungsarrest nebst 1/12 der Untersuchungs-Kosten für jeden zu verurteilen [sind], die übrigen Mitglieder aber unter Anrechnung des Arrests zur Strafe und Erstattung der Kosten freizugeben seyn müßten."

Das Urteil gegen die inhaftierten Mitglieder fiel relativ mild aus, weil sie sich – so die Begründung – nicht an verbrecherischer oder den Landesgesetzen entgegengerichteten Aktivitäten beteiligt hätten, „(...) sondern [alles] nur das Werk einer durch unreife Beurtheilung irregeleiteten Schwärmerey sey, (...)" und lediglich korrigierende Maßnahmen durchgeführt werden müßten. Reichenbach und Georgii wurden daraufhin zu den angeordneten Strafen auf den Hohenasperg gebracht und verbüßten ihre Haft.

Immanuel Hoch war es dagegen schlecht ergangen. Bei einer Hausdurchsuchung war man auf mehrere, an ihn gerichtete Briefe des Vikars M. Friedrich Gustav Schoder gestoßen. In diesen Briefen aus dem Jahr 1806 brachte Schoder in pathetischen Worten seine Meinung über die Zwangsherrschaft in

Europa zum Ausdruck. Er nannte Napoleon einen Unterdrücker, der schuld sei am Unglück Württembergs; ein Brief
enthielt eine eher allgemein gehaltene Bemerkung über „Ty-
rannenmord", die sich auf König Friedrich bezog. Darüber
hinaus bezeichnete er das gewaltsame Ende des russischen
Zaren Paul I. als positive Tat.

Es spielte keine Rolle, welchem „Tyrannen" – Napoleon oder
König Friedrich – diese Äußerung galt. Der württembergische
König sah sich in seiner Revolutionsfurcht bestätigt, die ihn
seit 1789 beherrschte. Er mußte auch alles vermeiden, was den
Zorn Napoleons hätte hervorrufen können. Es sollte nicht der
Eindruck entstehen, daß es in Württemberg Widerstand gegen Napoleons Herrschaft gebe. Der geringe politische Spielraum, den König Friedrich noch besaß, wäre dann verloren
gewesen.

Da man Schoder für ein Mitglied des Otaheiti-Bundes hielt,
glaubte man, Beweise für eine revolutionäre Gesinnung der
Studenten gefunden zu haben, zumal auch im Gesetzbuch
von „Tyrannei" die Rede gewesen war und bei einem Kommilitonen Hochs ein Dolch entdeckt wurde. Man vermutete
eine Verschwörung zur Ermordung des Königs.

So wurde auch der Denunziant Hoch am 29. Juni 1808 verhört
und danach in Untersuchungshaft genommen. Es stellte sich
aber heraus, daß Schoder dem Otaheiti-Bund nie beigetreten
war und somit kein Zusammenhang zwischen seinen verdächtigen Briefen und den Plänen der geheimen Gesellschaft
bestand. Gegen Hoch und Schoder leitete man deshalb ein ge-
sondertes Verfahren ein. Ein Tübinger Tribunal verurteilte die
beiden im September 1808 wegen verbrecherischer Äußerungen über den württembergischen König zu Festungshaft.
Kurz darauf wurde das Urteil revidiert; der König veranlaßte
eine Änderung. Hoch und Schoder wurden für geisteskrank
erklärt und deshalb sofort aus der Haft entlassen. Gleichzei-

tig wurden sie jedoch von jedem geistlichen Amt ausgeschlossen und unter behördliche Aufsicht gestellt.

Magister Immanuel Hoch

Im Jahr 1808 befand sich Immanuel Hoch also in einer miß-
lichen Lage. Zwar war ihm Festungshaft erspart geblieben,
seine Freiheit konnte er dennoch nicht genießen. Da er für
gemütskrank erklärt worden war, durfte er sein Theologiestudium nicht fortsetzen, auch war ihm untersagt worden, eine Stelle im öffentlichen oder kirchlichen Dienst anzunehmen.
Seine Karriere schien beendet zu sein, bevor sie richtig begonnen hatte. Auf behördliche Anordnung mußte er in seine
Geburtsstadt Bietigheim zurückkehren. Fast zwei Jahre lang
lebte er dort im Haus seiner Mutter – auf Kosten der inzwischen verwitweten Frau.

Während dieser Zeit versuchte er sich als Dichter. Zu Beginn
des Jahres 1810 legte er eine Auswahl seiner Gedichte einem
Zensurkollegium vor. Er nahm an, daß man eine Veröffentlichung seiner Verse, die Lobreden auf Napoleon enthielten,
ohne weiteres genehmigen würde. Hoch erhielt die Druckerlaubnis, konnte aber keinen Gebrauch davon machen, weil
es zu einer erneuten Auseinandersetzung mit den Behörden
kam. Nach seiner Darstellung ereignete sich folgendes: Ein
vom König beauftragter Agent suchte ihn inoffiziell in Bietigheim auf und befragte ihn über seine weiteren Absichten und
Pläne. Hoch wußte nicht, daß der König dieses Verhör veranlaßt hatte. Er war über die Einmischung in seine Privatange-
legenheiten empört und sagte dem Mann, „er solle sich fort-
packen". König Friedrich sah in der respektlosen Art, mit der
Hoch einen Staatsdiener behandelte, vermutlich eine Mißach-
tung seiner Person. Immanuel Hoch bekam die Folgen seines
unbedachten Verhaltens schon bald zu spüren. Der König ver-

bannte ihn „(...) wegen neuerlich von ihm begangener Irregularitäten und Betrügereyen, und weil er ein unruhiger liederlicher Geselle sey" in die Amtsstadt Göppingen. Man brachte ihn bei einem Göppinger Handwerker unter und wies ihn an, sich wissenschaftlich zu betätigen und sich durch eine Tätigkeit als Privatlehrer oder auf andere angemessene Weise seinen Lebensunterhalt zu verdienen. Der Göppinger Oberamtmann Muff erhielt den Auftrag, ihn zu überwachen. Wie es scheint, erfüllte er diese Aufgabe mit allem Eifer eines kleinlichen und pedantischen Bürokraten. Hoch hatte sich dreimal täglich auf der Polizeiwache zu melden, samstags mußte er dem Oberamtmann Auskunft über die Arbeit geben, die er die Woche über geleistet hatte. Ohne Sondererlaubnis konnte er die Stadt nicht verlassen und sein Vermieter informierte die Behörden über alle seine Unternehmungen und Äußerungen. Im November 1810 machte Hoch ein zweites Mal den Versuch, seine Gedichtsammlung zu veröffentlichen. Er hoffte, durch das erwartete Honorar seine finanzielle Lage zu verbessern. Doch dieses Mal erhielt er keine Druckerlaubnis. Im Gegenteil: die schon im Januar erteilte Genehmigung wurde wieder zurückgenommen, außerdem wurde ihm untersagt, überhaupt etwas zu publizieren. Hoch, der die Gedichte Napoleon widmen wollte, hatte einen Brief an den Großherzog von Frankfurt geschrieben und ihn um Vermittlung gebeten. Die Zensoren aber waren der Ansicht, daß dies einem Untertanen des württembergischen Königs nicht zustehe. Hoch klagte zu Recht über die neuerliche Schikane: „Die ganze weitere Behandlung zweckte nun sichtbar darauf ab, mich von meinen Studien abzulenken, und den Geist durch Demüthigung abzutödten, als ob darin ein Marius stecke."

Nun leistete er eine Art „passiven Widerstand", indem er es ablehnte, für seinen Unterhalt selbst aufzukommen, da er „(...) doch keine Verpflichtung hatte, die Kosten einer unnöthigen, übel berechneten, durch fremde Schuld mir zugezogenen Verfügung abzuverdienen". Er beschäftigte sich mit der Lektüre wissenschaftlicher Bücher, verfaßte Gedichte und weigerte sich, Geld durch Erteilen von Unterrichtsstunden zu verdienen. Daraufhin wollten die Behörden seine Mutter zwingen, für den Unterhalt ihres Sohnes zu sorgen. Doch es stellte sich heraus, daß sie keinerlei Vermögen besaß. Der Streit eskalierte. Der Oberamtmann drohte, Hoch in ein öffentliches Arbeitshaus einweisen zu lassen, wo er durch Zwangsarbeit (Wolle spinnen) die entstandenen Kosten abarbeiten sollte. Er ließ ihn wirklich dorthin bringen, doch zur Zwangsarbeit kam es nicht; Hoch gab nach. Er unterrichtete einige Schüler, was ihm vorher angeblich nicht möglich gewesen war, bezahlte seine Miete pünktlich und verhielt sich unauffällig.

Ungeachtet aller Schwierigkeiten betätigte er sich weiterhin als Poet. Als anläßlich der Geburt des französischen Thronfolgers in Paris ein Dichterwettstreit stattfand, beteiligte er sich daran. Er verfaßte ein Preisgedicht, das er zusammen mit anderen Werken an seinen deutschen Kollegen Eckard in Paris schicken wollte, um so das Publikationsverbot zu umgehen. Dem Päckchen mit den Versen legte er einen Brief bei, in dem er seine Lage schilderte. Er schrieb, daß er sich „gegenwärtig in völliger Unterdrückung" befinde und bat Eckard, „einen gelehrten Zunftgenoßen aus der Gefangenschaft des Vandalismus zu retten". Diese Zeilen wurden Hoch zum Verhängnis. Das Päckchen, nicht ausreichend frankiert, wurde nach Göppingen zurückgeschickt, wo es in die Hände des Oberamtmanns Muff fiel, der es an den König weiterleitete. Dieser, bekannt für sein cholerisches Temperament, faßte den Inhalt des Schreibens als persönliche Beleidigung auf und reagierte in despotischer Manier. Am 23. Mai 1811 wurde Hoch in seiner Wohnung verhaftet und zum Oberamtmann gebracht. Ihm wurde der abgefangene Brief gezeigt und man fragte ihn, ob er der Verfasser desselben sei. Hoch bejahte dies und unterschrieb ein entsprechendes Geständnis. Eine Stunde später wurde er auf Befehl des Königs zur Festung Hohenasperg transportiert, wo er auf unbestimmte Zeit bleiben sollte. Ein ordentliches Gerichtsverfahren fand nicht statt. Man teilte Hoch den Grund für seine Bestrafung nicht mit, über die Dauer seiner Festungshaft ließ man ihn im unklaren. Seine Mutter bat vergeblich um Gnade für ihren Sohn; man schickte sie nach Hause mit dem Hinweis, sie könne sich in zwei Jahren wieder melden. Nach Ablauf dieser Frist vertröstete man sie erneut.

Hoch verbrachte insgesamt fünf Jahre unter menschenunwürdigen Bedingungen auf dem Hohenasperg. In einer Denkschrift schilderte er die Haftbedingungen: „Im ersten Jahr mußte ich halb verhungern, im ersten Winter beynahe erfrieren. Ein Jahr und sieben Monate mußte ich in einem Pestloch zubringen, wogegen das sogenannte Schubartsloch ein Paradieß war (...) Dritthalb Jahre war mir alle Bewegung, aller Genuß frischer Luft versagt, vier Jahre lebte ich überhaupt eingesperrt (...).“

Als sich sein Gesundheitszustand ständig verschlechterte, erlaubte man ihm, seine Zelle einmal am Tag zu verlassen, um sich von der feuchten Kerkerluft zu erholen. Im August 1816 überreichte Hoch dem Festungskommandanten eine Denkschrift und forderte, das Dokument dem König vorzulegen. In diesem Schriftstück stellte er die Einzelheiten seines Falles dar, verteidigte sich und appellierte an das Mitgefühl der Behörden. Abschließend erklärte er, er werde die Landstände um Hilfe bitten, falls ihm weiterhin ein rechtsstaatliches Verfahren verweigert würde. Er wolle seinen Fall, der ja von allgemeinem Interesse sei, an die Öffentlichkeit bringen:

„[... weil], wenn es erlaubt ist, einen Bürger ohne Umstände beym Kopf zu nehmen, und in einer Festung zu begraben, kein Württembergisches Haupt mehr seiner persönlichen Freyheit versichert ist, sobald es von mächtigen Verfolgern bedroht wird."

Hochs naiv anmutende Vorgehensweise ist nur dadurch zu erklären, daß er keinen anderen Ausweg mehr sah. Wie sollte er seine Drohungen wahrmachen? Er konnte doch nicht ernsthaft annehmen, daß ein Brief solchen Inhalts die Landstände erreichen würde. Der Festungskommandant jedenfalls wußte die Pläne Hochs zu verhindern und gab die Denkschrift an seinen Vorgesetzten weiter. Hoch hatte mit dieser Aktion nur im negativen Sinn Aufmerksamkeit erregt: Man nahm ihm sein einziges Privileg, den Spaziergang an der frischen Luft, und verlegte ihn in eine abgelegene Zelle. Außerdem ermahnte man ihn, sich gut zu führen. Für diesen Fall stellte man eine mögliche Begnadigung am Geburtstag des Königs – im November – in Aussicht. Dazu kam es nicht mehr, denn König Friedrich starb am 30. Oktober 1816. Die zuständige Justizbehörde verfügte daraufhin die Freilassung Hochs. In einem juristischen Gutachten war dessen Bestrafung schon vorher für rechtswidrig erklärt worden. Man gestand ihm zu, Opfer eines Justizirrtums zu sein und bezeichnete seinen jahrelangen Gefängnisaufenthalt auf dem Asperg als „bloses erlittenes Unglück".

Es stellt sich die Frage, was den König dazu veranlaßt hatte, Hoch so schwer zu bestrafen. Er war schon 1808 bei der Untersuchung gegen den Otaheiti-Bund in Ungnade gefallen. Von da an hegte König Friedrich Vorurteile, die sich durch das provozierende Verhalten Hochs in Bietigheim und Göppingen noch verstärkten. Die verhängnisvollen Worte in dem Brief an Eckard – „Unterdrückung", „Vandalismus" – wertete man als Beweis für seine Unzufriedenheit mit dem politischen System in Württemberg. Dieses Schriftstück lieferte den längst gewünschten Vorwand, gegen Hoch vorzugehen. Nicht nur, daß er versucht hatte, ohne Erlaubnis der Zensurbehörde etwas zu veröffentlichen und in diesem Zusammenhang den Großherzog von Frankfurt und einen im Ausland lebenden Kollegen um Hilfe gebeten hatte. Der württembergische König, der mit allen Mitteln die Selbständigkeit seines Landes verteidigte, wollte jegliche Einflußnahme Dritter auf seine Politik verhindern. Niemand sollte in seine Rechte als Landesherr eingreifen. Dem König war auch jegliche Kritik an seiner Art zu regieren zuwider. Häufig ließ er Leute, die es wagten, sich über die politischen Verhältnisse in Europa zu äußern, ins Gefängnis werfen.

Daß er von Hoch als Unterdrücker bezeichnet wurde, brachte Friedrich in Rage und führte zu einer Überreaktion. Die Festungshaft war vermutlich als eine Art erzieherische Maßnahme gedacht, die dem Aufsässigen eine Lehre sein sollte. Der nach Friedrichs Tod freigelassene Hoch erhielt nie eine Entschädigung für seine willkürliche Inhaftierung.

In Beilstein (Oberamt Marbach) arbeitete er dann als Privatlehrer. König Wilhelm I. versuchte, das begangene Unrecht insofern wiedergutzumachen, als er verfügte, daß man Hoch einen Posten als Lehrer an einer Lateinschule geben sollte – „anfänglich unter spezieller Aufsicht, und auf WohlVerhalten." Hoch bekam 1818 daraufhin eine Stelle als Präzeptor an der Beilsteiner Lateinschule, nachdem er in einer vorher abgelegten Prüfung sein Wissen nachgewiesen hatte. Einer seiner Schüler war der spätere Hohenhaslacher Pfarrer und Landtagsabgeordnete Franz Hopf, ein streitbarer Demokrat und Republikaner.

Die Vermutung, daß Hoch seinen Schülern demokratische Ideen vermittelte, liegt nahe. Allerdings bekannte er sich später in einer Schrift zum Regierungsjubiläum König Wilhelms I. zur Monarchie – wohl aus Dankbarkeit für seine Freilassung.

Mehrmals bat Hoch um die Zulassung zum theologischen Dienstexamen. Er wollte seine unterbrochene Karriere fortsetzen und Pfarrer werden. Seine Vorgesetzten reagierten zurückhaltend. Sie warfen ihm seine Vergangenheit nicht vor, waren aber der Meinung, daß er sich die jetzige Situation selbst zuzuschreiben habe, denn er sei ja „ (...) durch eigenes Verschulden, aus seiner akademischen Laufbahn längst herausgerissen worden". Die kirchlichen Behörden vertrösteten ihn auf später. Er sollte sich erst auf seinem Posten als Lehrer bewähren, sein „Wohlverhalten" unter Beweis stellen. Hoch bemühte sich, aber die Kirche zögerte, ihm die ersehnte Erlaubnis zur Prüfung zu geben. Der zuständige Dekan fand, daß er immer noch kein geordnetes Leben führe und außerdem mit seinem Geld nicht umgehen könne.

Am 20. Oktober 1822 heiratete Hoch in Beilstein die 22jährige Wilhelmine Seeger. Im Juli 1823 kam ihr erstes Kind zur Welt, ein Mädchen, das den Namen Ida erhielt. Ein Jahr später, am 20. August 1824, wurde eine zweite Tochter, Fanny, geboren. Gibt es einen besseren Beweis für einen ordentlichen Lebenswandel als die Gründung einer Familie? Die Beamten im Ministerium des Kirchen- und Schulwesens waren jetzt offenbar davon überzeugt, daß Hochs Leben von nun an in geordneten Bahnen verlaufen würde und gestatteten ihm 1824, an der theologischen Dienstprüfung teilzunehmen. Die Publikation einer historischen Darstellung, der „Kleinen Chronik der Stadt Beilstein", hatte vermutlich dazu beigetragen, sein Ansehen zu erhöhen.

Das theologische Examen bestand Hoch mit „satis probabile". Kurz darauf, im Januar 1825, wurde er zum Pfarrer in Sulzbach am Kocher ernannt. Dort widmete er sich, neben seiner Tätigkeit als Pfarrer, dem Schreiben. 1825 wurde er korrespondierendes Mitglied des landwirtschaftlichen Vereins und erhielt ein Diplom, das ihn als Schriftsteller im „historischtopographischen Fach" auswies. Im Jahr 1826 brachte Wilhelmine Hoch einen Sohn zur Welt, der nach seinem Vater benannt wurde. Nun könnte man meinen, daß Immanuel Hoch am Ende doch noch sein Glück gefunden habe. Dieses Glück war jedoch nur von kurzer Dauer.

Es kam zu einem Zerwürfnis zwischen Hoch und dem Bürgermeister sowie einigen Gemeinderäten. Gegenstand des Konflikts waren geschäftliche Angelegenheiten, die die Kirche und das Pfarrhaus betrafen. Die Ursachen lagen teilweise weiter zurück; Hoch mußte gleich bei seinem Amtsantritt mehrere Prozesse führen, die ihm der vorherige Pfarrer als „Erbe" hinterlassen hatte. Schon zwei seiner Vorgänger im Amt hatten die Stadt wegen Auseinandersetzungen mit dem Bürgermeister verlassen. Bei diesen Streitigkeiten machte er sich Feinde. Der Schulmeister zeigte ihn wegen Vernachlässigung der Dienstpflicht an. Gerüchte kamen auf, man beschuldigte Hoch eines anstößigen, pöbelhaften Betragens. Beim Dekan in Gaildorf gingen Beschwerden ein: „(...) daß Pfarrer Hoch (...), neben den Mängeln in seiner Amtsführung, auch Blössen in seinem Wandel gibt, und dadurch seinem Ruf schadet."

Viele Geschichten, die über ihn im Umlauf waren, mögen unwahr gewesen sein, manche stellten sich als übertrieben heraus. Hoch selbst hielt die Beschuldigungen für Angriffe seiner Gegner. Die Bürger der Gemeinde Sulzbach ergriffen seine Partei, denn sie hatten an seinem Benehmen und seiner Amtsführung zunächst nichts auszusetzen. Die Vorwürfe waren jedoch nicht völlig aus der Luft gegriffen. Allem Anschein nach hatte Hoch schon 1826 begonnen, mehr zu trinken, als gut für ihn war. Er fing an, die Amtsgeschäfte zu vernachlässigen. Der zuständige Dekan wurde aufgefordert, Hoch „zu ermahnen, nicht durch Unordnung, besonders im Trinken, in seinem Wandel Anlaß zu klagen zu geben". Daraufhin schrieb dieser

Hoch einen Brief, in dem er ihn vor weiteren Fehlern warnte und ein zutreffendes Bild von seinem Charakter zeichnete: „Ihr größter Feind ist in Ihnen selbst. So lange Sie diesen nicht überwinden, wird der Zwiespalt zwischen Ihnen u. dem Publicum bleiben." Die Sache endete damit, daß Hochs Vorgesetzte im November 1829 beschlossen, ihn nach Hopfau (Sulz am Neckar) zu versetzen.

Immanuel Hoch äußerte mehrmals den Wunsch, in Sulzbach bleiben zu dürfen. Seine Frau hatte ihr viertes Kind bekommen, die Tochter Thekla, und sie war noch geschwächt. Er wußte nicht, wie er den Umzug, den er aus eigener Tasche bestreiten mußte, finanzieren sollte. Schließlich mußte er doch der Anordnung der Kirchenleitung Folge leisten; im Frühjahr 1830 übernahm er das Pfarramt in Hopfau.

Hoch nutzte seine zweite Chance nicht. Er ließ sich nun völlig gehen. Die Alkoholkrankheit trat jetzt offen zutage. In einem Visitationsbericht vom 20./21. Juni 1832 heißt es: „Er leistet nicht, was er vermöge seiner guten Gaben leisten könnte; seine Amtsführung ist sehr mangelhaft; über unregelmäßige Haltung der Gottesdienste wurde von beiden Gemeinden, über seine Trunkliebe und seinen anstößigen Lebenswandel von den GemeindeVorstehern und Bürgerdeputirten in Hopfau sehr geklagt." Als ihn der Dekan deshalb zur Rede stellte, benahm sich Hoch „aufbrausend und unanständig".

Am 8. November 1832 wurde auf höchsten Befehl ein Verfahren gegen ihn eingeleitet. Im Juli 1833 legte die Kirchenbehörde ein umfangreiches Protokoll der Untersuchungsergebnisse vor. Von den zahlreichen Anklagepunkten soll eine Auswahl der wichtigsten vorgestellt werden, um die Art von Hochs Fehlverhalten zu illustrieren:

„Im Nov[em]b[e]r 1830. sey Pfarrer Hoch (...) in Glatt gewesen, Nachts um 11. Uhr von da nach Hopfau zurükgekehrt und dann in seiner Trunkenheit in die bey dem Wirthshaus zur Sonne befindliche Mistgrube gefallen, aus welcher ihm der Nachtwächter (...) heraus geholfen habe (...). An demselben Neujahrstage [1831] sey er dann völlig betrunken auf die Kanzel gekommen, und habe auf derselben gewankt und so undeutlich gesprochen, daß ihn beinahe Niemand verstanden habe (...) Am 8ten Sonntag nach Trin[itatis]: 1832 habe Pfarrer [Hoch] Morgens 5. Uhr mit eigener Hand in die Kirche geläutet, und die Gemeinde genöthigt, um 6. Uhr zum Gottesdienst zu kommen (...) [Er habe] Weib und Kinder mißhandelt, alles Zerbrechliche zertrümmert, und den von seiner Frau zur Hülfe herbeygerufenen Nachbar (...), als er dem Pfarrer Vorstellungen machen und ihn besänftigen wollte, zur Thüre hinausgeworfen (...).“

Immanuel Hoch leugnete, betrunken gewesen zu sein und wies alle Klagen mit Entschiedenheit zurück, obwohl es glaubwürdige Zeugen für die Vorfälle gab. Er erklärte, die Vorwürfe gegen ihn seien nichts als Unwahrheit und Verleumdung. Immerhin gab er zu, „ (...) daß er vielleicht etwas aufgeheiterter gewesen sey, als sonst, weil man in Gesellschaft, was ja nichts Seltenes sey, ein Glas weiter trinke, als gewöhnlich.“ An viele der ihm zur Last gelegten Entgleisungen konnte er sich nicht mehr erinnern. Das Verfahren zog sich bis 1835 hin. Während dieser schweren Zeit mußte die Familie Hoch ein zusätzliches Unglück verkraften: der jüngste Sproß der Familie, ein 1833 geborener Junge, starb im Mai 1834.

Aufgrund der geschilderten Dienstvergehen wurde Hoch im Januar 1835 entlassen. Er mußte das Pfarrhaus innerhalb von 14 Tagen räumen. Über die Ursachen von Hochs Alkoholabhängigkeit kann nur spekuliert werden. Denkbar wäre, daß er die Leidenszeit auf dem Hohenasperg noch nicht verarbeitet hatte und im Alkohol zu vergessen suchte. Daß er direkt auf seinen Untergang zusteuerte, scheint er ignoriert zu haben. Als 47jähriger stand er wieder vor dem Nichts. Aber er hatte nun eine Familie, die von ihm abhängig war, und diese Familie befand sich in äußerster Not, bedroht von Armut und Obdachlosigkeit. Hinzu kam, daß Wilhelmine Hoch wieder ein Kind erwartete. In der Hoffnung, irgendeine Arbeit zu finden, ging Hoch mit seiner Familie nach Stuttgart. Doch trotz intensiver Bemühungen hatte er keinen Erfolg. Hoch bewarb sich schließlich in Buchhandlungen, wo er als einfacher Angestellter oder Schreiber arbeiten wollte. Es war umsonst, denn in diesem Berufszweig gab es ein Überangebot an Arbeitskräften. Als er sich in einer Provinzstadt um einen Posten als Präzeptor bemühte, sagte man ihm, man nehme nur jüngere Männer. Er versuchte dasselbe in einer anderen Stadt, dort lehnte man jedoch mit der Begründung ab, daß er, wenn er als ehemaliger Pfarrer eine Stelle als Schullehrer annehme, den geistlichen Stand kompromittiere. Von der Schriftstellerei konnte Hoch auch nicht leben, die Honorare waren viel zu niedrig.

Anfangs hatte die Familie keinen festen Wohnsitz, später fand sie eine Unterkunft in Stuttgart-Heslach, wahrscheinlich bei Verwandten oder Freunden. Unter diesen denkbar ungünstigen Umständen mußte Wilhelmine Hoch im Oktober 1835 ihr sechstes Kind zur Welt bringen. Sie wurde krank; auch die älteste Tochter war von schwacher Gesundheit. Beide benötigten ärztliche Versorgung und Medikamente, die Hoch nicht bezahlen konnte. Er richtete mehrere Petitionen an den König, in denen er verzweifelt und in aller Demut darum bat, man möge ihn doch wieder einstellen, als Pfarrer oder Präzeptor. Das wurde abgelehnt, aber man ließ seiner Frau 1836 eine Unterstützung von 25 Gulden zukommen. Weitere Hilfe wurde der Familie von einem adeligen Gönner angeboten. Er ermöglichte der dreizehnjährigen Tochter Ida in Konstanz eine kostenlose Schulausbildung. Hoch selbst fuhr 1835 nach Zürich, um dort sein Glück zu versuchen. Vergebens. In der

Schweiz war damals wegen der vielen Flüchtlinge aus den Nachbarländern Argwohn gegenüber Fremden zu spüren.

Seine finanzielle Lage war unverändert; wovon die Familie in dieser Zeit lebte, ist unklar. Die katastrophalen Lebensverhältnisse blieben nicht ohne Folgen: der jüngste Sohn starb im Februar 1837 an einer Lungenentzündung; er war nur 16 Monate alt geworden.

In den nächsten Jahren bestritt Hoch seinen Lebensunterhalt mit seiner schriftstellerischen Tätigkeit. Er verfaßte mehrere historische Werke, die Geschichte der Festungen Hohenasperg, Hohentwiel und Hohenurach, ein Thema, an dem er seit seiner Haftzeit verständlicherweise interessiert war. In seiner „Geschichte der württembergischen Veste Hohenasperg" nutzte er die Gelegenheit, seine eigenen Erfahrungen und Erlebnisse aufzuarbeiten, die Dinge aus seiner Sicht darzustellen. Anscheinend hatte er seine Alkoholsucht unter Kontrolle gebracht. Doch er verdiente so wenig, daß er kaum für sich selbst sorgen konnte. Er sah sich außerstande, seine Familie zu ernähren. Sein Sohn Immanuel wurde deshalb in ein Waisenhaus gegeben. Im Jahr 1842 sah er keinen anderen Ausweg mehr, als seine Familie zu verlassen und ins Ausland zu gehen. Lange Zeit wußte Wilhelmine Hoch nicht, wo sich ihr Mann aufhielt, bis sie erfuhr, daß er seit 1846 in Augsburg wohnte, wo er als Privatlehrer und Schriftsteller tätig war.

Seine Familie lebte inzwischen am Rande des Existenzminimums und war auf Almosen angewiesen. Angesichts der bitteren Not bewilligte das Ministerium des Kirchen- und Schulwesens Wilhelmine Hoch 1845 ein sogenanntes Gratial, eine jährliche Unterstützung von 60 Gulden, die im Laufe der Zeit bis auf 120 Gulden erhöht wurde.

In Augsburg hatte sich Immanuel Hoch einer lebensgefährlichen Operation unterziehen müssen. Danach war er so geschwächt, daß er arbeitsunfähig wurde. 1848 suchte er in Stuttgart Zuflucht. Dort mußte er wegen seines schlechten Gesundheitszustands einige Wochen im Katharinenhospital verbringen. Da er jede Aussicht auf einen Arbeitsplatz verloren hatte, wandte er sich erneut an den König und bat um eine Pension; immerhin hatte er ja 17 Jahre lang als Lehrer oder Pfarrer gearbeitet und auf diese Weise dem Land gedient. Außerdem stellte er 1849 einen Antrag auf Entschädigung für die Jahre, in denen er auf der Festung Hohenasperg inhaftiert war. Er bekam weder das eine noch das andere, aber man gewährte ihm ein jährliches Gratial von 60 Gulden. In den folgenden Jahren lebte er, völlig verarmt und heruntergekommen, in Stuttgart, getrennt von seiner Frau, die ihm die Schuld für ihre eigene unglückliche Situation gab. Ein weiterer Schicksalsschlag traf die Familie 1855: der neunundzwanzigjährige Sohn, der als Hauslehrer in Österreich arbeitete, erkrankte an Epilepsie und mußte seinen Posten aufgeben. Er kam zurück nach Stuttgart, wo er seiner Familie finanziell zur Last fiel, die sich eigentlich Unterstützung von ihm erhofft hatte.

Immanuel Hoch war schon im Oktober 1854 in seine Heimatstadt Bietigheim gezogen. Er war sehr krank, die Kleider fielen ihm vom Leib, häufig hatte er nicht genug zu essen. Zuletzt bot er wohl einen grauenhaften Anblick. Zwei Jahre später, am 18. Oktober 1856, starb Immanuel Hoch im Alter von 68 Jahren in Neckarweihingen. Im Totenregister heißt es, er habe sich in einem „gestörten Seelenzustande in den Nekkar gestürzt". Die Bezeichnung „Selbstmord" taucht in den kirchlichen Akten nicht auf. Wilhelmine Hoch schreibt lediglich, man habe ihren Mann ertrunken aufgefunden.

Ida Hoch, die älteste Tochter, erreichte neun Jahre nach dem Tod ihres unglücklichen Vaters, wovon dieser einst geträumt hatte: Sie wanderte aus und ließ sich in den Vereinigten Staa-

ten nieder, einem Land, das vielleicht nicht so idyllisch war
wie Otaheiti (oder Tahiti), das aber ebensoviel Freiheit versprach.

Karl Reichenbach

Ganz anders als Immanuel Hochs insgesamt schreckensrei-
ches Leben sah das Leben Karl Reichenbachs aus, der einst der
Initiator des „Otaheiti-Bundes" gewesen war. Nach der Ver-
büßung der ihm auferlegten Strafe von zwei Monaten Festungshaft auf dem Hohenasperg erhielt er mit Hilfe eines
Freundes zunächst eine Stelle als staatlicher Amtsverweser;
eine Fortsetzung seines Studiums blieb ihm verwehrt. Seine
nur geringe Freude über dieses Amt führte dazu, daß er nach
einem halben Jahr kündigte. Er folgte seinen schon in der
Schulzeit hervorgetretenen Neigungen und orientierte sich
zur Technik und Industrie hin. 1810 heiratete er Friederike Erhard, die Tochter des Inhabers der J. C. Metzlerschen Verlags-
buchhandlung. Durch diese Heirat wurde er finanziell unabhängig.
Reichenbach war jedoch Realist genug, um zuerst weitere Erfahrungen zu sammeln, ehe er sich selbständig machte. Besondere Aufmerksamkeit widmete er den Eisenhütten und
besuchte viele davon in Europa. Erste Versuche von Innova-
tionen im Bereich der Verarbeitung brachten ihm bald schon
kleine Erfolge. Ständig baute er seine Erfahrungen und Neu-
entdeckungen aus. 1821 erhielt er durch adlige Protektion die
Möglichkeit, einen leitenden Posten auf österreichisch-mäh-
rischem Boden zu übernehmen. Seine Faszination galt den
Nebenprodukten, die bei der Herstellung von Holzkohle an-
fielen. Ihm gelang dabei die Herstellung von Paraffin. Durch
Destillierungsbemühungen konnte er Kreosot so isolieren,
daß es anschließend erfolgversprechend für Desinfektions-

mittel oder zur Behandlung von Lungentuberkulose eingesetzt werden konnte. Seine bald regen Publikationsbeiträge
fanden im Chemie-Forschungsbereich Anerkennung. Aber
Reichenbach zog sich bald wieder davon zurück, weil ihm
mangels Studium doch gewisse Kenntnisse fehlten. Und
schließlich waren die Studien nur ein Nebenprodukt seiner eigentlichen Tätigkeit als Verwalter. 1833 lenkte ein Meteori-
tenfall in Mähren sein Interesse auf dieses Gebiet. So hatte er
ein neues Arbeitsgebiet als Hobby entdeckt.

Seine Verwaltertätigkeit hatte ihm zu erheblichem Reichtum
verholfen, er besaß bald mehrere Grundstücke. Ein Schicksalsschlag allerdings traf ihn hart – auf einer Reise nach Stuttgart 1835 verstarb seine Frau Friederike. Im Jahre 1846 mußte
Reichenbach die Güter seines ehemaligen Protektors verlassen, als dessen Sohn ihn aus Amt und Vertrag entließ.

Er verlegte daraufhin seinen Wohnsitz nach Schloß Reisen-
berg in Österreich, versuchte sich in der Zucht von Seiden-
raupen, was aber wegen einer Krankheit der Raupen zum
Mißerfolg und größerem finanziellen Verlust führte. Nach
weiteren Fehlspekulationen verkaufte er seine Güter.

Zu Stuttgart pflegte Reichenbach weiterhin ein freundschaft-
liches Verhältnis. In eine Stiftung, die im Jahre 1820 zugunsten
von Witwen und Waisen bedürftiger Kanzleiangestellter gegründet worden war, zahlte Reichenbach 5000 Gulden ein;
dafür machte ihn die Stadt Stuttgart 1836 zum Ehrenbürger.
In Anerkennung für seine Beiträge und Bemühungen auf den
Gebieten der Naturwissenschaften und Technik wurde er am
23. Januar 1839 in den erblichen Freiherrenstand erhoben, im
selben Jahr erhielt er das Ritterkreuz des württembergischen
Kronenordens. 1858 verlieh ihm die Universität Tübingen
zum Dank für die ihr geschenkte Meteoritensammlung den
Doktor der Naturwissenschaften. Schon 1821 hatte man ihn
mit dem „Doktor der Philosophie" ausgezeichnet. Weitere

Ehrentitel, Ehrenämter und sonstige Auszeichnungen wurden ihm zuteil.

Fünf Kinder gingen aus Reichenbachs Ehe mit Friederike Erhard hervor, drei Söhne und zwei Töchter; nur ein Sohn und eine Tochter überlebten den Vater. Beide verlegten schließlich ihren Wohnsitz nach Wien. Karl Freiherr von Reichenbach selbst verbrachte seinen Lebensabend ziemlich einsam in seiner württembergischen Heimat. Mit manchen seiner wissenschaftlichen Theorien hatte er die Zeitgenossen irritiert und sich in der Wissenschaft Feinde gemacht. Im Alter von 79 Jahren wollte er sich mit einer Reise nach Leipzig noch einmal der Überprüfung einer seiner Theorien – der Odlehre – widmen. Dabei zwang ihn eine schwere Krankheit auf ein langes Krankenlager. Fern der Heimat verstarb der einstige Ideengeber einer Kolonie in der Südsee am 19. Januar 1869 in Leipzig.

Literatur

Archivalien: Hauptstaatsarchiv Stuttgart: Kabinettsakten: Bestand E 3,7.

Landeskirchliches Archiv (LKA): A 27, Personalakte I. M. P. Hoch.

Burkhardt, Felix: Karl Ludwig Freiherr von Reichenbach. Chemiker und Industrieller. 1788–1869. In: Robert Uhland (Hg.), Lebensbilder aus Schwaben und Franken, Bd. 12. Stuttgart 1972.

Haffner, Karl: „Die im Jahre 1808 in Tübingen entdeckte geheime Gesellschaft". In: Württembergische Vierteljahreshefte für Landesgeschichte 9(1886), S. 81–93.

Hoch, Immanuel: Geschichte der württembergischen Veste Hohenasperg und ihrer merkwürdigsten politischen und anderer Gefangenen. Stuttgart 1838.

Sauer, Paul: Napoleons Adler über Württemberg, Baden und Hohenzollern. Südwestdeutschland in der Rheinbundzeit. Stuttgart 1954.

Sauer, Paul: Der schwäbische Zar. Friedrich, Württembergs erster König. Stuttgart 1986.

Schmid, Eugen: „Aus dem Leben der württembergischen evangelischen Pfarrer". In: Blätter für württ. Kirchengeschichte N. F. 46 (1942), S. 75–111.

Albrecht Krause

Gustav Adolph Rösler: Der Reichskanarienvogel

Gustav Adolph Rösler war 1848 einer der bekanntesten Abgeordneten in der Frankfurter Nationalversammlung. Das lag nicht so sehr an seinen politischen Vorstellungen oder Fähigkeiten, sondern an einer der Karikaturen, die mit der allgemeinen Unzufriedenheit über den schleppenden Gang der Dinge in der Paulskirche immer mehr in Mode kamen: „Das erste und zugleich wohl beste Blatt dieser Art war die berühmte Karikatur auf den Abgeordneten Rösler aus Öls in Schlesien, dessen gelber Nankinganzug grell mit seinem brandroten Vollbarte zusammenschrie: er war ein braves, grundanständiges Schulmeistergeschöpf, als Redner oft unfreiwillig komisch, dafür aber vielbeflissener Geschäftsordnungspedant, von jeher mit wohlwollendem Respekt belächelt, nun aber stürmisch bis zur Unsterblichkeit belacht, als Rittmeister von Boddien ihn als Reichskanarienvogel festhielt: auf dem Rednerpult wiegt sich die befiederte Vogelgestalt mit dem bebrillten fuchsigen Kopf; ein kleines Buch steckt unter dem Flügel. Die Inschrift verriet den beißenden Witz des Hannoveraners Detmold: ›Singt wenig, spricht viel und lebt von Diäten.‹" (Veit Valentin)

Rösler war 30 Jahre alt, geboren in Görlitz. Er hatte Geschichte studiert, arbeitete von 1839 bis 1844 als Hilfslehrer an einer privaten Mädchenschule in Breslau und bekam dann eine Stelle als Gymnasiallehrer in Oels in Schlesien. Nebenher schrieb er Zeitungsartikel und war 1848 für kurze Zeit Redakteur des „Wochenblatts für das Fürstentum Oels". Im Mai 1848 wurde er als Abgeordneter für den preußischen Wahlkreis Oels in die Frankfurter Nationalversammlung gewählt. Dort schloß er sich der Linken an. Bei den Barrikadenkämpfen im Herbst 1848 in Frankfurt fungierte er als Vermittler. Ein Bild von Wilhelm Völker zeigt ihn am 18. September mit einer weißen Fahne auf der Barrikade zwischen den Fronten. Am 28. März 1849 stimmte er für die Wahl König Friedrich Wilhelms IV. von Preußen zum deutschen Kaiser.

Nachdem die preußische Regierung am 14. Mai 1849 den Reichsverweser aufgefordert hatte, die Nationalversammlung aufzulösen und den preußischen Abgeordneten verbot, ihr Mandat in Frankfurt weiter auszuüben, ging Rösler mit etwa 100 anderen Abgeordneten nach Stuttgart, wo das „Rumpfparlament" eine eigene Reichsregentschaft einsetzte. Der Empfang in Stuttgart war allerdings nicht sehr freundlich. Veit Valentin berichtet von einem Wortwechsel zwischen Karl Vogt und Friedrich Römer, der damals gleichzeitig Abgeordneter der Nationalversammlung, württembergischer Regierungs-Chef und Justizminister war: „›Hätten wir das vorausgesehen, dann hätten wir Kanonen mitgenommen‹, sagt Karl Vogt; Römer antwortet: ›Für diesen Fall haben wir auch noch ein paar übrig, um euch fortzujagen.‹"

Nach heftigen Auseinandersetzungen teilte die württembergische Regierung schließlich dem Parlamentspräsidenten Löwe mit, daß sie ein weiteres Tagen der Nationalversammlung und die Tätigkeit der Reichsregentschaft nicht dulden werde. Am 18. Juni zertrümmerten Soldaten die Einrichtung des Reithauses, in dem das Parlament tagte. Die Abgeordneten wurden von Militär daran gehindert, zum Reithaus zu ziehen. Einen Tag später folgte die Ausweisung aller Abgeordneten, die nicht die württembergische Staatsangehörigkeit besaßen.

Der Abgeordnete Rösler, mittlerweile zum Kommissar der Reichsregentschaft ernannt, beteiligte sich nun am badischen Aufstand. Am 3. Juli wurde er in Sulz verhaftet, drei Tage später kam er auf den Hohenasperg.

Der in Oels in Schlesien als Lehrer tätige Gustav Adolph Rösler wurde 1848 durch eine Karikatur zu einem der bekanntesten Abgeordneten der Frankfurter Nationalversammlung.

Am Abend des 10. Oktober 1849 durfte er die Festung wieder verlassen, nachdem er eine Kaution von 800 Gulden gestellt hatte. Er fand Unterkunft bei Franz Hopf, Pfarrer in Hohenhaslach, einem überzeugten Demokraten und Preußenfeind, der noch 1870 als einziger Abgeordneter in Stuttgart die Unterstützung des Krieges gegen Frankreich verweigerte. Ein Spottvers aus jener Zeit lautete: „Nur ein einzger Demokrate / War allein so obstinate, / zu beharrn auf seinem Kopf: / Dieses war der Pfarrer Hopf." Hopf war gut befreundet mit Dr. Friedrich Rösler aus Brackenheim, einem weiteren Hohenasperg-Häftling, dessen Frau und Tochter während seiner Haft im Pfarrhaus in Hohenhaslach wohnten. Auch die erst achtzehnjährige schwangere Ehefrau von Gustav Adolph Rösler nahm Hopf bei sich auf.

Am 28. Dezember wurde Rösler im Haus von Hopf abermals verhaftet. Preußen verlangte von der württembergischen Regierung die Auslieferung aller Preußen, die in irgendeiner Weise an dem nach preußischer Auffassung hochverräterischen Rumpfparlament beteiligt waren.

Nun war für Rösler eine sehr kritische Situation entstanden, denn die preußischen Gerichte verhängten bei Delikten, wie sie ihm vorgeworfen wurden (u.a. Versuch der Verführung preußischer Soldaten zur Fahnenflucht), zum Teil drakonische Strafen. Rösler wandte sich an das Obertribunal in Stuttgart mit der Bitte, eine Auslieferung zu verbieten. Die württembergische Justiz hatte aber nichts gegen die Auslieferung, sofern Preußen darauf verzichtete, Rösler wegen der Zugehörigkeit zum Rumpfparlament zu belangen.

So begann Rösler, eine Flucht zu planen. Seine Frau nahm sich eine Wohnung im nahen Ludwigsburg. Die Festung Hohenasperg war an und für sich schon kein sehr sicheres Gefängnis; aber im Frühjahr 1850 war sie völlig überbelegt. Teilweise mußten Gefangene in andere Gefängnisse überstellt werden.

Der Gefangenenbau auf dem Hohenasperg. Gustav Werner beispielsweise saß im Dachgeschoß, Gustav Adolph Rösler im rechten Teil des Gebäudes, zweiter Stock, fünftes Fenster von rechts.

Rösler konnte davon allerdings nicht profitieren. Er kam in die Zelle von Gottlieb Rau, dem charismatischen Führer der württembergischen Republikaner, dessen Befreiung, wie die Behörden wußten, der im Februar 1849 aus der Festung ausgebrochene Adolph Majer plante. Deshalb wurden Gitter, Schlösser, Dielen und Wände der Zelle täglich überprüft.

Wegen der häufigen Kontrollen war an einen nächtlichen Ausbruch aus der Zelle nicht zu denken. Die einzige Möglichkeit bot der tägliche Spaziergang, für den die Zellengenossen Rau und Rösler jeden Tag zwischen 11 und 12 Uhr ihre Zelle verlassen durften. Dabei konnten sich die Gefangenen nicht frei bewegen; sie mußten auf dem Weg zwischen dem heutigen Kommandantenbau und dem Graben bleiben, bewacht von drei Posten und einem Unteroffizier. Außerdem konnte der Aufseher den Weg überschauen: seine Wohnung, in der die

Gefangenen auch die Besucher trafen, lag im gleichen Gebäude wie die Zellen der Häftlinge.

Eine Besonderheit der Festungshaft auf dem Hohenasperg lag in der Ehrerbietung, mit der die Wachmannschaften den mehr oder weniger prominenten, in den meisten Fällen jedoch gesellschaftlich weit über ihnen stehenden Häftlingen begegneten. Nur so ist es zu erklären, daß Rösler sich mit Hilfe seiner Frau in der Festung mit Waffen, Geld und Pässen versorgen konnte. Die Fluchtpläne wurden detailliert mit Geheimtinte durch die normale Briefpost übermittelt.

Gottlieb Rau bat den Ditzinger Lithographen Georg Friedrich Krauss, der später im Ludwigsburger Riesenprozeß selbst wegen Unterstützung der badischen Revolution angeklagt wurde und zweimal auf dem Hohenasperg inhaftiert war, die Flucht zu organisieren.

Geplant war, daß Rau und Frau Rösler während des täglichen Spaziergangs die Wachen ablenken sollten, damit Rösler fliehen konnte. Zu überwinden waren zwei Gräben, der innere und der äußere Festungsgraben. Der einzige Weg führte durch einige Ziergärten im inneren Graben, zu denen man hinter einer Gartentür über eine kleine Treppe hinabsteigen konnte. Anschließend führte ein gewölbter Gang hinter einer weiteren Tür in einen anderen Teil des inneren Grabens, von wo aus man zu einem kleinen Pavillon auf der Mauer zwischen dem inneren und dem äußeren Graben hinaufsteigen konnte. Mit einer Leiter gelangte man in den äußeren Graben und wieder hinauf auf den öffentlichen Weg, der um die Festung führte. Von dort aus konnte man über einen steilen Weg, das „Schwitzgäßchen", den Berg hinabsteigen.

Der erste Anlauf zur Flucht scheiterte. Ein Soldat hatte sich gegen Geld bereiterklärt, zwei Männer aus dem Dorf mit den notwendigen Leitern anzuheuern. Sie nahmen das Geld, unternahmen aber nichts.

Georg Friedrich Krauss fand bald drei junge Männer, Schwarz, Schönfels und Bleyle, die aus politischen Gründen bei der Flucht helfen wollten. Sie organisierten bei einem Bekannten die beiden erforderlichen Leitern und schafften sie in einer stürmischen Nacht in den äußeren Graben. Als sie versuchten, auf die Trennmauer zwischen den beiden Gräben zu steigen, stellte sich heraus, daß die Leiter zu kurz war. Da keine Zeit war, eine größere Leiter zu beschaffen, beschlossen die Männer, die Leiter auf die Schulter zu nehmen, wenn Rösler es bis zu dieser Stelle geschafft haben würde. Bis dahin legten sie die größere Leiter so dicht an die Mauer, daß sie von oben nicht zu sehen war, und stiegen mit der kleineren Leiter wieder auf den Fußweg außerhalb der Festung.

Am folgenden Tag, dem 22. Februar 1850, kam Frau Rösler in die Festung, um ihren Mann zu besuchen. Anders als sonst brachte sie ihr neugeborenes Kind nicht mit, um gegebenenfalls bei der Flucht helfen zu können. Rösler hatte seit einiger Zeit Magenprobleme; er entschuldigte sich bei seiner Frau: Er müsse erst ein wenig an die frische Luft. Die Situation um 11 Uhr war also folgende: Der Helfer Bleyle saß in einer Kutsche, die Dr. Rösler in Brackenheim organisiert hatte. Er sollte von Eglosheim Richtung Hohenasperg fahren und pünktlich fünf Minuten nach elf Uhr bei den Gipsbrüchen am Fuße des Berges eintreffen. Krauss und die beiden anderen Helfer waren getrennt auf den Berg gestiegen und standen hinter Weinbergmauern direkt unterhalb des äußeren Fußwegs, wo man sie von der Festung aus nicht sehen konnte. Sobald die Kutsche in Sicht kam, sollten alle drei den Weg betreten, Krauss an einer Stelle, an der er Rösler oben auf dem Wall mit einem Taschentuch ein Zeichen geben konnte, sobald die beiden anderen in den äußeren Graben gestiegen waren und die Leiter aufgestellt hatten. Oben stand Frau Rösler in der Wohnung des Aufsehers und schaute zum Fenster hinaus. Vor dem

Gebäude hatte Gottlieb Rau den mißtrauischen Unteroffizier in eine Unterhaltung verwickelt und versuchte ihn möglichst weit vom Geschehen zu entfernen.

Nun trat Rösler vor das Gebäude. Er hatte seinen Schlafrock angezogen, weil er in ihm am besten Geld, Pässe und Waffen unterbringen konnte. Der kurzsichtige Mann sah, daß die Wachen und der Unteroffizier ihm den Rücken kehrten, schaute hinunter auf den Fußweg und meinte, dort würde ein Taschentuch geschwenkt. Er rannte zur kleinen Gartentür, schob den Riegel zurück, sprang die Treppe hinunter, öffnete die zweite Tür, lief durch den Gang, durch den Graben und die Treppe hinauf zum Pavillon auf der mittleren Mauer und sah dort, daß er sich geirrt hatte. Er war geistesgegenwärtig genug, sofort zurückzurennen. Oben kam ihm bereits die Schildwache entgegen. Er erklärte dem Mann, der stürmische Wind habe ihm den Hut in den Graben geweht, und den habe er zurückgeholt. Rösler gesellte sich jetzt zu Rau und dem Unteroffizier und musterte beim Gehen die Umgebung mit seinem Fernrohr.

Alles war nun bereit, aber die Kutsche erschien nicht. Sie war angesichts des geschwächten Zustands von Rösler unbedingt erforderlich. Krauss wartete länger als eine Viertelstunde, obwohl die Zeit drängte. Dann beschloß er, die Flucht auch ohne Wagen durchzuführen. Er gab Rösler das Zeichen, aber der mißtrauisch gewordene Posten blieb eine Viertelstunde lang ständig neben dem Häftling. Dann kam endlich der günstige Moment, als alle wegsahen und Röslers Frau so am Fenster stand, daß der Aufseher ihn nicht sehen konnte. Krauss gab seinen beiden Helfern das Zeichen, die Leiter aufzustellen. Rösler lief ein zweites Mal die Treppe in die Gärten hinunter, trat die innere Tür in Stücke, rannte hinauf zum Pavillon und schwang sich an der verabredeten Stelle über die Mauer, ohne sich zu vergewissern, ob die Leiter schon stand. Sie stand

nicht, und so hing der Flüchtling zappelnd an der Mauer-
kante, bis die beiden Männer im Graben die lange Leiter auf
die Schulter genommen und zu ihm hinaufgeschoben hatten.
Als Rösler hinuntersteigen wollte, stellte sich heraus, daß sein
Schlafrock, in dem er seine Waffen, sein Geld und seine Pässe
versteckt hatte, zwischen Leiter und Mauer eingeklemmt war.
Er mußte nun noch mit einem Arm mehrmals die Leiter
zurückreißen, bis er frei war und hinunterklettern konnte.

Nun stiegen alle drei zum äußeren Fußweg hoch und begannen mit dem Abstieg nach dem Dorf. Dort war immer noch
nichts von der Kutsche zu sehen. Erst als Krauss bereits nach
einem Versteck für Rösler suchte, kam die Kutsche. Sie hatte
sich verfahren und war zu allem Überfluß noch umgestürzt.
Krauss stieg mit Rösler und Schwarz in die Kutsche ein, die
in Richtung Ludwigsburg fuhr; er schnitt Rösler den auffälli-
gen Bart ab, wechselte mit ihm die Kleider. Auf dem Hohenasperg hatte inzwischen der Unteroffizier nach Rösler ge-
schaut, sich dann aber mit der Auskunft von Rau, der sei ins
Haus zu seiner Frau gegangen, zufriedengegeben. Später
suchte man noch einige Zeit im Gebäude; Alarm wurde erst
gegeben, als die Kutsche bereits kurz vor Ludwigsburg war.
Hinter Ludwigsburg hatte sich Rösler bereits soweit beruhigt,
daß er Krauss eine Zigarre anbot. Die Fahrt ging zunächst
nach Waiblingen. Dann wurde der Wagen gewechselt. Bei
Schorndorf machte man Rast, trank eine Flasche Wein und
nahm einen Imbiß. Rösler ließ sich rasieren, Krauss, der immer noch Röslers Schlafrock trug, ließ sich von einem be-
freundeten Kupferstecher einen Mantel bringen.

Rösler fuhr nun mit der Postkutsche weiter nach Gmünd, erreichte noch am gleichen Tag das bayerische Nördlingen. Am
24. kam er nach Lindau, „hier, wie überall, wo er anklopfte,
von der kräftigen Unterstützung der Männer und der liebe-
vollen Teilnahme der Frauen geleitet" (Theodor Schön). Mit

einem Kahn überquerte er den Bodensee und reiste über Bern nach Brüssel. Am 10. April bestieg Gustav Adolph Rösler in Antwerpen zusammen mit seiner Frau und seinem Kind ein Schiff nach Amerika.

Auf dem Hohenasperg hatte man nach der Entdeckung der Flucht Frau Rösler zunächst festgenommen. Man konnte ihr aber keine Mithilfe nachweisen, und so durfte sie am gleichen Tag nach Ludwigsburg zu ihrem Kind zurückkehren. Am 2. April reiste sie nach Mainz ab. Am Tag der Flucht wurde das Pfarrhaus in Hohenhaslach von der Polizei durchsucht, aber ohne Erfolg. Die Fluchthelfer fand man nie. Der Unteroffizier und der Wachtposten wurden bestraft.

Der Prozeß gegen Rösler in Breslau fand ohne den Angeklagten statt, obwohl das Gericht ihm die Ladung nach Amerika nachgesandt hatte. Wegen Majestätsbeleidigung, Verleitung von Soldaten zum Treuebruch und Aufforderung zum Hochverrat wurde er zu acht Jahren Zuchthaus verurteilt.

Gustav Adolph Rösler arbeitete in Amerika zunächst als Lehrer. Seit 1853 gab er im Staat Illinois die „Quincy Tribune" heraus. Am 13. August 1855 starb Rösler in Quincy.

Vom Leben in Amerika war er offenbar nicht begeistert. Franz Hopf, der sich mit Auswanderungsgedanken trug, hatte ihn um eine Schilderung der Verhältnisse gebeten und diesen Gedanken aufgegeben, nachdem er den Bericht Röslers gelesen hatte.

Literatur

Günther Alius, Asperg, hat mir freundlicherweise für diesen Aufsatz einen Brief an Franz Hopf zur Verfügung gestellt, in dem G. F. Krauss die Flucht Röslers schildert.

Isermayer, Harald: Franz Hopf. Pfarrer, Landtagsabgeordneter und Publizist – ein „Patriarch der schwäbischen Demokratie". 1807–1887. In: Lebensbilder aus Baden-Württemberg. Band 18. Stuttgart 1994, Seiten 250–284.

Krause, Albrecht und Erich Viehöfer: Auf den Bergen ist Freiheit. Der Hohenasperg und das Gericht über die Revolution von 1848/49. Katalog zur Ausstellung des Hauses der Geschichte Baden-Württemberg auf dem Hohenasperg. Stuttgart 1998.

Schwäbische Chronik vom 3. April 1850.

Valentin, Veit: Geschichte der deutschen Revolution von 1848–49. Zwei Bände. Berlin 1930/31.

Albrecht Krause

Der schwäbische Heiland: Adolph Majer aus Heilbronn

Adolph Majer, Apotheker und Redakteur, 27 Jahre alt, wurde am 4. April 1848 als Untersuchungshäftling in der Festung Hohenasperg eingeliefert. Im Staatsarchiv in Ludwigsburg gibt es bei seinen Akten ein „Verzeichnis über die Effekten welche der Arrestant mit sich bringt", datiert „Hohenasperg den 10 April 1848":

„1 geladene Terzerole; 3 Schlüßel; 1 Volksblatt von Heilbronn, (Neckardampfschiff); 1 Brief; 1 Gedicht." Außerdem hatte der Gefangene etwas Geld bei sich: „An Geld 50 ½ Kreuzer welche mit hieher übergeben wurden, Speise und Trank verbraucht worden."

Das Blatt Papier aus den württembergischen Justizakten bringt die Probleme der Jahre 1848/49 auf den Punkt; der Häftling Adolph Majer aus Heilbronn trug im Grunde das ganze Inventar der gescheiterten deutschen Revolution bei sich:

Die Heilbronner Zeitung „Neckar-Dampfschiff" steht ebenso wie ihr kurzzeitiger Redakteur für die in Württemberg am 1. März 1848 von König Wilhelm verkündete Pressefreiheit und gleichzeitig für die Rolle, die die radikale Linke auch in Württemberg während der Revolution spielte (Untertitel „Volksblatt").

Die Briefe des Gefangenen verweisen darauf, daß trotz Pressefreiheit und der ungeheuren Menge an gedrucktem Papier, die sich in den anderthalb revolutionären Jahren über Deutschland ergoß, Briefe ein zentrales Kommunikationsmittel waren, und anders als heute dienten sie nicht in erster Linie dem intimen Gedankenaustausch. Briefe wurden vorgelesen, sie

zirkulierten im Bekanntenkreis, waren sozusagen handge-
schriebene Mitteilungsblätter für eine eingeschränkte Öffentlichkeit. Die erste Hälfte des 19. Jahrhunderts gehörte noch
zum aufgeklärten Zeitalter der Briefe. Die Briefschreiberei
war die Vorschule der Pressefreiheit, denn nur durch sie ist
zu erklären, daß im März 1848 sofort die Zahl an Autoren zur
Verfügung stand, die notwendig war, um die Zeitungsspalten
zu füllen.

Zwei handschriftliche Gedichte brachte der Häftling mit in die
Festung: „Ludwig und Lola" sowie „Gedicht eines Proleta-
riers". Beide stehen für den lyrischen Teil dieser Revolution,
zu deren wichtigsten Vertretern nicht zufällig Männer wie
Herwegh und Freiligrath gehörten, deren rauschhafter Auf-
stieg ebenso wie der tiefe Fall des Sommers 1849 von mehr
oder weniger gelungenen Reimen begleitet wurde – bis hin
zum heute noch bekannten „Badischen Wiegenlied" des
Schwaben Ludwig Pfau.

Das wenige Geld, das der Häftling bei sich hatte und das
gleich für seine Verpflegung einbehalten wurde, darf getrost
für die desolate Situation der württembergischen Wirtschaft
stehen, für den eklatanten Kapitalmangel im Land, der schon
den bekanntesten schwäbischen Revolutionär Gottlieb Rau in
den Ruin getrieben hatte.

Was nicht zur schwäbisch-württembergischen Revolution
gehört, ist der erste Punkt der Liste, das Terzerol, eine kleine
Handfeuerwaffe. Der bewaffnete Kampf stand in Württemberg nicht wirklich auf der Tagesordnung, bei allem Verbal-
radikalismus, der vielerorts gepflegt wurde.

Aber es gab Ausnahmen, und eine davon war Adolph Majer.
Er war einer der ganz wenigen Achtundvierziger, die in Württemberg die Machtfrage stellten, der Pharmazeut, Redakteur,
Freicorps-Kommandant in Baden, Mitglied im Londoner Zentralkomitee des Bundes der Kommunisten, Emissär und Agi-

tator in Paris und Genf, angeblicher Polizeispitzel, am Ende Arzt in New York. Ein kleiner Apothekergehilfe; Sohn des Revierförsters von Schloß Stettenfels bei Heilbronn, der in London zum erbitterten Gegner von Karl Marx und Friedrich Engels wurde, weil er aus dem Scheitern der Revolution keine Konsequenzen ziehen wollte und die Verfasser des „Kommunistischen Manifests", die auf neue Formen des Kampfes drangen, für eine übervorsichtige „literarische Clique" hielt, die keine wirkliche Revolution machen wollte. Ein einsamer Streiter, ein von sich und seiner Mission völlig durchdrungener Kommunist, der sich Feinde machte, wo er konnte. Ein junger Mann, der sich immer und überall zum Kampf für tatsächlich oder vermeintlich Arme aufgerufen fühlte und den Karl Marx wegen seines Sendungsbewußtseins mit dem ebenso boshaften wie treffenden Spitznamen „Der schwäbische Heiland" belegte.

Der Redakteur

Am Samstag, dem 1. April 1848, erschien die bisher mit dem eher betulichen Untertitel „Wochenblatt für Unterhaltung, Handel, Gewerbe u. Landwirthschaft" versehene Heilbronner Zeitung „Neckar-Dampfschiff" mit einem neuen Kopf. Auf dem Exemplar, das Adolph Majer bei seinem Haftantritt auf dem Hohenasperg bei sich trug, ist das von allegorischen Gegenständen umsäumte Dampfschiff der vorangegangenen Ausgaben verschwunden; nur noch der Schriftzug „Neckar-Dampfschiff" erscheint in einer sehr altertümlichen Fraktur. Und darunter steht programmatisch der neue Untertitel: „Heilbronner Volksblatt."

Der Leitartikel „Ankündigung. Empfehlung" beschwört die neue Macht: „Die stärkste Einwirkung auf die öffentlichen Zustände geschieht auf dem Wege der freien Presse." Und

Für das 1842 gegründete „Neckar-Dampfschiff", das Adolph Majer kurz-
zeitig redigierte, schrieben eine ganze Reihe von Demokraten, darunter auch
Wilhelm Binder und Johannes Nefflen.

dann stellt sich der neue Redakteur der Zeitung vor: Adolph
Majer. „Von der Nothwendigkeit überzeugt, daß diese Aufgabe", also die Einwirkung auf die öffentlichen Zustände, „in
einem Lande um so größer sey, in dem der Pietismus sein
seichtes Lager geschlagen, fanden wir uns gedrungen, unsre
jungen Kräfte der Aufklärung und Weiterbildung zu widmen,
und setzten uns – mit dem Heutigen an das Steuer des ›Nek-
kardampfschiff's‹, um mit Entschiedenheit den Austausch
der Gedanken zu ermitteln."

Auf der ersten Seite berichtet Majer unter der Überschrift „Ta-
gesbegebenheiten" über die „Deutsche Legion" des Dichters
Georg Herwegh, der in Paris eine Anzahl von Arbeitern um
sich gesammelt hatte. „Der Zweck der Zurückkunft ist vorerst
die Proklamation der Republik, d.h. derjenigen Staatsform, in
der Menschenrechte an Stelle der Vorrechte treten und die der
arbeitenden Classen allein im Stande seyn wird, die Früchte
der Arbeit zu sichern. Freuen wir uns deshalb des Besuchs

unserer brüderlichen Landsleute, die den entschiedenen Anfang völliger Befreiung von allem und jedem Drucke machen,
der nach und nach einen trostlosen Zustand der Verarmung
und daher der Sittenlosigkeit herbeiführte."
Der grassierenden Furcht vor dem Pöbel und dem Proletariat
setzt Majer ein Idealbild entgegen: „Eine wohlgeordnete Menge von Arbeitern, die in gut geleiteten Vereinen in Frankreich
die Prinzipien der Gesittung erhielten, welche in Deutschland
dem Proletariate bis jetzt vorenthalten wurden, – sie wird unter Anführung entschlossener, dem teutschen Vaterlande
längst zum Stolz gereichender Männer mit aller Kraft, aber
auch mit einer Würde ihr Ziel erreichen, von der teutsche Phi-
lister natürlich keinen Begriff haben." Und so kann es nicht
verwundern, daß der Redakteur auch am Schluß seines Be-
richtes mit seiner Meinung nicht hinter dem Berg hält: „Sitt-
liche Menschen, und nicht Lumpen- und Raubgesindel, also
haben wir in den nächsten Tagen – vielleicht Sonntag schon –
in der Gegend von Frankfurt zu erwarten." Dort tagte zu
diesem Zeitpunkt gerade das sogenannte Vorparlament, das
die Beratungen der noch zu wählenden Frankfurter Nationalversammlung vorbereiten sollte. Majer hält nicht viel davon. Er fährt fort: „Sie werden für unsre freie Zukunft maß-
gebender seyn, als alle gelehrten Herren, die eben jetzt dort
zusammentraten, um – nun warum? wahrscheinlich einen
kräftigen Schutzwall der Treue zu bilden. Die Zeit der Für-
stenkongresse ist vorüber. Das Volk tagt und wird beschließen
was Vernunft und Recht durchaus erfordern. Willkommen
den teutschen Brüdern, den pflichtvollen Söhnen des Vaterlands!"
Solche Töne erregten in der braven Stadt Heilbronn einiges
Aufsehen. Im „Heilbronner Tagblatt", das sich ebenfalls am
1. April einen neuen Namen gegeben hatte – es war zuvor das
„Intelligenzblatt von Heilbronn" – ist am 6. April die Rede von

„einem republikanischen Emissair", der „in krankhafter Aufregung und politischem Wahnsinn Anarchie und Umsturz"
predigt. Und am 12. April schreibt ein Leser unter deutlicher
Anspielung auf Majer von den „wilden Horden" des Kom-
munismus: „Sie sind es wahrhaftig nicht, die uns Gesetze zu
bringen haben. Eben so wenig als diese andern einzeln her-
umschweifenden Freiheitsapostel, die selbst jeder würdigen
Auffassung fremd, ihre gleißende Beredsamkeit dazu miß-
brauchen, die Massen aufzuregen, die arbeitende Classe unzufrieden zu machen und selbst arbeitsscheu in wildem Com-
munismus sich des wohlerworbenen Eigenthums anderer zu
bemächtigen gedenken."

Schaut man sich die wenigen Seiten des „Neckar-Dampfschiffs" durch, ist man überrascht: Die revolutionäre Zeitung
druckt unter „Amtliche Bekanntmachungen" die Ausschrei-
bung einer Polizeisoldatenstelle. Das ist aber kein Ausdruck
von Sympathie. Amtliche Bekanntmachungen waren, weil
vom Oberamt honoriert, lebenswichtig für die Finanzierung
der oft auf sehr wackligen finanziellen Füßen stehenden Zeitungen.

Unter „Privat-Bekanntmachungen" wurde die Wache auf
dem Rathaus eingeteilt: „Samstag, 1. April, die 1te Hälfte der
Weingärtner. Sonntag, 2. April, die 3te Abtheilung der Bürgerwehr. Montag, 3. April, die 2te Hälfte der Feuerwehr".
Hinter dieser Einteilung steckt die verbreitete Angst vor eben
den Leuten, über die Majer im gleichen Blatt so warm geschrieben hatte: Die „ärmeren Classen", also Taglöhner und
kleine Handwerker, Bauern, die gerade erst durch den Angriff
auf das nahegelegene Schloß Weiler gezeigt hatten, daß sie ihre Interessen durchaus auch mit Gewalt durchsetzen wollten.
Und schließlich das Schreckgespenst dieser Tage: das Proletariat. In Heilbronn gab es – eine Besonderheit im wenig indu-
strialisierten Württemberg – auch Industriearbeiter. Die bei-

den größten Betriebe waren die Papierfabriken Rauch und Schaeuffelen mit 180 bzw. 165 Arbeitern – zum Teil hochspezialisierte Fachleute; in der Silberwarenfabrik von Peter Bruckmann, die nicht nur eigene Bestecke und Silberwaren herstellte, sondern Handwerksbetriebe in ganz Europa mit maschinell hergestellten Teilen für Silberwaren belieferte, arbeiteten über 70 Personen. Dann gab es die Eisenbahnarbeiter, die die Bahnlinie von Bietigheim nach Heilbronn bauten, z.T. italienische Spezialisten, deren Corpsgeist und wilde Lebensweise manchem braven Bürger Angst und Schrecken einjagte. Heilbronn war eine für württembergische Verhältnisse relativ große Stadt mit ihren ungefähr 12 500 Einwohnern, darunter 700 Soldaten und etwa 800 Industriearbeiter; knapp 500 Lumpensammler waren für die beiden Papierfabriken unterwegs, 200 Handweber arbeiteten in der Umgebung für Fabriken in der Stadt. 1851 gab es in Heilbronn über 500 Handwerksbetriebe, in denen fast 1500 Personen beschäftigt waren.

Viele Industriearbeiter hatten in Heilbronn das Bürgerrecht erworben. Wer allerdings während der großen Wirtschaftskrise 1846/47 entlassen wurde und der städtischen Armenfürsorge zur Last fiel, verlor seine Bürgerrechte. Es gab also Adressaten für die radikalen Forderungen Majers in der Stadt. In diese zwar aufgeregte, aber doch von bürgerlicher Ordnung geprägte Stadt fuhr nun der Wind in Gestalt des Redakteurs Majer, der kaum verhüllt in „seiner" Zeitung von seinen eigenen politischen Ambitionen berichtet: Er schrieb vom Heidelberger Arbeiterverein, der am vorangegangenen Montag dem Heidelberger Bürgermeister Winter ein Ständchen gebracht habe, weil dieser sich für die Republik ausgesprochen hatte: „Der Zug, an seiner Spitze die Vorstände Adolph Majer und G. Morel, bewegte sich in der musterhaftesten Ordnung einer beinahe lautlosen Stille durch die

Hauptstraßen Heidelbergs. – Sollte ein solches Beispiel der Ordnung nicht die Arbeiter von Heilbronn zur Nachahmung anspornen?"

Es ist frappierend, wie selbst der revolutionärste Kopf der Stadt Heilbronn ständig Ruhe und Ordnung beschwor, während er faktisch den Umsturz predigte, nämlich die Absetzung des Königs und die Einführung der Republik. Er war, wie der Untersuchungsrichter notierte, ein guter Redner. Seine Gabe setzt er bei einer Reihe von Volksversammlungen in Heilbronn und den umliegenden Gemeinden ein.

Wer ihn nicht mochte – und das waren viele in Heilbronn – stellte ihn zunächst als „Subjekt" oder „Element" dar. David Friedrich Strauß nannte ihn einen „verlaufenen Apothekergehilfen". In seinem Reisepaß vom Februar 1847 steht der Name Ludwig Adolph Maier (auch die Unterschrift ohne das „j"), „Pharmaceute", geboren am 12. April 1821 in Neuenbürg, wohnhaft auf dem Stettenfels bei Heilbronn, 6 Zoll groß, schlank, mit hellbraunen Haaren und blauen Augen. Der junge Mann von 26 Jahren war einer der vielen Apotheker, die sich an der Revolution beteiligten. Das fiel schon den Zeitgenossen auf, ohne daß die Frage nach dem Warum abschließend geklärt werden konnte. Vielleicht lag es an der eigenartigen Zwitterstellung des Apothekerberufs; sie waren keine Akademiker, mußten aber gut lesen und schreiben können, hatten beruflichen Umgang mit Ärzten, und nicht zuletzt erlebten sie das Elend vieler Menschen hautnah mit. Außerdem gehörte zur Apotheker-Ausbildung die Wanderschaft, nicht selten bis nach Frankreich und Italien, wodurch viele Pharmazeuten einen Hauch von Weltläufigkeit erwarben, der ihnen bei einer politischen Tätigkeit in der deutschen Provinz zugute kam.

Adolph Majer jedenfalls war von Herbst 1835 bis Ostern 1840 Apothekerlehrling in Nürtingen. 1844 legte er in Tübingen die

Staatsprüfung ab. Anschließend ging er für ein Jahr in die Schweiz, machte Reisen nach Italien und Frankreich. Seit 1846 lebte er wieder in Württemberg, arbeitete in vielen Orten als Apothekergehilfe und schrieb nebenher Artikel für den „Beobachter", in denen er sich mit der wirtschaftlichen Lage und ihren Auswirkungen auf Arbeiter und kleine Handwerker auseinandersetzte. 1847 ließ er sich einen Reisepaß nach London ausstellen, um sich dort „in seinem Fache weiterzubilden". Bevor er im März 1848 in Heilbronn auftauchte, hatte er als Apothekergehilfe in Sinsheim gearbeitet. Zu dieser Zeit wohnte er bei seinen Eltern; sein Vater war Revierförster in Stettenfels, einem Schloß oberhalb der heutigen Gemeinde Untergruppenbach bei Heilbronn.

Nach zwei Tagen hatte die Herrlichkeit des „Neckar-Dampfschiff"-Redakteurs ein Ende. Oberamtsrichter Rümelin schilderte die Vorgänge im „Heilbronner Tagblatt": „Nachdem ich in der lezten Nacht durch die nothwendig gewordene Verhaftung des Redakteurs des Neckardampfblatts, Hr. Adolf Mayer, zu einer amtlichen Einschreitung veranlaßt wurde, die in der gegenwärtigen Stimmung der Gemüther eine verlezende und gehässige Seite hat, halte ich mich für verpflichtet, den Amtsangehörigen des hiesigen Bezirks und meinen werthen Mitbürgern eine nähere Erläuterung darüber zu geben. Die Weise, wie Herr Mayer in öffentlicher VolksVersammlung den gewaltsamen Umsturz der bestehenden Regierung gepredigt hat, ist Jedermann bekannt. Da mir jedoch keine Anzeige darüber gemacht wurde, ließ ich Anfangs die Sache auf sich beruhen. Seine Aufwiegelungen nahmen jedoch in den lezten Tagen einen immer weiter greifenden gefährlichen Charakter an. Versuche dieser Art in den Orten Flein, Gruppenbach, Neckarsulm u.s.w. kamen theilweise gestern Nachmittag durch Mittheilung des K. Oberamts zur Anzeige, und zugleich verbreitete sich das Gerücht, daß er in der verflossenen

Nacht an der Spize eines Korps von Arbeitern eine Demonstration beabsichtige. Nachdem Zeugen amtlich darüber vernommen waren, daß Mayer zu den gewaltsamsten Maßregeln dringend aufgefordert habe, war es meine amtliche Obliegenheit, ihn darüber zu konstituieren. Vors Oberamtsgericht gefordert, erschien er mit geladener Pistole, verweigerte die ihm angekündigte Verhaftnahme und entzog sich derselben endlich, nachdem er sich aus dem Gerichtszimmer entfernt hatte, mittelst Vorhaltung der Pistole gegen die ihn begleitenden Polizei- und Gerichtsdiener durch die Flucht. Hierdurch fügte Mayer zu seinen übrigen Vergehen noch das der bewaffneten Widersezlichkeit gegen obrigkeitliche Diener; dennoch unterließ ich es, nach ihm förmlich fahnden zu lassen, um bei einbrechender Dunkeleit größern Skandal zu vermeiden. Heute Nacht wurde er mir jedoch zum zweiten Mal zur Haft geliefert, indem er zwischen 12–1 Uhr durch die Nachtwächter ohne mein Zuthun aufgegriffen wurde. Nun mußte ich mich seiner Person versichern; indem dieses geschah, hielt ich es für das Angemessenste, ihn aus der Stadt zu entfernen und mir weiteren Befehl von dem K. Justizministerium zu erbitten."

Der Richter hatte sich also angesichts der aufgeheizten Stimmung in der Stadt entschlossen, Majer nicht verhaften zu lassen, weil er Tumulte befürchtete. Tatsächlich steckten wohl den Heilbronnern die Ereignisse der vorangegangenen Tage in den Knochen. Zunächst gab es die zum Teil von der Presse phantastisch aufgebauschten Nachrichten von den Bauernhorden im Odenwald und im Hohenlohischen, die angeblich Schlösser in Schutt und Asche legten und Jagd auf Adelige machten. Auch wenn sich bald herausstellte, daß „nur" einige Rentämter und Domänen in Flammen aufgegangen waren: Man hatte doch eine Reihe von Adligen aus der Umgebung durch die Stadt ziehen sehen, die völlig überstürzt und in entsprechendem Aufzug vor den Bauern geflohen waren. Einige Tage später – inzwischen war württembergisches Militär nach Hohenlohe entsandt worden – machte das Gerücht die Runde, daß zwei Leutnants, ein Feldwebel und sieben Soldaten des in Heilbronn seit vielen Jahren stationierten Infanterie-Regiments im Kampf gegen die revolutionären Bauern gefallen seien. Am Morgen des 13. März wurde die Sturmglocke geläutet, weil angeblich in Weiler bei Weinsberg die Bauern das Schloß angezündet hatten. Tatsächlich brannten „nur" die Akten des Schloßarchivs, aber die Aufregung war gewaltig. Am 25. März kam die Nachricht, daß deutsch-französische Freischärler über den Rhein gekommen seien und bereits dabei seien, die Gegend um Vaihingen zu verwüsten. In Heilbronn entstand daraus zwar keine Panik wie in einigen Städten weiter südlich; aber das Gefühl der Unsicherheit blieb. Zwei Tage später wurden die Heilbronner Teilnehmer an der großen Heidelberger Versammlung mit großem Pomp vom Dampfschiff abgeholt; in der Stadt brannten Freudenfeuer, Böller krachten, und eine große Menschenmenge brachte die Delegierten unter vaterländischen Gesängen zum Marktplatz, wo eine Versammlung abgehalten wurde. Vor diesem Hintergrund wird einerseits die Unsicherheit des Oberamtsrichters verständlich, der nicht wußte, wie er den radikalen Revolutionär behandeln soll, und andererseits erklärt sich so auch das Verhalten Majers, der nicht glaubte, daß ihm unter solchen Umständen irgend etwas geschehen könne.

Der Häftling

Adolph Majer war der erste Achtundvierziger auf den Hohenasperg. Für seine Haft war nicht irgendeine finstere Reaktion verantwortlich, sondern die allerorten bejubelte „Märzregierung" des Staatsrats Friedrich Römer. Deren Ernennung war

allerdings kein Beleg für die Stärke der Revolution: „Die deutschen Fürsten waren nun damals durchaus keine blutgierigen
Tyrannen größeren Stiles, sondern meist weltfremde, ver-
wöhnte Feldherrentypen, Uniformträger ohne ernsthafte militärische Interessen, die hilflos erschraken über jeden Anspruch der Untertanen, sich selber aber auf eine naive Art aber
durchaus nichts übelnahmen (...) Die Charakterlosigkeit der
Fürsten, die alles, was sie hundertmal abgelehnt hatten, nun
meist binnen ganz kurzer Zeit bewilligten, bloß um am Ruder
zu bleiben, entwaffnete zunächst die Volksbewegung. Beispiele persönlicher Tapferkeit waren ganz selten, Beispiele des
Gegenteils desto häufiger." (Veit Valentin)

Als Untersuchungshäftling genoß Majer bis zu seinem Prozeß
im August die Privilegien, die der württembergische Staat
den Häftlingen seiner Festung zuerkannte: Er durfte Zeitungen abonnieren, Briefe schreiben, sich mit anderen Häftlingen
treffen, sofern sie nicht in seinen eigenen Fall involviert
waren.

Auch in der Haft blieb sich Majer treu. Am 29. Juli ging
ein schriftlicher „Vortrag des Untersuchungs-Gefangenen
Adolph Majer, Literaten, wegen Singverbots" beim Kommandanten der Festung ein. Auf drei Seiten führte er aus, daß Gesang zu den Menschenrechten gehörte und daß es unerhört
sei, wie man mit den nach dem Gefecht von Dossenheim
eingelieferten Freischärlern umgehe, indem man ihnen das
Singen revolutionärer Lieder bei schwerer Strafe („Dunkel-
arrest") verbiete. Das Ministerium ordnete eine Untersuchung
an, die ergab, daß sich keiner der Freischärler über die ein-
malige Aufforderung eines Wachtpostens beschwert hatte
oder beschweren wollte. Dunkelarrestzellen gab es auf dem
Hohenasperg ohnehin nicht.

Am 5. August 1848 wurde Majer wegen Vorbereitungshand-
lungen zum Hochverrat und wegen Widersetzung gegen

untergeordnete Diener der Obrigkeit zu einer Festungsstrafe von 3 Jahren und 7 Monaten verurteilt; das Obertribunal
bestätigte diese Entscheidung am 12. September. Durch einen
Gnadenakt des Kronprinzen wurde die Strafe am 21. Oktober auf zwei Jahre Festungsarrest reduziert, was für den Häftling nicht nur eine starke Verkürzung der Haftzeit bedeutete,
sondern ihm darüber hinaus auch die vielfältigen Vergünstigungen eines Festungsarrestanten einbrachte: Er genoß
Festungsfreiheit, konnte sich also innerhalb der Festung tags-
über frei bewegen und mußte nicht arbeiten. Es stand ihm
auch frei, eine der Gastwirtschaften innerhalb der Festung zu
besuchen usw.

Majers Zelle auf dem Hohenasperg war in der Mansarde des
heutigen Kommandantenbaus, und zwar auf der dem Innen-
hof zugewandten Seite. Sein Zellennachbar war der Stuttgarter Gastwirt Gustav Werner, der wegen seiner Tier-Menagerie
den Spitznamen „Affenwerner" trug. Am anderen Ende des
Gangs war die Zelle von Gottlieb Rau.

Im Herbst 1848 hatte eine Zeitung fälschlicherweise die Flucht
Majers gemeldet; dies mußte auf Weisung der Regierung de-
mentiert werden. Aber im Februar 1849 war es so weit. Im
Häftlingsbuch steht neben dem Namen Majers lakonisch:
„1849, den 18. Febr. Abends zwischen 1/2 7 u. 1/2 9 Uhr mittelst Ausbruchs aus dem Arrest von der Festung entwichen."
Majer gelang es, nach Straßburg zu entkommen. Von dort aus
wollten ihn die französischen Behörden wie die meisten anderen politischen Flüchtlinge auch in das Innere das Landes
abschieben, weil man durch die Emigranten in unmittelbarer
Nähe zur badischen Grenze politische Verwicklungen befürchtete. Majer beantragte aber unter Hinweis auf eine
Krankheit am 24. Februar die Verlängerung seiner Aufent-
haltserlaubnis und konnte schließlich bis zur badischen Mai-
Erhebung in Straßburg bleiben.

Der Freischärler

Man ist geneigt, den bewaffneten Auftritt Majers in Heilbronn als eines der vielen tragikomischen Ereignisse der Achtundvierziger-Bewegung abzutun. Veit Valentin hat die Normalität dieser Zeit charakterisiert: „Man hatte Sehnsucht nach der Tat und zugleich Angst vor ihr. Man war, wenn man sich ausgeschimpft hatte, in allem Sachlichen merkwürdig bescheiden und auch etwas unsicher."

Auf Adolph Majer traf das nicht zu. Auch er riß zunächst mit Worten das alte Staatsgebäude ein, rief in Heilbronn die Republik aus, wartete auf das Eintreffen der deutschen Arbeiterlegion. Auch er wird während der Haft Rachephantasien geschürt haben, wie sie sich in den Aufzeichnungen vieler Hohenasperg-Häftlinge finden. Aber im Gegensatz zu den meisten seiner Mithäftlinge war Majer wild entschlossen, seinen Worten Taten folgen zu lassen.

Er ging nach Baden. Er schrieb für die radikale Zeitung „Seeblätter" in Konstanz, verfaßte eine Broschüre „Nachklänge von Hohen-Asperg" und gründete eine hauptsächlich aus Württembergern bestehende Freischärlertruppe, das „Schwabencorps", das in der badischen Kleinstadt Donaueschingen stationiert wurde – dort hatte sich der Zorn der Bürger und Bauern auf die Fürsten von Fürstenberg im März 1848 besonders heftig entladen; die Revolutionäre konnten dort mit Sympathien rechnen.

In Baden war der Großherzog geflohen, die Armee stand auf Seiten der Revolution, aber den Führern der badischen Aufstandsbewegung war klar, daß unbedingt auch Württemberg für die Sache der Revolution mobilisiert werden müsse. In seiner Rechtfertigungsschrift, die 1849 in St. Gallen erschien, sprach Majer von der geplanten „bewaffneten Revolutionierung Württembergs".

Weil es auch in Württemberg starke Kräfte gab, die über den bisherigen Verlauf der Revolution enttäuscht waren und darauf drangen, die Forderungen des März 1848 notfalls auch mit Gewalt durchzusetzen, versprach sich die badische Führung württembergische Unterstützung durch einen Anstoß von außen: Nach Nordwürttemberg sollten Truppen (darunter die Heilbronner Bürgerwehr) unter dem Befehl des Heilbronner Ingenieurs August Bruckmann ziehen, eine zweite Freischar von Tiefenbronn über Leonberg nach Stuttgart, und Adolph Majer mit seinen 150 Mann am 24. Juni von Donauerschingen über Schramberg, Oberndorf und Sulz ebenfalls in Richtung Stuttgart.

Am 22. Juni erhielt Adolf Loose, ein aus Stuttgart stammender radikaler Sozialist und einer der Führer des pfälzischen Aufstands vom badischen Hauptquartier die Anweisung, in Donaueschingen zum Schutz der Nationalversammlung, die seit dem 4. Juni 1849 in Stuttgart tagte („Rumpfparlament"), ein Parlamentsheer zu bilden. Aber Adolph Majer war als Freicorps-Kommandant ebensowenig zu Kompromissen geneigt wie als Redakteur in Heilbronn. Er erklärte sich zwar zunächst bereit, seine Truppe dem Befehl des Oberkommandos zu unterstellen, aber bereits wenige Tage später bereitete er auf eigene Faust und gegen einen ausdrücklichen Befehl einen Überfall auf Rottweil vor, wo er Beamte als Geiseln nehmen wollte, um die Freilassung des badischen Revolutionärs Joseph Fickler und des überaus populären württembergischen Republikaners Gottlieb Rau aus der Hohenasperg-Haft zu erzwingen.

Alle diese Unternehmungen scheiterten. Der Vormarsch der „Reichstruppen", also in erster Linie der Preußen in Baden, ließ bald nur noch die Deckung des Rückzugs der Revolutionstruppen ins Elsaß und in die Schweiz als militärisches Ziel sinnvoll erscheinen.

Majer unternahm mit seiner bunt zusammengewürfelten Truppe von etwa 60 Mann eine Reihe von Angriffen auf württembergisches Gebiet, um so württembergisches Militär zu binden, den letzten am 1. Juli. Bewaffnet waren die Männer mit Sensen, etwa 20 mit Musketen und einige wenige mit Büchsen. Unter einer roten Fahne mit Totenkopf marschierte seine Truppe, wie er selbst 1849 berichtete, „über Schwenningen nach Rottweil und Oberndorf, zog sich, von der schnell benachrichtigten Miller'schen Division gefolgt, rechts ab über Schömberg nach Balingen und gewann bei Hechingen Hohenzollern'sches Gebiet, um in forcirtem Marsche durch Sigmaringen die badischen Orte Mößkirch und Stockach zu gewinnen." Von dort ging es zurück nach Donaueschingen.

Am 7. Juli schließlich zog Majers Truppe über Thiengen und Radolfzell nach Konstanz. In einer waghalsigen Unternehmung versuchte Majer zusammen mit anderen „Insurgenten" die Insel Reichenau zu besetzen. Dieser Plan mißlang. Einige andere Versuche, Lebensmittel und anderes zu requirieren, hatten mehr Erfolg. Unter anderem gelang es der Truppe, die Mainau zu stürmen und die dortigen Weinvorräte zu erobern. Am 11. Juli waren die Reichstruppen so nahe gerückt, daß Majer mit seinen Männern in die Schweiz übertrat. Insgesamt betraten an diesem Tag 1 300 Kämpfer bei Konstanz Schweizer Boden.

Der Emissär

Nach dem Übertritt in die Schweiz wiesen die Behörden Majer St. Gallen als Wohnort an. Dort konnte er es sich leisten, auf eigene Kosten in der „Laterne" zu wohnen, während die meisten übrigen Flüchtlinge in Sammelquartieren untergebracht waren. In St. Gallen erschien auch sein Büchlein mit dem Titel

„Württembergs Verhalten zur südwestdeutschen Revolution", das in erster Linie eine Rechtfertigung seiner revolutionären Aktivitäten war.

Im Juli 1850 beantragte Majer einen Paß nach Amerika, weil ihm in der Schweiz die Ausweisung drohte. Tatsächlich bestieg er in Le Havre ein Schiff, brach die Reise aber in England ab. In London schloß er sich dem von Karl Marx wiedergegründeten „Bund der Kommunisten" an.

Marx zog damals seine Konsequenzen aus dem Scheitern der Revolution in Europa; die demokratische Koalition in der Tradition der Französischen Revolution von 1789 existierte in seinen Augen nicht mehr; an ihre Stelle würde der Gegensatz zwischen Bourgeoisie und Proletariat treten. Damit geriet Marx, der bisher als unangefochtene Autorität der äußersten Linken gegolten hatte, in Gegensatz zu Leuten wie Adolph Majer, die die Revolution jetzt und sofort fortführen wollten. In seiner Ansprache bei der Sitzung der Zentralbehörde des Bundes der Kommunisten am 15. September 1850 nahm Marx die idealisierende Sicht der Arbeiter aufs Korn, die im Bund der Kommunisten gang und gäbe war und die auch in den oben zitierten Artikeln von Adolph Majer im „Neckar-Dampfschiff" zum Ausdruck kam: „Während wir den Arbeitern sagen: Ihr habt 15, 20, 50 Jahre Bürgerkriege und Völkerkämpfe durchzumachen, nicht nur um die Verhältnisse zu ändern, sondern um euch selbst zu ändern und zur politischen Herrschaft zu befähigen, sagt ihr im Gegenteil: ›Wir müssen gleich zur Herrschaft kommen oder wir können uns schlafen legen!‹ Während wir speziell die deutschen Arbeiter auf die unentwickelte Gestalt des deutschen Proletariats hinweisen, schmeichelt ihr aufs plumpste dem Nationalgefühl und dem Standesvorurteile der deutschen Handwerker, was allerdings populärer ist. Wie von den Demokraten das Wort ›Volk‹ zu einem heiligen Wesen gemacht wird, so von euch das Wort ›Proletariat‹. Wie die Demokraten schiebt ihr der revolutionären Entwicklung die Phrase der Revolution unter".

Adolph Majer stand auf Seiten der Gegenpartei. Er wurde Kassierer des Flüchtlingsunterstützungsvereins, und von Dezember 1850 an war er unermüdlich als geheimer Emissär in Frankreich und später der Schweiz unterwegs; eine geplante Ausweitung seiner Aktivitäten auf Württemberg kam offenbar nicht zustande.

Parallel zu seinen konspirativen Unternehmungen versuchte Majer seit März 1851 in der Gemeinde Saletz das Schweizer Bürgerrecht zu bekommen. Wegen seiner politischen Tätigkeit in Genf und anderen, meist französischsprachigen Gemeinden in der Schweiz und nach Bekanntwerden von Ermittlungen der Pariser Polizei gegen ihn verfügte der Schweizer Bundesrat am 29. März 1852 seine Ausweisung.

Nach Württemberg konnte er nicht zurück; dort war er in Abwesenheit wegen der Überfälle auf württembergisches Gebiet zu lebenslänglicher Haft verurteilt worden; in Baden erwarteten ihn wegen Hochverrat sechs Jahre Zuchthaus. Weil er sich inzwischen mit den Führern der Anti-Marx-Fraktion, dem sogenannten „Sonderbund", zerstritten hatte, konnte er auch in England, dem wichtigsten Aufnahmeland für politisch Verfolgte, nicht mehr auf Unterstützung rechnen. Hinzu kam, daß er mit seiner Renommiersucht und seinem demonstrativ revolutionären Auftreten mehrfach die Aufmerksamkeit der Polizei auf sich und auf die von ihm aufgesuchten Gruppen gelenkt hatte. Er wurde selbst mehrfach verhaftet, kam aber jeweils so schnell und problemlos frei, daß er bald verdächtigt wurde, ein Polizeispitzel zu sein, der versuchte, sich das Schweizer Bürgerrecht mit Informationen über kommunistische Gruppen zu erkaufen. Einige seiner Gegner äußerten sogar den Verdacht, daß bereits seine Flucht vom

Hohenasperg, die ja merkwürdigerweise bereits einige Monate zu früh von einer Zeitung gemeldet wurde, ein abgekartetes Spiel mit württembergischen Behörden gewesen sei.

Im September 1852 wanderte Adolph Majer nach Amerika aus; er ließ sich als Arzt in New York nieder, wo er noch 1860 lebte. Sein messianisches Auftreten nahm er offenbar mit in die neue Welt: Adolf Cluß schrieb Mitte September aus Washington an Karl Marx: „Der ›schwäbische Heiland‹ hat bei seiner Ankunft sich unverzüglich bemerklich gemacht durch Proteste im Namen des ›Volks‹ auf dem Schiff gegen die schlechte Behandlung."

Schluß

Adolph Majer war ein Revolutionär; er predigte und praktizierte den gewaltsamen Umsturz; bereits in der ersten von ihm herausgegebenen Nummer des „Neckar-Dampfschiffs" machte er sich über das Frankfurter Vorparlament lustig und wartete auf den Einmarsch der „Legion der deutschen Arbeiter" aus Frankreich.

Aber es zeigte sich schnell, daß die soziale Revolution in erster Linie das Gespenst war, als das es im ersten Satz des „Kommunistischen Manifests" vom Februar 1848 figurierte. Es machte den Bürgern schlicht Angst. „Niemand dachte daran, ernsthafte Sicherungen gegen die Gegenrevolution zu treffen; der patriotische und freiheitliche Bürger sah ja die Hauptgefahr in dem Jakobinertum, bei den Sozialrevolutionären und bei den Kommunisten." (Veit Valentin)

So handelte man nach der Maxime „Es muß etwas geschehen, aber passieren darf nichts." Wann immer in Württemberg die Gefahr gewaltsamer Auseinandersetzungen bestand, gelang es, diese sehr schnell durch eine gekonnte Mischung aus Zugeständnissen und Gegenwehr zu bannen: Als in den ersten

Märzwochen die Bauern in Hohenlohe aufstanden, wurde die Ablösung der Grundlasten innerhalb kürzester Zeit realisiert. Hinzu kam die Einsetzung der neuen Regierung, die vielen aufgeregten Köpfen den Wind aus den Segeln nahm. Ähnlich verhielt es sich ein Jahr später. Adolph Majer hatte in seiner Schweizer Rechtfertigungsschrift die Verhältnisse in Württemberg auf den Punkt gebracht, als er über die Reutlinger Pfingstversammlung schrieb: „Dort wurde wie nicht anders zu erwarten stand, viel Geist ausgegossen und ›sie redeten in viel Zungen‹, aber es kam nicht der Geist der That über sie. Die Blitze züngelten, aber sie zündeten nicht, weil, wie in den Märztagen das liberale Ministerium, so in den Pfingsttagen der Landesausschuß ein Blitzableiter für das schwäbische ›Donnerwetter‹ wurde."

In Württemberg waren die Jahre 1848 und 1849 keine gute Zeit für Revolutionäre: Auf dem Hohenasperg landeten Männer wie Adolph Majer und Gottlieb Rau und nicht etwa die Vertreter der alten Ordnung. Um nochmals Veit Valentin zu zitieren: „Die deutsche Revolution von 1848 hat keine Guillotine errichtet und keine außerordentlichen Gerichte rein politischer Natur eingesetzt. (...) eine humane Revolution ist notwendig eine halbe Revolution. (...) Revolution ist Kampf, sie überträgt das Prinzip der Gewalt auf die Staatsgestaltung; die Fürsten hatten immer ihre Kriege geführt, mit aller Härte, und hatte weder ein fremdes noch das eigene Volk geschont. Diese deutsche Volksbewegung von 1848 wollte siegen auf eine milde Art. Der Geschichtsschreiber wird ihr gewiß nicht vorwerfen, daß sie zu wenig Blut vergoß; es gibt auch andere Mittel, Gegner auszumerzen. Die Revolution von 1848 hat sie nicht gesehen, jedenfalls nicht angewandt."

Der württembergischen Regierung gelang es, das Land aus dem Strudel der Ereignisse in Baden herauszuhalten. In Württemberg wurde nicht gekämpft und auch keinerlei revolutionäre Tradition begründet. Man kann das heute bedauern, aber es läßt sich auch nach 150 Jahren nicht herbeireden. In Württemberg ging es nur wenigen Protagonisten um die radikale Veränderung der sozialen und politischen Verhältnisse; die Mehrheit wollte, bei allem verbalen Radikalismus, Verbesserungen des bestehenden Systems. So gesehen war die Inhaftierung des Revolutionärs Adolph Majer im revolutionären April 1848 auf dem Hohenasperg nur folgerichtig.

Literatur

Fuchs, Ute: Das „Neckar-Dampfschiff" in Heilbronn. Eine kommunikationstheoretische Untersuchung. Heilbronn 1985.

Hettling, Manfred: Freiheit und Ordnung: „Partizipatorische Reformpolitik 1848/49 in Württemberg. In: Die großen Revolutionen im deutschen Südwesten. Hrsg. von Hans-Georg Wehling und Angelika Hauser-Hauswirth. Stuttgart 1998, Seiten 53–68.

Krause, Albrecht und Erich Viehöfer: Auf den Bergen ist Freiheit. Der Hohenasperg und das Gericht über die Revolution von 1848/49. Katalog zur Ausstellung des Hauses der Geschichte Baden-Württemberg auf dem Hohenasperg. Stuttgart 1998.

Majer, Adolph: Württemberg's Verhalten zur südwestdeutschen Revolution. Eine Critik. St. Gallen 1849.

Marx, Karl und Friedrich Engels: Gesamtausgabe (MEGA). Dritte Abteilung, Briefwechsel. Berlin 1978ff.

Schimpf, Rainer u.a.: Freiheit oder Tod. Die Reutlinger Pfingstversammlung und die Revolution von 1848/49. Katalog zur Ausstellung des Hauses der Geschichte Baden-Württemberg in Reutlingen. Stuttgart 1998.

Steinhilber, Wilhelm: Die Heilbronner Bürgerwehren 1848 und 1849 und ihre Beteiligung an der badischen Mai-Revolution des Jahres 1849. Heilbronn 1959.

Valentin, Veit: Geschichte der deutschen Revolution von 1848–49. Zwei Bände. Berlin 1930/31.

Weller, Erich: Heilbronn und die Revolution von 1848/49. In: Veröffentlichungen des historischen Vereins Heilbronn 15 (1925) 133–197.

Der Hohenasperg auf einem Stahlstich um 1840.

DRW-BÜCHER – EINE AUSWAHL

Ein Mann namens Ulrich
Württembergs verehrter und gehaßter Herzog in seiner Zeit. Von Werner Frasch. 288 Seiten mit 60 Abbildungen. Eine mit gründlicher Sachkenntnis und Liebe zum Detail geschriebene Biographie. Ein historisches Zeitgemälde, das den Aufbruch in ein neues Zeitalter dokumentiert.

Liebesgunst
Mätressen in Württemberg. Von Susanne Dieterich. 176 Seiten mit 33 Abbildungen. Liebesgunst und Liebesneid – Rollenbild und Stellung der Geliebten auf Zeit an Württ. Höfen des 17. u. 18. Jhdts., ihr Einfluß auf Kunst und Politik.

Es gehet seltsam zu in Württemberg
Von außergewöhnlichen Ideen und Lebensläufen. Auf 296 Seiten zeichnet Karl Moersch ein ungewöhnliches Bild Württembergs. Er schildert die Besonderheiten, die auch heute noch das Wesen und Denken der Württemberger ausmachen.

Württemberger Wein
Landschaft, Geschichte, Kultur. Von Carlheinz Gräter. 324 Seiten mit 100 Abbildungen. Eine einzigartige Gesamtdarstellung von Weinbau und Weinkultur in Württemberg: Über rund zwei Jahrtausende verfolgt der Autor die Wirkungsgeschichte des „Württembergers" im Hauptteil des Werkes.

Renaissance in Baden-Württemberg
Perspektiven einer Baukunst. Von Erhard Hehl (Fotografie) und Harald Schukraft (Text). 176 S., 222 Farbfotos, 27 doppelseitige Luftbilder. Nach einer prägnanten und interessanten Einführung ins Thema – mit 78 Farbfotos beispielhaft dargestellt – wird im über 100seitigen Hauptteil „Renaissance vor Ort" anhand von 25 Beispielen vorgestellt. Jedem Beispiel (2–8 Seiten umfassend) ist ein doppelseitiges Luftbild vorangestellt.

Wege zum Erfolg
Südwestdeutsche Unternehmerfamilien. Herausgegeben von Willi A. Boelcke. 288 Seiten mit 56 Abb. 20 Porträts von Unternehmerfamilien.

DRW-BÜCHER – EINE AUSWAHL

Sperrige Landsleute
Wilhelm I. und der Weg zum modernen Württemberg. Von Karl Moersch. 272 Seiten mit 50 historischen Abbildungen. Württembergs Weg zum modernen Staat unter der Regie Wilhelms I. Unterhaltsame Porträts von Wilhelms prominenten Mitstreitern und Kontrahenten: s p e r r i g e Landsleute allesamt.

Württemberg und Rußland
Geschichte einer Beziehung. Von Susanne Dieterich. 216 Seiten mit 58 Abbildungen, zum Teil in Farbe. Vielgestaltig waren und sind die Verbindungen zwischen Württemberg und Rußland, spannend die Geschichten, die sich dahinter verbergen.

Der gelernte König
Wilhelm II. von Württemberg. Ein Porträt in Geschichten von Anni Willmann. 160 Seiten, zeitgenössisch illustriert. Ein abwechslungsreiches, kurzweiliges Buch, das Biographisches und Anekdotisches zu einem einzigartigen Porträt Wilhelms II. zusammenfügt.

Auf Spurensuche
Der Bauernkrieg in Südwestdeutschland. Von Klaus Herrmann. 220 Seiten mit 77 Fotos und historischen Abbildungen. Die spannende Spurensuche nach Zeugnissen des Bauernaufstandes in Südwestdeutschland.

Uhland von A bis Z
Geschichten, Anekdoten und Wissenswertes von A wie Aussehen, über L wie Landtag bis hin zu Z wie Zeitvertreib. Eine Biographie, die den Dichter, Politiker und Gelehrten als privaten Menschen in den Mittelpunkt stellt.

Frauen im Hause Württemberg
Von Hansmartin Decker-Hauff. Herausgegeben von Wilfried Setzler, Volker Schäfer und Sönke Lorenz. 304 Seiten mit 111 Abbildungen, davon 71 in Farbe. 27 Lebensbilder aus der bekannten Fernsehreihe von Hansmartin Decker-Hauff. Ein Meisterstück historisch fundierter Erzählkunst.